예의 본질과 기능

『예기禮記』의 사회학적 서설序說

예의 본질과 기능

초판 1쇄 인쇄 2013년 9월 6일
초판 1쇄 발행 2013년 9월 13일

지 은 이 정창수
펴 낸 이 김준영
펴 낸 곳 성균관대학교 출판부
출판부장 박광민
편   집 신철호 · 현상철 · 구남희
디 자 인 이민영
마 케 팅 박인붕 · 박정수
관   리 조승현 · 김지현
등   록 1975년 5월 21일 제1975-9호
주   소 서울특별시 종로구 성균관로 25-2
대표전화 02) 760-1252~4
팩시밀리 02) 762-7452
홈페이지 press.skkup.edu

© 2013, 정창수

ISBN 979-11-5550-009-5   94150

예의 본질과 기능

『예기禮記』의 사회학적 서설序說

정창수 지음

성균관대학교
출판부

　　학자의 임무가 새로운 지식을 얻기 위해 연구하고, 이미 성취된 학문의 결과를 학생들에게 전수하는 데 있다는 것은 당연한 상식이다. 아울러 전공 분야를 세분화하여 좁은 전공 영역 내에서 보다 심화된 학문 활동에 종사하는 현재의 분화된 학문제도는, 나름대로 안고 있는 여러 문제들에도 불구하고, 인간 지식의 발전을 위해 가장 효과적인 수단으로 기여해왔던 것은 사실이다. 이는 한 개인이 학문을 위해 정진할 수 있는 시간과 능력에는 한계가 존재하고, 따라서 사람마다 많은 일을 이것저것 동시에 하기보다는 각기 임무를 나누어 한 가지 일에만 집중함으로써 발휘되는 효율성에 비추어 아마 당연한 결과일 것이다. 이런 관점에서 필자는 연구와 교육에서 제도적으로 설정되고 있는 각 전공 영역의 구분이 존중되고 지켜지는 것이 바람직하다는 입장을 지녀왔다. 사회학자는 물론이거니와 다른 영역의 학자들 역시 각기 나름대로 고유의 주제를 대상으로 그들의 전문적인 영역에서 최선의 성과를 거두려고 노력을 집중하는 것이 지식의 발전을 위해 우리가 선택할 있는 최선의 전략이라는 것이다. 물론 어떤 대상 또는 현상, 또는 어떤 종류의 지식이 어떤 이유에서 여러 학문 분야들에 종사하는 학자들의 주목을 끌 만큼 한 시대의 중요한 관심사로 떠오르는 경우도 간혹 있다. 이런 경우일지라도 학자들이 전공 분야에 관계없이 마치 유행처럼 소위 '뜨는' 현상에 몰려들어 중복되는 연구에 몰두하는 것은 낭비라는 것이 필자의 소견이다. 민주주의 사회에서 존중되는 다양성이란 가치는 학문의 세계에서도 역시 효율적 생산 원리로 작용하는 것으로 여겨진다.

이와 같은 필자의 평소 소신에 비추어볼 때, 필자가 미국에서 사회학 석사학위 과정을 이수하고 있던 1973년 여름방학 무렵으로부터 시작하여 교수직을 은퇴한 현재에 이르기까지 동양 고전에 대해 지속적으로 가지고 있었던 관심에 대해서는 그럴 만한 이유가 제시되어야 한다고 여겨진다. 실제로 주변의 지인들 가운데서도 과거에 『역경』이라든지 기타 동양의 사상과 관련하여 본인이 쓴 몇 편의 저술에 대해서 사회학 전공 학자로서는 다소 본류에서 벗어나는 겸업(兼業)에 종사하고 있는 것처럼 반응하는 사람들이 있었다. 이에 대한 필자의 대답은 항시 분명했다. 즉 사회학자들이 자신의 영역에서 유지되고 발전되어온 관심에 비추어 적절하다고 생각되는 내용이 거기에 없었다면, 그와 같은 연구에 필자가 구태여 시간을 바칠 필요는 없었으리라는 것이다. 이와 같은 반응은 바로 이 책의 분석 대상이 되고 있는 『예기』의 경우에도 그대로 적용된다. 즉 『예기』는 그 전체를 놓고 평가하더라도 사회학자가 관심을 보일 필요가 있는 내용의 자료들을 상당히 풍부하게 소재하고 있는 책이라는 것이다.

필자의 이와 같은 견해가 얼마나 설득력이 있는지는 결국 이 책이 거둔 성과에 의해 평가되어야 할 것이다. 그러나 이 머리말 부분에서는 가능한 한 아주 간단하게나마 왜 '예(禮)'가 사회학적인 관심의 대상이 될 수 있고, 또 되어야 하는지를 미리 설명해두는 것이 좋으리라고 생각한다. 이는 필자가 자신의 쓴 책의 성격을 스스로 어떻게 인식하고 있는지 밝혀두는 것이 일반적으로 책의 '머리말' 부분이 갖는 중요한 기능이라는 점에서 필요한 일로 여겨지기 때문이다.

『예기』는 문자 그대로 '예에 관해 기록한 책'이라는 의미를 가지고 있다. 즉 예법과 그와 관련된 사항에 관해 씌어진 기록을 모아 편집한 책이다. 아주 간단히 표현하여 예법이란 공자를 비롯한 고대 중국의 유학자들이 "지켜지는 것이 바람직하다고 보았던" "인간사의 준칙들"을 지칭하는 용어이다. 요즘 말로 표현한다면 사람들이 그들의 일상생활과 사회적 관계에서 지키는 것이 바람직한 행동 규범을 지칭한다. 바로 이런 점에서 '예'가 왜 사회학적인 관심의 대상이 될 수밖에 없는지는 더 이상 구구한 논의를 필요로 하는 것으로 여겨지지 않는다. 우선 사회학의 가장 기본적인 관심사는 사회구조와 그 변화를 이해하는 데 있다고 특징지을 수 있을 것이다. 사회학자들은 인간 현상을 주로 인간관계의 형태적 측면에서, 즉 사회구조적 측면에서 이해하고, 아울러 인간관계의 형태가 변화하는 이유를 규명하는 것을 그들의 가장 기본적인 관심사로 삼아왔다. 지배자와 피지배 사이에 존재하는 정치 및 사회적 관계의 양태, 부부와 부자 사이에 나타나는 가족 구성원들 간의 관계의 양태, 직장에서 고용자와 피고용자 간의 관계의 양태, 기타 온갖 유형의 인간관계의 양태들이 곧 사회구조라는 명칭으로 지칭되는 사회적 현상을 구성한다. 그런데 바로 위에서 말한 의미에서 사회구조의 유지를 가능케 하는 요인이 바로 어떤 규정된 방식에 따라 이루어지는 인간 행동이라는 것은 너무나 당연한 일일 것이다. 즉 지속적이고 안정적으로 나타나는 어떤 유형의 사회적 구조는 어떤 종류의 행동 규범에 따라 비교적 규칙적으로 나타나는 인간 행동을 통해 구현되는 사회적 질서라는 것이다. 바로 이런 의미에서 많은 사회학자들은 (이론적 관점에 따라 다르게 보는 견해들이 존재하는 것도 사실이긴 하나) 행동 규범의 체계와 함께 그 토대로서 작용하는 가치 및 신념의 체계를 사회구조의 가장 핵심적인 구성요소로서 간주해왔다.

아마 이로써 예에 대한 분석은 곧 사회학적인 분석으로서의 성격을 지닐 수밖에 없음을 이내 짐작할 수 있을 것이다. 즉 예법 또는 예제에 대한 분석은 그것을 통해 실현이 추구되는 사회구조의 형태와 함께 그 바탕에 깔린 가치관과 신념에 대한 분석을 의미하는, 곧 사회학적인 분석으로서의 성격을 띨 수밖에 없다는 것이다. 이와 같은 의미에서, 이 책은 어떤 획기적 착상을 담고 있지는 않다. 단지 사회학에서의 통상적인 접근 방법을 바로 그와 같은 접근 방법이 요구되는 것으로 판단되는 현상에 대해 적용하고자 했다는 점에서 사회학적인 연구로서는 매우 전형적인 종류에 속한다고 볼 수 있다.

이 책을 쓰는 데는 『예기』를 읽어가면서 중요한 점들을 요약하고 메모하는 과정부터 시작하여 완성에 이르기까지 약 6년에 이르는, 결코 짧지 않은 기간이 소요되었다. 다분히 '서설적(序說的)'인 수준의 내용에 비추어 볼 때, 너무 긴 기간이 소요되었다는 것이 필자 자신도 느끼는 소감이다. 그러나 이 기간 동안 교직을 퇴직한 이후 생애주기로 보아 자연스럽게 찾아오는 신체적, 정신적 문제로 인해 지속적으로 일에 몰두하기 어려운 사정들이 중간 중간에 발생하기도 했고, 직장에 다니던 둘째 딸이 쌍둥이 아들 둘을 출산하자 거의 모든 일을 중단하고 마누라와 함께 애보기에 동원되었던 시기도 있었다. 젊을 때와는 달리 일단 일이 중단될 때마다 또다시 일에 복귀한다는 것이 마치 노쇠해가는 기억력을 되살리려는 것처럼 쉽지는 않았다는 점도 일이 생각처럼 잘 진척이 되지 않았던 이유이기도 했다. 어쨌든 탈고했을 때의 느낌은 일단 시험을 마쳤을 때 성적에 관계없이 누구나 느낄 법한 해방감 같은 것이었다. 그러나 당초에 가지고 있었던 의욕과 의도에 비해서 실제 성과는 덜 심층적이고 덜 철저한 수준의 분석에 그치고 말았다는 것이 현재의 솔직한 평가이다. 이러한 느낌으로 해서 가능할 수도 있었던 최선에 미치지 못했다는 자괴감을 쉽게 떨쳐내기 어려울지 모른다는 우려가 없지 않다. 따라서 한 가지 희망이 있다면, 이후에라도 동료 학자들 가운데 이 분야에 관심이 있는 학자에 의해 이와 같은 미진함이 보다 충실한 후속 연구를 통해 어느 정도 메워질 수 있기를 바란다는 것이다.

연구물을 출판하는 일은 그것이 실제로 얼마나 소중한 지식을 산출하고 있느냐와는 별개로, 당사자에게는 자신의 어떤 가시적 성과물을 놓고 느끼는 성취감이라는 심리적 보상을 안겨주는 것도 사실이다. 이런 의미에서 어쨌든 필자 본인에게도 보람 있는 일로 여겨진다. 반면에 필자와 같이 무미건조한 유형의 사람과 같이 생활하는 가족들에게 이 책이 쓰이는 과정은 한 가족 구성원의 침묵과 무관심을 일상으로서 견뎌야 했던 과정이기도 했을 것이다. 이런 점에서 아내는 항시 인내와 이해를 보여준 고마운 동반자였다. 대면한 가운데 말로는 좀처럼 표현하지 못하는 성격 탓에 이 지면을 빌려 새삼스럽게 고마움을 보낸다. 마지막으로, 학술서의 출판이 돈과는 거리가 먼 사업이라는 점에서 출판사가 책을, 그것도 정성을 다하여, 내주는 자체만으로도 고마운 존재라는 사실은 틀림이 없다. 성균관대학교 출판부와, 출판부장으로 수고하시는 박광민 법학전문대학원 교수님, 기타 이 책의 출판에 수고해주신 여러분께 감사를 드린다.

2013년 3월 21일   필자

일러두기

    이 책에서 『예기』, 『논어』를 비롯한 유교 전적(典籍)들로부터 인용된 구절들은 다음에 열거된 국역(國譯)본들에 의존하고 있다. 이는 원전에 대한 필자의 제한된 독해력으로 인한 불가피한 선택이며, 이로써 원전 자체에 의도된 뜻과 관련하여 어떤 이견이 제기될 소지가 있을 경우에는 그 책임은 전적으로 필자에게 귀속됨을 미리 밝혀두려고 한다. 본문에서 출처를 표시할 때는 해당 인용문과 원문이 소재된 국역본의 편장 명칭과 쪽수를 그대로 표시하고 있다.

1. 『예기』: 『禮記(上, 中, 下)』(李相玉 역저), 2003, 서울: 明文堂
2. 『논어』: 『논어집주(論語集註)』(成百曉 역주), 1990, 서울: 전통문화연구소
3. 『중용』: 『중용(中庸)』(김학주 역주), 2006, 서울: 서울대학교출판부
4. 『맹자』: 『맹자집주(孟子集註)』(成百曉 역주), 2010, 서울: 전통문화연구회
5. 『순자』: 『순자(2)』(이운구 옮김), 2006, 서울: 한길사
6. 『역경』: 『주역강설(周易講說)』(李基東 역해), 1997, 서울: 성균관대학교출판부

차
례

머리말 | 5
일러두기 | 10

1. 서론 | 13

2. 『예기』에 포함된 내용들 | 27

1) 예와 예법 | 30
2) 예제 | 36
3) 예론 | 40
4) 『예기』의 전체 내용과 성격 | 45

3. 예의 본질적 속성들 | 61

1) 공경 | 72
2) 예의 정신과 행위적 외형 | 79
3) 중용: 조화와 절제 | 95
4) 차별성 | 103
5) 윤리적 및 부호적 상징성 | 111
6) 격식성과 융통성 | 121
7) 자연 질서와의 상응성과 친화성 | 133
8) 보편성과 상대성 | 142
9) 기타 특성들 | 154

4. 예의 기능 | 161

1) 기복 기능과 예 | 166
2) 정치–사회적 기능 | 178
3) 인성 형성 및 감정 조절 기능 | 195
4) 실용적 기능 | 203
5) 문화적 기능 | 215

5. 결론: 예와 관련된 세 가지 논의 사항 | 221

1) 동양 철학에서 유교 예론의 위상 | 227
2) 예의 본질: 행동과 내면적 의미 | 236
3) 현대 사회와 예 | 255

참고문헌 | 284
찾아보기 | 289

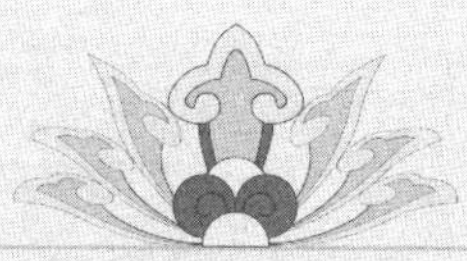

1. 서론

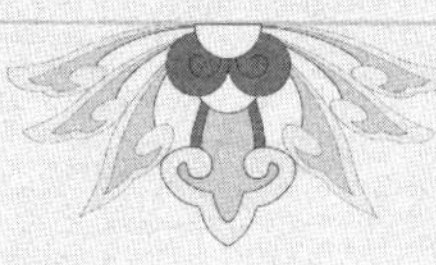

　이 책이 목적하는 바는 우선 아주 간단히 표현해서 한 사회학자의 『예기(禮記)』 읽기라고 할 수 있다. 『예기』는 유교의 주요 경전 가운데 하나이다. 왜 동양철학자의 전문적인 관점에서보다는 '사회학적'인 관점에서 유교 고전인 『예기』의 읽기가 필요했는지는, 즉 이 책의 의의를 어디에서 찾을 수 있는지는 결국은 이 책의 최종적인 성과를 통해서 비로소 대답되고 판단되어야 할 문제라고 생각한다. 이 서론 부분에서는 우선 필자가 어떤 동기와 목적을 가지고 이 책을 쓰게 되었는지를 윤곽적으로 밝히려고 한다. 이는 단지 동양 고전에 대한 '비전공자'의 읽기의 성격을 사전에 정확히 밝혀둠으로써 독자의 입장과 시각에 따라서는 결과적으로 유학을 이해하는 데 큰 의미를 부여하기 어려운 학문적 여정으로 그들을 이끌어 들이는 결례를 피하기 위함이다. 밝혀진 한계 내에서나마 이 안내문에서의 약속과 실제 여행에서 최종적으로 얻은 성과 사이에 발생할지도 모르는 괴리는 결국은 필자 자신이 책임져야 할 몫일 것이다.

　『예기』는 인(仁)과 함께 유교에서 추구하는 핵심적 덕목인 예와 관련된 기록들을 모아놓은 유교의 대표적 경전 가운데 하나이다. 고대로부터 공자(孔子) 당시에 이르는 시기까지 예에 관한 문서들이 여러 갈래로 모여져 전해지고 있었다. 『예기』는 이 기록들이 한대(漢代)에 들어와 비로소 오늘날 우리가 보는 형태로서 새로이 편집되어 전해진 책으로 알려진다(『예기』: 13-15 역자서문 참조; Legge, 1885: 1-9). 이 책의 자세한 내용에 관해서는 나중에 다시 자세히 언급이 되겠거니와, 이 책에는 장사(葬事)를 비롯하여 제사(祭祀), 혼사(婚事), 손님을 모시는 일, 성인식의 절차,

향촌에서 사람들이 만나 술을 마실 때, 활쏘기 모임 등 개인이나 집단적으로 경험하는 모든 슬픈 일이나 기쁜 일, 주기적으로 치러지는 국가 또는 향촌 공동체의 행사 절차와 거기에서 지켜야 할 행위 예절이 실려 있다. 여기에는 그러한 행사와 행위 규범이 갖는 의의와 기능을 설명하는, 즉 이론적 견해들을 피력한 부분들이 또한 포함되어 있다. 이와 같은 내용들이 독자들에게 일차적으로 주는 인상은 유교 문화권 사람들의 경우에는 대체로 익숙한 내용일 것으로 여겨진다. 그러나 외부 문화권의 사람들이나 이제는 전통과는 단절된 생활을 하고 있는 동양의 많은 젊은이들에게는 1) 긴 시간에 걸쳐 매우 복잡하고도 엄격한 절차에 따라 이루어지는 장례 행사와 제사들, 2) 남녀와 장유(長幼) 또는 사회적 지위에 따라 엄격히 차별화된 예법과, 그들 사이에 차별적 관계의 준수를 강조하는 행위 규범들, 그리고 3) 오랜 역사적 경험과 독특한 자연 및 사회 철학이 상호 작용하면서 발전된 행위 규범 가운데서도 격식화된 절차와 외형적 형식의 준수에 매우 큰 중요성이 부여되고 있다는 점들이 특히 두드러진 인상을 남길 것으로 여겨진다. 이러한 측면들은 통상 유교에 대한 부정적 인식과 관련된 것들이었다는 점에 주목할 필요가 있다. 즉 많은 현대인들이 이제는 그 의의를 부정하는 '조상숭배'라든지 '차별화된 신분제도', 그리고 (실질적 내용을 강조하는 합리주의에 반대되는 의미에서) '형식주의'와 같은 제도 또는 행위적 지향에서 나타나는 유교의 특징적 면모들이 주로 예와 연관이 되고 있고, 이런 점에서 예는 유교에 대한 부정적 인식과 관련된 측면 가운데서도 중심적 위치에 자리하고 있다.

서양의 기독교는 동양 사회에 전파된 이래 토착 지배세력과 때로는 우호적인, 때로는 긴장된 매우 미묘한 관계를 유지하기도 하였으며, 간혹 우리가 조선 말 순조대(純祖代)에 볼 수 있었듯이 크게 탄압을 받아 수많은 신도들이 순교를 당하기도 하였다. 기독교와 토착 지배세력 간의 이러한 불안정적인 관계의 배경에는 항시 이미 위에서 지적한 요소들이 갈등의 씨앗으로 자리하고 있었던 것으로 여겨진다. 즉 조상에 대한 제례라든지 차별적 신분제도 또는 전통적으로 유지해온 형식적 행위 규범의 준수에 대한 기독교의 부정적 평가와 반응이 항시 토착 지배세력의 반발을 불러올 수 있는 요소로 작용하고 있었다는 것이다.[1] 이러한 면에서, 예가 기독교와 같은 외래 이념의 시각에서 유교를 바라보는 데 가장 중요한 요소로 부각되어온 것은 사실이다.

이와 동시에 또한 우리의 주목을 끄는 중요한 사실은 유교가 발달하기 시작한 공자의 생존 당시부터 유교 내부에서도 또한 예 사상은 유교를 특징짓는 가장 핵심적 이념으로 인식되어왔다는 점이다. 이를 시사하는 단서들은 유교 경전들의 여기저기에서 발견된다. 그 가운데서도 공자의 언행을 기록한 『논어(論語)』만 보더라도 가장 자주 언급되는 용어가 바로 예이고, 내용을 보았을 때도 예와 관련되는 내용이 가장 많은 것으로 판단된다. 『논어』에서 예가 차지하는 중요성은 최근에 미국에서 '최초로'(Van Norden, 2002: 3) 『논어』에 관한 연구논문들만을 모아 출판한 책을 보더라도 쉽게 짐작될 수 있다. 이 책에 실린 논문들 가운데서 가장 집중적인 관심을 가지고 가장 많이 다루어진 주제는 곧 예인 것으로 나타난다.

그렇다면 유교 사상의 맥락에서 예가 지닌 중요성은 어떤 시각 내지

---

1 유교에서 강조하는 다른 하나의 핵심적 가치인 인(仁)에 대한 서구인들의 반응은 예에 대해서와 는 다르게 비교적 친화적이었던 것으로 나타난다. 아마 그 핵심적 내용에서 우선 인은 개인들에 대해 타인 또는 그들이 처한 상황에 대한 공감적 이해와 이타적 헌신을 강조한다는 점에서 기독교의 타인에 대한 사랑, 불교의 자비(慈悲)와 본질적 차이를 보이지 않는다는 점을 그 이유로 들 수 있을 것이다. 이를 뒷받침하는 일례로서, 에이켄(Aiken, 2003)은 『중용』이나 『논어』에서 인(仁)에 관해 언급한 내용들을 사랑에 관해 언급한 기독교 성서의 내용과 대비함으로써 기독교와 유교 이념 사이에는 그 핵심적 요소에서 유사성이 존재한다는 사실에 주목하고 있다. 이는 많은 서양 학자들에 의해서 공통적으로 인식이 되어왔거니와 기독교를 진지한 의도를 가지고 학습한 적이 있었던 동양의 학자들 역시 마찬가지로 느꼈던 사실이기도 하다(Kim, 2002에 이와 관련하여 인용된 일련의 문헌들; Nostro, 2006; Sheffield, 1886).

는 논리에 토대를 두고 있는가? 조금 쉽게 표현해보자면, 유교에서는 인간 사회에서, 또는 개인들에게 왜 예가 그토록 중요한 의미를 지니고 있다고 보았는가? 현대의 학도들에게는 다행히도, 필자가 분석의 대상으로 삼고자 한 『예기』의 상당 부분은 예의 본질적 성격이라든지 기능에 관하여 공자를 비롯한 초기 유학자들이 생각하고 있었던 이론적 견해들을 짐작할 수 있는 내용들로 채워지고 있다. 물론 이 기록들은 단편적이고 서로 상충되기도 하며, 또 애매한 내용도 많기 때문에 체계적으로 정리해서 서술하기에는 어려운 점이 많은 것은 사실이다. 그러나 이러한 문제점은 오히려 당시의 유학자들이 인간 사회와 인간 행위의 본질을 놓고 여러 가능한 각도에서 그들이 벌인 지적 탐색의 흔적을 보여준다. 즉 『예기』의 이곳저곳에 실려 있는 예에 관한 이론적 견해들은 매우 단편적이고 일관성이 결여되고 때로는 서로 상충되기까지 하나, 그 내용에는 예 자체는 물론이거니와 보다 일반적으로 인간 행태와 사회질서의 본질에 관한 흥미로운 발상을 많이 포함하고 있다는 것이다.

물론 앞에서 이미 시사되었듯이 예에 관한 그와 같은 생각은 유교 고전이 형성된 시기를 전후하여 당시의 지식인들이 왜 특별히 예를 중요시하고 있었는지를 설명하고 있다는 점에서 매우 중요한 의미를 지닌다. 다시 말해서 예의 실현을 통해 이상적인 사회질서의 구현이 가능하다고 본 데에는 예의 본질이라든지 기본적 기능, 이상과 실제로서의 사회질서의 본질에 대한 나름대로의 철학적 내지는 사회학적 이해가 전제되고 있었다는 것이다. 필자가 평가하기에, 예에 대한 이와 같은 철학적 (동시에 사회학적) 이해는 유교 철학을 특징짓는 핵심적 요소임과 동시에, 유학의 다른 어떤 요소보다 서구 사상과도 매우 예리한 대조를 이루는 부분으로 인식되어왔다. 바로 이 때문에 예의 연구는 유학의 다른 어떤 요소에 대한 연구보다도 유학과, 더 일반적으로는 동양 사상과 여타 사상체계들과의 비교 연구를 위한 전략적 주제를 형성한다.

그러나 서두에서 지적한 바 있듯이 이 책의 목적은 사회학이라는 특정 학문 분야를 전공하는 필자의 시각에서 예와 관련된 사상을 『예기』로부터 읽어내는 일이었다. 왜 그것을 구태여 사회학적인 관점에서 파악하는 것이 적절한 의의를 지닐 수 있는지에 관해서는 이 책이 결과적으로 거두게 될 성과를 가지고 대답하는 것이 가장 정직한 태도일 것이다. 그러나 구체적 성과에 앞서 미리 밝혀두어야 할 한 가지 사실은 유학에는 문외한인 필자가 왜 『예기』에 관심을 가지게 되었고, 왜 그것을 대상으로 한 연구가 필요하다고 보았는지에 관해서이다. 서두에서 간단히 지적한 바 있거니와, 『예기』는 우선 유학자들의 관점에서 지키는 것이 바람직하다고 생각했던 행동 규범들을 기록한 책이다. 여기서 한 가지 주목을 요하는 사실은 행동 규범이란 우리가 행동할 때 지켜야 할 규칙으로서 여기에는 그 규칙이 시행되는 사회와 구성원들에 관한 의미 있는 정보들이 담겨 있다는 것이다. 예를 들어 『예기』에는 나이 차가 나는 사람들 간에 지켜야 할 다음과 같은 예절이 적혀 있다.

나이가 배가 더 많은 사람은 아버지를 섬기는 것처럼 섬기고, 10년이 더 많은 사람은 형처럼 섬기고, 5년이 더 많은 사람과는 어깨를 나란히 하고 걷되 조금 뒤로 처져서 따라가야 한다. 다섯 사람이 모여 있을 때는 가장 나이가 많은 자가 반드시 자리를 따로 해야 한다(〈곡례 상(曲禮 上)〉: 59).

위에 인용된 매우 평범한 내용의 글을 통해 우리는 중국 고대 사회와 그로부터 영향을 받은 이후의 동양 사회들에 있어서 사회적 관계 또는 문화에 대해 적어도 다음과 같은 세 가지 사실을 읽을 수 있다. 우선 하나는, 해당 사회에서는 연령을 기준으로 하여 개인들 간의 지위에서 상하(上下)의 구분이 이루어졌다는 것이다. 두 번째는 두 사람 이상이 같이 행동하는 경우에 그 행동이 이루어지는 방향으로 보아 앞에 있는 공간이 뒤에 위치한 공간에 비해 더 존귀한 자리로 간주되었다는 것이다. 즉 행동 공간 역시 상하의 위계성이 존재하는 것으로 인식되고 있었으며, 행위자의 지위는 그가 차지하는 공간의 위계적 지위와 부합되어야 하는 것으로 보았다는 것이다. 세 번째는 사람들이 적절한 크기의 집단을 이루는 경우에 거기에는 반드시 위계적 질서가 형성되는 것이 바람직하다고 보았다는 것이다.

위의 예가 보여주듯이 행동 규범은 그것이 비록 간단한 것이라 하더라도 주어진 사회의 사회상과 문화를 이해하는 데 매우 중요하다고 볼 수 있는 정보를 함축하고 있다. 그런데 이미 지적된 바 있고 또 우리가 뒤에서 보다 구체적으로 살펴보려고 하거니와, 『예기』는 고대 중국의 유학자들이 정치, 종교, 가족, 교육, 경제, 문화, 여가 등등의 다양한 영역에 걸쳐 실로 무수하게 다양한 행동 상황 가운데서 사람들이 지키는 것이 바람직하다고 본 행동 규범을 소재하고 있는 책이다. 따라서 짐작될 수 있듯이 『예기』에 소재된 행동 규범은 우리에게 공자를 비롯한 유학자들이 구현하고자 했던 가치는 어떤 것이었고, 그들이 대면한 자연과 사물, 인간관계 그리고 사회적 상황의 의미를 어떤 인식 또는 이념적 관점에서 이해하고 있었는지에 관한 풍부하고도 심도 있는 정보를 전달한다. 더욱이 『예기』는 다양한 종류의 행동 규범이라든지 제도를 서술한 기록들 외에도 그것들의 기원이나, 그것들이 목적으로 하는 기능, 그리고 정당성에 대한 이론적 논의를 포함하고 있다. 따라서 『예기』는 '바람직한' 행동 규범과 제도로서의 예(禮)의 본질적 속성과 기능, 그리고 그것이 마땅히 존재해야 할 이유에 관하여 이론적 설명을 시도한 이론서로서의 성격을 지닌 책이기도 하다. 이와 같은 내용에 비추어 필자가 평가하기에, 여러 유교 경전 가운데서도 『예기』는 가장 사회과학적인 분석이 요구되는 내용을 함축하고 있는 책이었다.

『예기』의 내용 분석을 통해 이 책에서 일차적으로 얻기를 원하는 결과는 유가의 예 사상(禮 思想)이다. 다시 강조하거니와 이 예 사상이야말로 법가라든가 도가와 같은 고대 중국의 여타 사상 체계와 유학 사상을 구분 짓는 가장 핵심적인 요소가 되고 있다는 것이 정확한 평가일 것이다. 바로 이러한 점에서 예에 대해 기록한 책『예기』는 다른 어떤 경전보다 유교의 핵심적 사상을 이해하는 데 중요성을 갖는다는 것이 필자의 평가이다. 그런데 유학을 전공하는 사람들의 입장에서 보기에는, 유학을 이해하기 위한 가장 중요한 통로로서 왜 하필 (『논어』라기보다는)『예기』가 선택되었는지 하는 의문이 제기될 수도 있다고 생각된다. 적어도 필자가 판단하기에 바로 이 점에서 이 책에서 수행하고자 하는 작업은 유교 사상의 이해를 위한 통상적인 접근 방법과는 다소 다른 경로를 선택하고 있다. 대체로 유학 전공자들이 유학 사상의 본질을 이해하는 데 있어서는 인의(仁義)나 충효(忠孝), 또는 예 사상에 반영된 윤리적 가치들을 핵심적 요소로 삼아 접근하는 방법을 선택하고 있다는 것이 필자가 일반적으로 받고 있는 인상이다. 즉 유학의 본질을 그것의 토대를 이루는 윤리적 가치에 중심을 두고 접근하고 있다는 것이다. 이에 비해 유학의 중심이 다른 무엇보다도 '예 사상' 자체에 있다고 보았을 때, 아무래도 관심의 초점은 사회질서 문제에 대한 유가의 인식과 바람직한 사회질서 구축을 위한 실천적 전략에 보다 무게가 기울어지게 된다. 즉 유학 사상에 대한 이해는 윤리학적인 관심사보다는 사회과학적인 관심사로서의 성격이 더 두드러지게 부각된다는 것이다. 물론 중국 철학을 대상으로 하는 경우에 양자를, 즉 그것을 주로 윤리학적 지식으로서 접근하느냐, 아니면 사회과학적 분석의 대상으로서 접근하느냐 하는 것이 결과적으로 어떤 본질적인 차이를 가져오느냐에 대해서는 의문이 제기될 여지가 있을 것이다. 왜냐하면 고대 중국에서 발전된 철학적 지식들의 경우에, 윤리학적 지식인가 아니면 사회과학의 영역에 속하는 지식인지를 명확하게 구분 지으려는 시도 자체가 그 지식이 갖는 원래의 복합적 성격을 우리 자신이 속한 특정 시대의 학문적 관점에서 왜곡하게 되는 결과를 가져올 수 있기 때문이다. 그러나 유학을 주로 윤리학적 관점에서 접근하는 경우와 사회질서의 문제를 핵심적 관심사로 삼고 있는 지식이라는 전제하에 접근하는 경우에 결과적으로 나타나는 차이는 적지 않으리라는 것이 필자의 판단이다. 우선 유학의 핵심적 텍스트를 선택하는 데 있어 이 책에서 필자가 바로 그렇게 하고 있는 바와 같이, 후자의 경우에는 『논어』보다는 『예기』가 아마 좀 더 중요한 텍스트로 평가되었을 가능성이 큰 것으로 여겨진다. 왜냐하면 『예기』에는 바람직한 사회질서를 실현하는 데 필수적인 수단으로서 강조되어왔던 예법이나 예제들과 관련된 방대한 자료들이 집중적으로 소재되어 있기 때문이다. 그리고 그에 수반하여 유교의 주된 관심사를 파악하는 데에서도 개인의 윤리적 심성의 문제보다는 행동이나 제도적 측면이 더 중요하게 부각될 것으로 짐작된다.

예 사상을 유학의 핵심적 요소로 강조하는 데 따른 또 하나의 결과는 유학 사상을 현대적 관점에서 조명하는 데 있어 그 특징적 모습을 파악하기 위한 시각을 선택하는 문제와도 연관성을 갖는다. 지금의 시점에서 옛 사상을 해석한다는 것은 결국은 그것이 지닌 의미나 의의를 현대적 사고의 문법 속으로 전환시키는 작업을 요한다. 조금 다른 각도에서 표현한다면, 사회질서의 문제를 진단하고 해결하는 데 예 사상의 근본적 취지가 있다고 보았다면, 현대적 안목을 가지고 그것을 해석하는 데 있어서도 사회질서의 문제를 다루기에 적절한 사회과학적 개념이나 이론적 시각이 보다 큰 유용성을 갖는다는 것은 당연한 일일 것이다. 이런 의미에서 예 사상의 경우, 그 기본적 성격에 조응하여 그 해석은 사회과학적 안목이 요구되는 작업으로서의 성격을 갖게 되는 것이 역시 당연한 일일 것이다.

이 책에서 필자가 시도하는 『예기』 읽기는 바로 위에서 밝히고 있는 바와 같은 점에서 일반적으로 흔히 접해온 유교 사상의 해석과는 분석의 각도와 강조되는 측면에서 다소 차이를 지니고 있다는 것이 필자의 평가이다. 우선 이 책은 다시 강조하거니와, 『예기』의 읽기를 통해 예 사상의 내용을 추출하여 정리하는 데 목적을 두고 있다. 이와 같은 작업은 유교 사상의 핵심적 요체가 다른 무엇보다도 예 사상에 있다는 평가를 반영하고 있다. 그러나 이 시점에서 책의 본문으로 이동하기 전에 한 가지 미리 다루고 넘어가야 할 사항이 있다. 그것은 적어도 『예기』에 서술된 내용들을 가지고 판단컨대 유교의 예에 대한 사상은 어떤 일관된 논리 체계를 이루고 있지 않다는 것이 정확한 판단이리라는 것이다. 그보다는 예를 중심으로 고대로부터 발전되어온 잡다한 사유의 갈래와 족적들이 기록으로써 존재하고 있었고, 이러한 기록들을 중심으로 유교 예학(禮學)의 전통이 형성되었기 때문에, 이미 지적된 바 있듯이 예학의 핵심적 사상이 어떻다고 한가지로 간단히 규정짓는 것은 쉬운 일은 아닐 것이다. 그보다는 현대의 학문 체계도 경우에 따라서는 그러하듯이 예학 내부에서도, 또 『예기』에 포함된 내용들 사이에서도 때로는 상충되기조차 하는 다양한 견해를 엿볼 수 있다는 것이 필자의 판단이다.

따라서 『예기』에 기록된 예 사상을 체계적으로 정리하고자 하는 시도는 결코 쉽다고 볼 수 없는 과제를 안게 된다. 즉 매우 복잡하고 다양한 자료들 가운에서 연구자가 판단하기에 예론(禮論) 자체의 사상적 맥락에서 핵심적 중요성을 지니고 있다고 여겨지거나, 현대인들이 보기에도 매우 중요한 이론적 또는 실천적 의의를 함축하고 있는 것으로 판단되는 발상들을 추리고 선별함으로써 비교적 의미 있는 사상의 체계로서 정리해내는 작업이 요구된다. 요약해보자면, 예와 관련된 매우 복잡한 기록들로부터 현대 학문의 담론 체계 속에서 의미 있게 읽혀질 수 있는 내용을 지닌 사상 또는 사상을 추출해내는 작업이 요구된다는 것이다. 물론 이 책은 이와 같은 과제가 어느 정도는 성공적으로 수행될 수 있다는 확신을 가지고 착수되었다. 그리고 이러한 확신의 배경에는 현대 철학에서 공자의 예 사상이 갖는 의의를 『논어』의 새로운 읽기를 통해 밝히고자 했던 핑가렛Fingarett(1972)의 시도가 매우 유익한 단서를 제공했던 것도 사실이다.[2] 그러나 다시 강조하거니와, 문제는 핑가렛의 해석 역시 열려 있는 여러 해석들 가운데 유력한 하나의 해석일 수는 있으나, 연구자들 사이에 압도적인 합의가 도출될 수 있을 만큼 모든 자료적 근거들과 부합되는 것은 아니라는 점이다. 이러한 문제는 반드시 핑가렛의 해석 자체에 내재된 오류의 문제라기보다는 예 사상의 저변에 어떤 일관된 논리가 사실상 존재하고 있다고 보는 전제 자체에 오류가 있음을 보여줄 뿐이라는 것이 필자의 판단이다. 자료들 속에 반영된 예 사상 자체가 여러 다른 해석을 가능케 할 정도로 열려 있는 내용과 구조를 가지고 있다는 것이다.

위에서 제기한 주장을 하나의 예를 들어 간단히 설명해보자. 맹자(孟子)와 동시대 사람으로 알려진 순자(荀子)의 유학은 맹자의 학문이 유교의 정통을 계승하고 있다고 보는 사람들의 입장에서 본다면 상당히 비정통적인 견해를 포함하고 있다. 우선 성악설(性惡說)이 그렇거니와, 예를 이해하는 데 있어서도 매우 철저하게 '기능론적' 관점에서 그 필요성을 강조하고 있다는 점에서 당시로서는 매우 혁신적인, 그리고 현대 사회과학자들에게는 친숙한 견해를 제시하고 있다.[3] 예에 관한 이러한 순자의 '기능론적' 견해는 특히 당시로서는 흔치 않게 매우 논리적이며 논쟁적인 서술문 형식으로 쓰인 '예론(禮論)' 편(『순자』: 115–147)에서 압축적

---

2 필자가 유교 사상 가운데서 특히 예에 관심을 갖게 되고, 실제로 『예기』의 읽기에 착수하려고 마음먹게 된 것은 1990년대 초반 핑가렛의 저서를 읽은 후부터였다.

3 이 서론 부분에서 이러한 '기능주의적' 견해에 대해 자세한 언급은 생략하는 것이 좋을 것이다. 따라서 아주 간략하게 설명하자면, 순자가 보기에 예는 행위의 외형적 꾸밈[文飾]을 통하여 사회의 계층질서를 포함한 사람들의 삶의 방식에 바람직한 질서를 부여하고 유지하는 데 그 근본 목적을 두고 있으며, 거기에서 주된 기능을 찾을 수 있다는 것이다.

으로 표현된 바 있다. 현재 논의되고 있는 필자의 견해와 관련하여 중요
한 한 가지 사실은 훨씬 이른 시기에 저술된 『예기』에서도 역시 예의 사
회적 기능과 관련된 이와 같은 순자의 주장과 유사하게 해석될 수 있는
부분들이 군데군데 발견된다는 것이다. 따라서 적어도 예의 사회적 순
기능을 강조하는 예 사상의 한 부분에 관한 한 중국의 고대 사상과 서구
의 기능론적 사회학 이론 사이에 상당한 유사성이 존재한다고 보는 데
무리는 없는 것으로 여겨진다. 그러나 동시에 『예기』에는 이와는 대조되
는 여러 다른 발상들이 포함되어 있다. 따라서 적어도 『예기』에 서술된
내용들을 가지고 판단컨대, 유교의 예에 대한 사상은 어떤 일관된 논리
적 체계를 이루고 있지 않다는 것이 정확한 판단일 것이다.

　따라서 예 사상의 여러 본질적인 측면, 즉 예의 본질적 속성이라든지
기능에 관하여 이 책에서 서술하고 있는 내용들은 대체로 이야기해서 서
로 상충되기도 하고 논리적 연관성이 명료치 못할 수도 있다는 점에 대
해서는 미리 인지를 해두는 것이 좋으리라고 본다. 이는 필자 자신도 인
정하고 있는 사실이며, 이는 예 사상에 대해 『예기』에 소재된 자료들에
되도록 충실한 해석을 내리려는 노력이 가져온 불가피한 결과라는 것이
필자의 소견이다. 다시 이야기해서 필자는 핑가렛과는 달리 예 사상을
어떤 일관된 논리가 관철된 사상으로 해석하려는 시도는 사실상 무리한
것으로 보았으며, 따라서 필자가 이해하는 범위 내에서 대체로 원전에
있는 그대로 다른 해석의 가능성이 '열려 있는' 해석을 원칙으로 삼았다
는 것을 밝혀두고자 한다.

　그러면 이제 본론으로 들어가기 전에 이 책의 전체 구조에 대해 간단
히 안내하며 이 서론 부분을 마치려고 한다. 이 서론 부분에 이어지는
부분에서는 『예기』의 내용에 대한 전체적인 개관이 이루어지게 될 것이
다. 이를 통해 우리는 유교에서 말하는 예의 개념과, 예 규범에 의해 통
제가 추구되었던 인간 활동 영역의 범위 및 그와 같은 인간 행위 영역에

서 유학자들이 이룩하고자 했던 윤리적 질서의 본질적 성격, 그리고 그 것의 이념적 근간을 이루는 가치관과 신념 요소들에 대한 전반적 개관을 시도하게 될 것이다. 이를 통해 우리는 『예기』를 통해 표현되고 있는 유교의 예 사상이 어떤 현상들을 대상으로 하여, 어떤 이상과 목적을 추구하기 위해 발전된 사상 체계인지를 전반적으로 조망할 수 있는 기회를 얻게 될 것이다. 다음 두 부분에서는 『예기』의 전편에 걸쳐 이곳저곳에서 발견되는 '예의 본질적 특성들' 및 '예의 기능'과 관련된 기록에 분석이 집중될 것이다. 이를 통해 우리는 유가에서 사회 구성원들의 상징적 행위나 상호 관계의 본질적 특성을 어떤 시각에서 이해하고 있으며, 또 그것들을 바람직한 상태로 발전시키는 데 예가 수행할 수 있는 전략적 기능을 어떻게 이해하고 있었는지에 대해 보다 구체적인 설명을 접할 수 있을 것이다. 이에 대한 논의는 동시에 현대의 사회과학 이론이나 문화 이론 체계 속에서 예 사상이 지닐 수 있는 가능한 의의를 이해하는 데 유용한 기초 자료를 제공할 수 있다는 점에서도 중요한 의의를 갖는 것으로 여겨진다. 마지막 관심사는 예를 통해 무너진 사회질서를 부흥시키고자 했던 공자의 이상이 현대 사회에서도 어느 정도 진지하게 고려할 만한 제안이 될 수 있는 가능성에 관한 논의이다. 이 책의 마지막 부분에서 수행하려고 하는 이러한 내용의 논의는 고전적 이론의 '현대적 의의'를 분석하는 데 초점을 맞추고 있다고 특징지을 수 있을 것이다.

2. 『예기』에 포함된 내용들

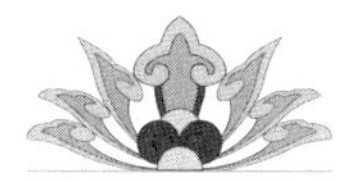

　『예기』는 예와 관련된 실로 다양한 형태와 내용의 기록들을 소재하고 있는 책이다. 여기에는 공자를 포함하여 그의 제자들 및 기타 화자(話者)들 사이에 예를 주제로 나눈 대화 내용, 예와 관련된 일화, 요즘 기준으로 보아 짧기는 하지만 예 전반 또는 특정한 종류의 예법에 관한 학술적 견해를 논술문의 형태로 서술한 글, 공자를 비롯하여 유학자들의 예에 관한 강론(講論)을 옮겨 적은 것으로 보이는 글, 왕조의 공식적 행사의 의의와 절차를 기록한 문서, 혼례, 장례, 제사와 같은 가족 단위 행사를 치르는 예법과 의의를 설명한 글, 향촌공동체(鄕村共同體)에서 진행되는 민간행사의 의의와 절차를 기록한 문서, 일상생활 가운데서 지켜야 할 잡다한 내용의 예법을 묶어 소개한 안내서와 같은 성격의 기록 등이 포함되어 있다. 이와 같이 다양한 형태와 내용의 글은 크게 보아 세 가지 범주로 정리해볼 수 있을 것이다. 1) 예와 예법, 2) 예제(禮制), 3) 예론(禮論)이 그것이다. 첫 번째 항목은 『예기』의 주된 목적이 예에 대한 일반적 정의와 함께 그러한 정의에 부합되는 것으로 간주된 다양한 종류의 예법을 소개하는 데 있음을 보여준다. 두 번째 항목과 관련하여, 고대 중국의 정치·사회·문화 및 기타 영역들에서 시행되어왔던 여러 제도 가운데 어떤 제도는 유가(儒家)의 시각에서 바람직한, 즉 '예로 지칭될 만한 가치'를 함축하고 있다는 의미에서 '예제'로 간주되어왔다. 두 번째 항목을 통해서 우리는 이와 같은 의미에서 예제를 소개한 기록들이 곧 『예기』의 중요한 내용을 이루고 있음을 알 수 있다. 세 번째 항목 '예론'은 예에 대한 이론적 논의를 의미한다. 즉 『예기』는 예법 또는 예제들이 어떤 이유에 의해 예로서의 특성을 지니고, 그것들이 왜 필요하며 또 중요성을 갖는지 이론적으로 설명하는 내용을 포함하고 있다는 것이다. 다른 말로 표현해서 예법이나 예제의 정당성에 관한 이론적인 논증을 시도한 부분을 포함하고 있다. 『예기』의 전체적 내용은 매우 다양하고 복잡하기는 하나 그 요체에 있어서는 대체로 이 세 가지 항목으로 정리될 수 있을 것으로 여겨진다. 세 항목이 각기 의미하는 바에 대한 보다 구체적인 설명에 이어서 『예기』의 모든 내용을 일별할 수 있도록 보다 자세한 세목(細目)들로 정리한 내용은 이어지는 부분에서 다루게 될 것이다.

1) 예와 예법

유교에서 어떤 행위가 "예다(예에 맞다)" 또는 "예가 아니다(예에 맞지 않다)"라는 말은 통상 두 가지 상이한 맥락에서 사용된다. 첫 번째는 단순히 주어진 행위 상황 속에서 규정된 행동 규범에 따라 기대되는 행동이거나, 아니면 그로부터 벗어나는 행동이라는 의미에서 사용된다. 예를 들어 『예기』〈증자문(曾子問)〉편을 보면 "상(喪)에 두 상주를 세우거나 제사에 두 신주(神主)를 모시는 것은 예에 맞지 않는다"(547)라는 공자의 언급이 기록되어 있다. 또 다른 예로서 동일한 책의 〈단궁하(檀弓下)〉편에서는 애공(哀公)이 첩의 죽음에 재최(齋衰) 1년 상복을 입은 데 대하여 유약(有若)이라는 사람이 "첩을 위하여 재최복을 입는 것이 예에 맞는 일인지?"(352)를 묻는 구절이 나온다. 이러한 사례는 『예기』의 수많은 부분에서 반복해서 목격되는데, 예에 대한 이러한 언급을 통해 우리는 예가 기본적으로 주어진 상황하에서 준수되어야 할 것으로 기대되는 일련의 행동 규범을 실제로 따름으로써 충족되는 사회적, 도덕적 요구를 지칭한다는 것을 알 수 있다.

그러나 예에 맞느냐의 여부가 이와는 다른 기준에 의해 판단되는 경우 역시 『예기』는 물론이거니와 기타 유교 경전의 곳곳에서 목격된다. 예를 들어 『예기』〈예기(禮器)〉편에는 "만일 충신(忠信)의 마음이 없는 사람이면 모든 일은 허례가 된다"[4]라는 구절이 나온다. 또한 같은 책 〈방기(坊記)〉편에는 "공경하기 때문에 제기를 쓴다"[5]라는 공자의 언급과 함께 "동쪽 이웃에서 소를 잡는 것이 서쪽 이웃에서 약제(禴祭, 약소한 제사)를 지내고 진실로 복을 받는 것보다 못하다"[6]는 『역경(易經)』〈기제 괘(既濟 卦)〉의 구절이 인용되고 있다. 위의 예에서 나오는 경우에 "예에 부합된다"는 말이 갖는 의미는 이미 지적한 첫 번째의 경우와는 다르다. 즉 예를 이루기 위해서는 규정된 행위의 형식적인 이행만으로는 부족하며 당면한 상황이나 사회적 관계에 비추어 적절한 마음가짐이 수반되어야 한다는 것이다. 위의 예에서 언급되고 있듯이 제사를 지내는 데에는 단순히 예법에 규정된 제기를 사용하여 제사를 지내는 것만으로는 부족하며, 그것이 진실로 예가 되기 위해서는 제사 지내는 사람이 조상에 대한 존경의 마음을 가져야 한다는 것이다. 이러한 의미에서 아무리 잘 갖추어진 제사일지라도 진정한 마음가짐이 수반되지 않는다면 진정한 마음을 갖춰 소략(疏略)하게 지내는 제사보다 못하다는 것이다. 바로 이러한 점에서 예란 개인이 공동체의 구성원으로서 갖추어야 할 도덕적 심성을 표현하기 위한 상징적 행위를 지칭하며, 그와 같은 심성을 간직한 가운데 행동할 때 그 행동은 비로소 진정한 의미에서 예가 이루어지게 되는 것으로 간주된다.

여기에서 예의 개념을 두 가지 의미로 구분하여 설명하는 이유는 이

---

4 苟無忠信之人 則禮不虛道(690).

5 敬則用祭器(1321).

6 東鄰殺牛 不如西鄰之禴祭 實受其福.

러한 개념의 구분이 예의 본질을 규정짓는 데 매우 중요한 기준을 제공하기 때문이다. 우선 『예기』를 통해 기록된 지식 가운데 가장 큰 비중을 점하는 부분은 무수하게 다양한 사회적 상황 속에서 각각의 지위에 따른 역할을 수행하는 행위자들이 지켜야 하는 예법들이다. 예를 이룬다, 즉 개인의 행동이 예에 부합된다는 것은, 우선 하나의 가능한 그리고 가장 유력한 견해를 따르자면, 주어진 행동이 규정된 예법에 의해 기대되는 바와 부합한다는 것을 의미하는 것이다. 이러한 의미에서 『예기』는 곧 예전(禮典), 즉 개인들이 예를 이루기 위해 지켜야 할 행동 규범을 모아 정리한 책이었다. 이러한 해석은 예법에 따라 행동한다는 것이 곧 예의 본질이 되고 있음을 의미한다. 이와 같은 견해는 예를 이루는 기준이 명료하기 때문에 개인들 자신이나 타인들이 예에 맞게 행동하는지를 기존의 예법에 대한 지식을 토대로 쉽게 판단할 수 있다는 점에서 이점을 갖게 된다. 그러나 한 가지 중요한 문제점은 예법이란 어디까지나 그 행위적 형식을 통해 사람들의 마음을 표현하기 위한 수단이기 때문에 마음이 결여된 행동이 과연 진정한 의미에서 예를 이룬다고 볼 수 있는지 하는 의문이 제기될 수 있다는 것이다. 앞에서 인용한 "만일 충신의 마음이 없는 사람이면 모든 일은 허례가 된다"라는 『예기』 〈예기(禮器)〉편의 구절은 바로 이 점을 지적하고 있다. 진실로 존경하는 마음이 결여된 상태에서 단지 밖으로 드러나는 행동을 통해 존경의 예를 행하는 것이 진정한 의미에서 예가 될 수 있는지에 대해 의문을 품어본다는 것은 아마 당연한 일일 것이다. 이와 같은 의문은 우리가 일상생활을 하는 가운데서도 타인의 행동에 대해서는 물론 우리 자신에 대해서도 흔히 품을 수 있는 의문이기 때문이다.

예법에 따른 행동 그 자체를 예를 이루기에 충분한 조건으로 간주하는 경우에 제기될 수 있는 다른 까다로운 문제가 있다. 예법에 규정된 격식에 따라 예를 이루기 위해서는 그에 소요되는 시간과 경비를 감당할 수 있는 경제적 능력이 필요하다. 그런데 고대와 현대를 막론하고 당면한 상황 또는 경제적 능력에 따라 사회에서는 그것을 감당할 능력이 결여된 사람들이 많은 것이 현실이다. 가령 예법대로 제사를 지내기 위해서는 제사상에 놓을 제수(祭需)를 장만해야 하는데, 그것을 마련하는 데도 어려움을 느끼는 사람들이 많을 것이다. 이에 따라서 하루하루 입에 풀칠이나 하고 사는 많은 사람들에게 유교의 장례의식은 아마 불가능할 정도로 감당하기 어려운 일일 것이다. 그렇다면 "예를 지킨다"는 것을 단순히 규정된 예법에 따라 행동한다는 것으로 보는 데는 현실적인 관점에서 해결하기 어려운 문제점을 안게 된다. 즉 사람이 사는 도리로서 예법의 실천을 강조하는 유가의 입장은 사실상 그 실천의 수단이 결여된 많은 사람들에게는 현실과는 유리된 공허한 구호에 지나지 않을 것이다. "동쪽 이웃에서 소를 잡는 것이 서쪽 이웃에서 약제를 지내고 진실로 복을 받는 것보다 못하다"라는 지적이 나오게 된 배경에는 바로 이와 같은 현실 인식이 동기가 되고 있었던 것이다. 즉 비록 규정된 예법을 지키지 못하는 경우일지라도 진실한 마음을 갖추고 행동을 하게 되면 그로써 예는 이루어지게 된다는 것이다. 만약 우리가 이러한 견해를 받아들이게 되면 예의 본질에 대한 우리의 견해는 바뀌게 된다. 즉 예를 이루는 본질적 요소는 예법에 따른 행동 자체에 있는 것이 아니라 행동을 통해 표현하고자 하는 윤리적 심성에 귀착이 된다는 것이다.

　실제로 『예기』에서 우리는 예를 이루는 조건이 행동을 예법에 따라 한다는 것만으로는 충족될 수 없음을 강조하는 내용을 이곳저곳에서 읽을 수 있다. 예를 들어 윗부분에서도 단편적으로 시사한 바 있듯이, 『예기』에는 행위자가 어떤 내적 태도를 지니고 행동할 때 예법의 준수는 비로소 진정한 의미에서 예에 이룰 수 있다는 점을 강조하는 많은 기록을 볼 수 있다. 이는 참다운 사회질서의 실현을 위해서는 예법의 준수를 통해 이루어지는 사회 구성원들 간의 질서 있는 상호 작용뿐만 아니라 또 다른 하나의 핵심적 요소로서 도덕적 심성을 공유하는 사회 구성원들 간에 정서적 융합이 요구된다고 보는 유가적 시각이 또한 배경을 이루고 있다. 이러한 관점에서 보았을 때, 예는 행동적인 요소와 심성적인 요소로, 즉 외적인 측면과 내적인 측면으로 구성되어 있다고 말할 수 있으며, 『예기』에는 당연히 이 두 요소의 융합, 또는 그것이 어려울 경우에는 오히려 내적인 면을 예가 이루어지는 조건으로 보다 중요하게 강조하는 많은 기록이 목격된다.

그러나 이러한 문제와 관련하여 『예기』로부터 제기될 수 있는 중요한 쟁점 가운데 하나는 "예에 맞다"라는 말이 갖는 의미와 관련하여 모든 기록을 일관하고 있다고 볼 수 있는 하나의 분명한 입장을 잡아낸다는 일이 그다지 쉬워 보이지는 않는다는 것이다. 다시 말해서 『예기』에 남겨진 기록뿐만 아니라 『논어』를 포함한 여러 유교 문헌들을 살펴본다 하더라도 예를 명료하게 정의하는 일은 어려운 문제로 남아 있으며, 따라서 현재에도 매우 까다로운 학문적 과제로 부각되고 있다. 여기에서의 핵심적 쟁점은 외적으로 표현되는 행동을 규제하는 규범으로서의 예법과, 그것의 내면적 요소라고 볼 수 있는 윤리적 심성이 "예를 이루는 데" 각기 또는 서로 어떤 기능과 연관성을 지니고 있는지 하는 것이다. 이에 대한 해석은 대체로 세 가지 입장으로 정리될 수 있을 것이다. 첫째는 예를 성립시키는 요소를 행동 자체가 갖는 기능 가운데서 찾고자 하는 입장일 것이다. 다시 말해 앞에서 이미 지적하고 있듯이, 예법에 따라 행동함으로써 일단 예는 이루어진다고 보는 입장이다. 두 번째는 개인의 행동은 행위의 외적 형식과 그 내용을 이루는 윤리적 심성의 두 측면으로 구성되며, 따라서 이 두 측면이 개인의 행위 가운데서 가능한 한 완벽한 조화를 이룰 때 예는 이루어진다고 보는 것이다. 그러나 이는 많은 사람들에게는 실현이 불가능한 이상일 따름이다. 우선 예규에 따라 예를 실행한다는 것 자체부터 자신의 의지와 관계없이 존재하는 여러 가지 현실적 요건들의 제약에 의해 그 실천이 어려운 사람들이 많을 것이다. 따라서 이 두 번째 입장에서는 예의 행동적 측면과 심성적 측면을 다 같이 강조는 하되, 후자를 더욱 중요하게 강조하려는 경향을 보인다. 가장 중요한 이유는 인간의 심성 속에 존재하는 내면적 동기를 인간 행동의 의미를 결정하는 보다 본질적인 요인으로 보고, 겉으로 나타나는 행동을 그와 같은 내면적 동기를 표현하기 위한 외형적 수단에 불과하다고 보기 때문일 것이다. 다음으로 세 번째 입장은 위의 두 가지 측면이 각기 다른 측면에 독립적으로 미치는 영향을 인정함으로써 양자의 관계를 상호적인 것으로 보는 입장이다. 행동은 우리의 태도 형성에 영향을 미치며, 태도 역시 우리의 행동을 결정하는 하나의 중요한 요소로서 인정하는 것이다. 다시 간단히 표현한다면, 예를 이루는 데는 이 양자 간의 상호 작용이 개입되게 마련이라는 것이다. 예를 정의하는 데 나타나는 이와 같은 관점의 차이는 물론 『예기』 가운데 기록된 내용들이 어떤 하나의 해석만을 허용할 정도로 명료하거나 일관되지 않기 때문이다. 그리고 필자가 짐작건대, 예와 관련하여 제기되는 이 문제 자체가 보다 일반적으로는 인간 행위의 속성을 규정하는 데 따르는 어렵고도 복잡한 쟁점들을 함축하고 있고, 따라서 그 해답이 쉽게 들여다보이는 문제가 아니라는 점에서 불가피하게 나타난 현상이 아닌가 하는 생각이 든다. 어쨌든 『예기』가 담고 있는 내용은 우선 여러 생활 영역 속에서 실천을 요하는 다양한 종류의 예법을 비롯하여 예의 실현과 관련하여 중국 고대 지식인들이 규명하려고 노력했던 인간의 윤리적 행위의 조건과 본질에 대해 진지한 탐색의 기록을 담고 있다고 특징지을 수 있을 것이다.

2) 예제(禮制)

　예제, 즉 예가 되기 위한 윤리적 조건을 충족하고 있는 것으로 간주되는 제도는 예법 자체를 그 안에 포함하는 보다 포괄적인 개념이다. 그리고 예제는 또한 유교의 윤리적 이념에 부합되고, 따라서 현재 실현 여부에 관계없이 실현이 당위적으로 강조되는 규범적 사회제도라는 점에서 현대 사회과학에서 말하는 실재하는 사회제도와는 구분되는 개념이다. 따라서 예제가 갖는 의미와 함께 그것과 실재하는 사회제도와의 차이를 이해하는 데는 일반적인 의미에서 사회제도가 갖는 개념에 대한 이해가 요구된다. 우선 사회에는 그 사회가 유지되기 위해서 또는 그 속에서 개인들이 살아가는 가운데 수행해야 할 중요한 일이 있고, 그러한 일('기능')을 수행하기 위해서 형성된 사람들의 모임이나 조직체가 존재한다. 예를 들어 교육 활동은 자라나는 사회 구성원들을 그들이 소속된 사회의 특성이나 요구에 맞추어 길러내는 활동이기 때문에, 사회가 유지되고 또 그 안에서 개인들이 삶을 유지하기 위해서는 기능적으로 매우 중요한 활동임이 틀림없다. 따라서 이와 같은 활동을 수행하기 위하여 교육을 하는 사람, 교육을 받는 사람, 기타 교육과 관련된 역할을 수행하는 사람들로 이루어진 사회적 조직체가 구성되고, 이러한 조직을 운영하는 데 필요한 규범들이 형성될 것이다. 사회과학에서는 이렇듯 인간사회에 중요한 기능을 중심으로 운영되는 비교적 안정된 형태의 인간집합체의 관계적 구조와 함께, 사람들이 그와 같은 인간관계의 구조 속에서 수행하는 중요한 활동의 규제 원칙으로서 작용하는 가치와 규범 및 관습의 체계를 사회제도라고 지칭한다. 우선 한 가지 분명한 사실은 예제 역시 여러 면에서 이러한 정의에 부합되는 사회제도로서의 특성을 지니고 있다는 점이다. 단지 일반적인 의미에서 현실적으로 존재하는 사회제도와 차이가 나는 점이 있다. 그것은 예제는 규범적(規範的) 체계로서 공자 이래 유교철학의 관점에서 그 실현이 당위적으로 요구되는 사회제도의 모습을 서술한 것이라는 점이다. 다시 이야기해서 당시 존재하고 있거나 역사적으로 멸실되어 이미 없어졌지만 복원이 가능하거나 당시에도 실현될 수 있는 가능성을 지니고 있다고 평가되는 제도적 구성요소들을 유교적 관점에서 취사 선별하여 따라야 할 본보기로서 설정한, 이상적 사회제도라는 것이다. 물론 공자가 바람직하다고 본 예제가 공자의 상상력 가운데서 생겨난 창작품이 아니라는 것은 분명하다. 이와 관련하여 『예기』에 실린 여러 기록들은 공자가 과거 왕조(夏, 殷, 周)의 예제 간의 차이점과 유사점에 대해 상당한 지식을 가지고 있었고, 경우에 따라 선호를 달리하고 있었음을 시사한다. 그러나 대체로 주례(周禮, 주나라의 예제)를 몇 가지 이유에서 그 이전 시대의 왕조에서 시행되었던 것들에 비해 상대적으로 더 나은 제도로서 선호했음을 보여준다.[7]

이로 보아 공자가 지향했던 예제는 개혁적이거나 미래지향적이기보다는 과거의 전통으로부터 수집, 복원한 것에 근거를 두고 있었다는 점에서 복고적이었다는 것이 사실로 여겨진다.[8] 그러나 필자의 입장에서 볼 때, 어기에서 특별히 주목하는 점은 과거의 예제들을 정리하고 그에

7　『예기』〈단궁 하(檀弓 下)〉편에는 "은나라의 예는 꾸밈없고 수수하기 때문에 나는 주나라의 예를 따르겠다"(306)라는 공자의 언급이 인용되고 있다; 상대적으로 하(夏)나 은(殷)보다는 주대의 예제를 선호했던 공자의 견해는 『논어』〈팔일(八佾)〉편에 있는 다음과 같은 공자의 언급에 의해 분명하게 시사되고 있다: "주나라는 하·은 이대를 보았으니, 찬란하다, 그 문(文)이여. 나는 주나라를 따르겠다(子曰 周監於二代 郁郁乎文哉 吾從周)"(92); 겸하여, "은나라는 하나라의 예를 인습하였으니 손익(損益)한 것을 알 수 있으며, 주나라는 은나라의 예를 인습하였으니 손익한 것을 알 수 있다. 혹시라도 주나라를 계승하는 자가 있다면 비록 백세 뒤의 일이라도 알 수 있을 것이다"(『논어』〈위정(爲政)〉: 73)라는 공자의 언급은 각대의 예제의 기본적 요소는 계승이 되고 있었던 반면에 그 표현 형식에서 가감(加減)이 있었으나 그 가운데서도 주대의 예제가 가장 높은 형식적 완성도를 성취한 것으로 보았던 공자의 입장을 뒷받침한다고 볼 수 있다. 필자가 보기에 이러한 공자의 입장은 그가 노(魯)나라 사람이었고, 노나라는 원래 주나라의 예제를 채택했던 주공(周公)의 봉국(封國)이었으므로 공자에게 가장 친숙한 제도였다는 점에서도 이해가 될 수 있는 사실이다.

8　이는 공자 자신이 다음과 같이 언급한 바에 의해 뒷받침되고 있다: "전술하기만 하고 창작하지는 않았으며, 옛것을 믿고 좋아했다(述而不作 信而好古)"(『논어』〈술이(述而)〉: 188).

기초하여 가장 바람직한 예제를 정립하려 했던 작업은—공자 자신이나 그의 추종자들 스스로 의식하고 있었을지는 의문이나—그 이전에 매우 복잡하고 어려울 수도 있는 상당한 규모의 기초 작업이 전제되어야 했다는 것이다. 그것은 개인들 내지는 사회의 중요한 활동 영역에서 구체적으로 어떤 활동이 어떻게 분포하며, 각각의 영역들이 수행하는 또는 수행해야 할 본연적 기능에서의 차이라든지, 사회의 여러 영역에서 발견되는 인간관계의 여러 다양한 유형에 관한 지식 등이 우선 축적되고 정리되어 있어야 했다는 것이다. 간단히 예를 들어 가례(家禮), 즉 가족과 관련된 예제를 종합, 정리하기 위해서는 가족 내에서 이루어지는 활동, 가족의 본질적 기능, 가족 구성, 구성원 간의 관계, 가족을 둘러싼 지역 공동체나 국가와 같은 사회 환경 가운데서 가족이 차지하는 위상 등등에 관한 매우 구체적이고도 포괄적인 지식이 요구된다는 것이다. 이는 현대 사회에서는 통상 가족사회학 내지는 가족학 분야에서 관심을 가지고 추구하는 종류의 지식이다. 물론 『예기』에 이러한 '사회학적' 지식이 분명하게 그리고 어떤 체계를 갖춰 서술되고 있는 것은 아니다. 그러나 주어진 가족 상황과 가족 관계의 맥락에서 적용되는 예법에 대한 기록들이 위의 예(例)에서 언급된 바와 같은 가족 현상에 대한 분명한 인식을 바탕으로 서술되고 있다는 점은 의심의 여지가 없는 것으로 여겨진다. 다시 말해서 『예기』를 통해 제시된 예제에는 당시 사회의 제도적 실태와 함께 그것이 지향해야 할 이상적 모습에 대한 당시 사람들의 평가와 인식이 담겨 있다는 것이다.

물론 『예기』에서 소개되는 예법들은 가족제도와 관련되는 것에만 국한되고 있지는 않다. 현대 사회학에서는 현대 사회에서 형성되어 활동하고 있는 모든 집단과 조직체를 그것들이 나름대로 수행하는 주된 기능에 비추어 다섯 가지 제도적 영역으로 분류하고 있다. 가족제도, 정치제도, 경제제도, 종교제도 및 교육제도가 그것이다. 여기에 체육과 문화적 활동, 향촌공동체 내에서의 친교 활동 영역을 포함시킨다면 현대 사회에서 개인들이 참여하고 있는 모든 활동 영역을 거의 포괄할 수 있을 것으로 여겨진다. 따라서 위의 여섯 가지 제도적 영역에 걸쳐서 사람들이 어떻게 생활하는지를 살펴본다면 우리는 현재 우리가 살고 있는 사회의 전체적 모습을 파악하는 데 그다지 부족함이 없을 것이다. 그렇다면 이와 유사한 시각에서 공자가 살던 시기의 사회제도의 전체적인 모습에 접근하려 한다고 가정했을 때, 우리는 마찬가지로 당시의 가족제도, 정치제도, 경제제도, 종교제도, 여가, 문화 및 향촌공동체 내에서 이루어지는 친교 활동의 영역으로 구분하여 당시 사람들이 전반적으로 어떤 생활을 하고 있었는지 살펴볼 수 있을 것이다. 이 책의 목적과 관련하여 필자의 관점에서 매우 흥미롭게 여겨지는 사실은『예기』는 실제로 예제 운용의 일반적인 원리와 예의 사회적 기능에 대해 설명한 부분을 제외한다면, 대체로 위에서 지적한 여섯 분야의 제도 영역에서 이루어지는 구체적 활동에 적용되는 매우 상세한 내역의 행위 규범을 주된 내용으로 하고 있다는 점이다. 만약 우리가 공자 사후에 중국 및 한국을 비롯한 몇몇 국가가 점차 유교화되면서 그와 같은 예의 규범이 실제로 생활 규범화되었다고 가정한다면, 『예기』는 동아시아 사회의 제도와 문화의 실제 모습을 여러 중요한 제도적 영역에 걸쳐서 상술(詳述)한 한 편의 백과사전과 같은 의의를 지닌 책으로 특징지을 수 있을 것이다.

『예기』에서 편장(篇章) 분류와 그에 포함된 내용들의 편성은 현대 학문의 관점으로 보아 학술적으로 정립된 논리에 따른 체계성이 결여되어 있으며, 분류하기 어려운 매우 잡다한 내용의 기록을 한 곳에 모아놓은 부분 역시 많기 때문에 상당히 혼란스러운 것은 분명하다. 그러나 이와 같은 한계가 이 고전에 포함된 기록에 대한 체계적인 정리와 함께 의미 있는 읽기와 해석이 가능하지 않다는 것을 의미하지는 않는다. 『예기』에는 당시에 친족공동체나 부락공동체 및 국가에서 행하던 거의 모든 중요한 행사와 활동, 당시 사람들이 '오상(五常),' 즉 인간사회에서 불변하는 관계라고 본 다섯 가지 기본적인 인간관계(君臣, 父子, 夫婦, 師弟, 長幼 관계)의 틀 속에서 개인들이 대면해야 하고 처리해야 할 다양한 상황, 봉건적 통치체제와 신분질서 등등의 상황 속에서 유교적 질서의 유지를 주된 목적으로 하는 예규들이 매우 상세하게 서술되어 있다. 따라서 『예기』의 자료는 당시의 사회구조와 그것이 작동하는 면모를 매우 세밀하게 서술한 안내서임과 동시에, 유교에서 추구하는 가치와 이상을 담아 표현한 윤리서이다. 『예기』가 지닌 이러한 내용상의 특징은 이 책을 읽기의 대상으로 선택한 본서의 목적과 관련하여 매우 뜻깊은 의의를 갖는 것으로 필자는 보았다. 즉 『예기』의 읽기는 유교철학적 관점에서 본 고대 중국 사회의 모습 및 공자와 그 추종자들이 지향한 가치와 이상을 포괄적으로 조망할 수 있는 매우 유익한 기회를 허용한다는 것이다.

3) 예론(禮論)

이미 언급했듯이 예법과 예제와 더불어 『예기』의 근간을 이루는 중요한 내용 가운데 하나는 '예론'으로서 통칭될 수 있는 부분이다. 앞에서 이야기하고 있듯이 『예기』의 주된 내용을 구성하는 것은 예법과 예제에 대한 서술이다. 즉 중요한 인간사를 중심으로 어떤 활동들이 어떤 신분적 지위와 역할을 담당한 사람들에 의해 어떤 예법에 따라 수행되어야 하는지를 기록해 모아놓은 책이다. 예를 들어 장례에 대해서는 사람이 죽어서 장사(葬事)을 치를 때 죽은 자와 관련된 사람들이 신분, 친족관계에 있어서 각자의 위치에 따라 해야 할 일의 절차와 방법을 매우 세밀하게 서술하고 있다. 예란 단순히 경험적으로 관찰되는 관습화된 행동을 통해 나타나고 있는 제도이거나 행위규범을 지칭하는 사실적 개념이기보다는 지켜져야 할 당위적 가치를 반영하는 규범적 개념이다. 사람들이 "예를 이루기 위해" 따르기에 바람직한 본보기를 제공하고 있는 셈이다. 이러한 점에서 『예기』는 중국의 고대인들이 살아가는 과정에서 당면하는 사건에 대한 의의와 그에 따라서 그들이 해야 할 일들의 절차와 방법을 정리해서 알려주는 하나의 요람(要覽)으로서의 기능을 목적으로 하는 책이었다.

그런데 이와 같은 예의 제도와 예법과 관련해 사람들이 어느 경우에선가는 떠올릴 법한 의문이 있다. 때로는 '거추장스러운' 것으로 여겨질 수 있는 그러한 예법들이 실제로 필요한 것인지, 필요할 경우에는 구체적으로 왜 필요한 것인지에 관한 의문이 그것이다. '허례허식(虛禮虛飾)'이라든지 '번문욕례(繁文縟禮)'와 같은 말은, 외형은 복잡하고 화려해 그럴듯하게 보이나 그 실질적 의의가 의심스러운 의식이나 예법을 일컬을 때 흔히 사용된다. 예의 중요성을 강조하는 유가의 입장에서는 예와 관련해 제기될 수 있는 이와 같은 의문에 대해 자신들의 입장을 논리적으로 세워 방어해야 할 필요성을 느꼈을 것이다. 즉 예와 그렇지 않은 것('비례(非禮)')의 차이를 구분짓는 어떤 보편적 기준에 대한 논의와 함께 예의 실천이 갖는 정당성을 설명하는 논리의 개발이 요구되었을 것이다. 여기에는 인간 사회에서 예법이라고 불리는 행동 규범이 역사적으로 어디에 기원을 두고 있으며, 그것들이 인간사회에 어떤 긍정적인 기능을 수행하고 있는지에 관한 이론적 지식이 포함된다. 이러한 지식은 현상에 대한 단순한 서술을 넘어 '왜'의 문제에 대한 이론적인 설명을 목적으로 한다는 점에서 예론(禮論)이라고 말할 수 있다. 예론에는 예의 본질과 정당성의 근거에 관한 철학적 및 사회학적 논의를 내용으로 하는 지식이 포함된다.

실제로 『예기』에는 이와 같이 예의 속성과 사회적 기능을 비롯해 역사적 기원에 관한 이론적인 설명으로 간주될 수 있는 기록들이 있다. 여기에 속하는 내용들은 〈예운(禮運)〉편을 비롯한 몇 개의 편장에서는 집중적으로, 그리고 『예기』 전편에 걸쳐 여기저기에 단편적으로 분포되어 있다. 서두에서 밝힌 본서의 목적에 비추어 가장 큰 관심을 가지고 분석하고자 하는 부분이 바로 이 부분이다. 그 구체적인 내용들이 지닌 철학적, 사회학적 의의들은 이 책의 기본적 관심사를 이루기 때문에 여기에서 상론할 필요는 없을 것이다. 여기에서는 단지 『예기』에 실린 '예론'의 내용에 대한 아주 간단한 조감만을 제공하려고 한다.

위에서 지적되었듯 『예기』의 곳곳에는 예가 지향하는 가치, 행위로서의 속성, 그것들이 반영하고자 하는 상징적 의미, 사회에 기여하는 기능에 관한 설명을 싣고 있다. 예를 들어 〈곡례 상(曲禮 上)〉편을 보면, "예는 언동에 있어서 절도를 유지하는 것이며, 남을 침노하여 업신여기지 않으며, 친압함을 좋아하지 않는다"[9]는 구절이 있다. 곧 예법의 기본적 정신의 하나는 타인과의 관계에서 절도를 지켜 남을 무시하거나 지나치게 거리낌없이 행동함으로써 상대방을 불편하게 만들지 않기 위함임을 강조하고 있다. 또한 예의 기본적인 정신은 자신을 낮추고, 남을 존중하는 데 있음을 강조한다.[10] 이와 같은 덕목(德目)은 예라는 행위 형식을 통해 표현하고자 하는 기본적 가치 가운데 하나가 사회를 구성하는 사람들 사이의 상호존중에 있음을 시사한다. 물론 개인들 간에 교환되는 상호존중이 예를 통해 표현하고자 하는 유일한 도덕적 가치는 아니며, 이 외에도 예법을 이상적 규범으로 성립시키는 데 필요한 여러 다른 원칙이 강조되고 있다. 세부적인 사항에 관해서는 다음 부분에서 자세한 논의가 이루어질 것이다. 단 여기에서 강조하고 싶은 점 한 가지는 고대 중국인들이 예를 통해 반영하고자 하는 여러 도덕적 원칙을 통해 멀게는

---

9 禮 不踰節 不侵侮 不好狎(〈곡례상(曲禮上)〉: 42).

10 夫禮者 自卑而尊人 雖負販者 必有尊也 而況富貴乎(〈곡례상(曲禮上)〉: 51-52).

고대 중국으로부터, 가깝게는 근세의 동아시아 일반에 이르기까지 사회와 문화의 토대를 이루었던 정신문화의 중요한 한 측면을 접할 수 있으리라는 것이다.

예론을 형성하는 또 하나의 중요한 내용은, 예의 사회적 기능론이다. 즉 유교에서 이상적으로 생각하는 질서를 사회 안에서 형성하고 유지하는 데 예의 준수가 어떤 기능을 갖는지에 관한 논의들이다. 『예기』에는 유교에서 지향하는 공동체를 위해 예가 왜 필요한지를 설명하고 강조하는 구절들이 산재한다. 이에 관련된 구체적 내용은 다음 장에서 다루겠지만, "윤리 도덕은 예 없이 실현되지 않는다"[11]라는 구절 속에 한마디로 농축(濃縮)되어 있다. 예는 윤리 도덕의 실현을 위해 필수적이라는 것이다. 물론 그 기능이 어떠한지에 관한 구체적 설명에 있어서는 일관되지 않은 부분도 있고, 중요한 점에 대해서는 서로 대립되는 견해도 목격된다. 이는 예기가 다양한 출처의 기록을 모아 편집한 책이라는 데에도 이유가 있을 것이며, 이 책이 편집되었을 당시 유학 사상계 내부에서도 예의 사회적 기능에 대한 통일된 견해가 형성되어 있지 않았기 때문일 수도 있다. 그러나 어쨌든 이 점은 여러 가능한 해답이 열려 있는 문제였으며, 현대적 관점에서도 매우 흥미로운 지적 탐색이 시도되었던 문제로 여겨진다. 이 책을 통해서 시도되는 『예기』의 사회학적 읽기에서 이 부분을 중요한 분석의 대상으로 부각시킨 이유가 여기에 있다. 즉, 예법이나 예제의 사회적 기능에 관한 논의들은 그 자체로서도 상당히 흥미로운 논의거리를 제공하거니와, 이를 현대 학문의 관점과 비교해보는 것 역시 비교문화의 관점에서 매우 흥미 있는 작업이 될 수 있기 때문이다.

---

11 道德仁義 非禮 不成(〈곡례상(曲禮上)〉: 46–47).

예론의 테두리 속에 분류될 수 있는 또 하나의 중요한 내용으로서는 예법 또는 예제의 기원에 관한 단편적인 기록들을 들 수 있다. 예를 들어 〈단궁(檀弓) 상〉편 가운데, 공자의 아들 백어(伯魚)가 자신의 아버지 공자와 이별한 후 나가서 돌아가신 어머니를 위해 복상(服喪)을 했다는 기록이 나온다. 그리고 이와는 다르게 그 손자인 자사(子思)는 출가한 자신의 아내가 죽었을 때 아들 백(白)으로 하여금 복상을 입도록 하지 않았고, 그 이후 공씨(孔氏)의 가문에서는 출가한 어머니를 위해서는 복상을 하지 않았다고 적고 있다. 자사가 아들로 하여금 출가한 아내를 위한 복상을 허용치 않은 데 대해서는, "나의 아내가 되는 자는 백의 어머니가 된다. 나의 아내가 되지 않은 자는 백의 어머니가 될 수 없다"[12]라는 매우 분명한 이유가 지적된다. 이와 같은 언급은 해당 예법이 준행된 배경으로 작용한 두 가지의 분명한 이유를 시사하고 있다. 첫 번째로, 가족 구성원들의 현재의 지위는 가장인 아버지와의 현재의 관계의 의해 결정된다는, 가부장제 사회의 한 전형적 논리를 반영하고 있다는 것이다. 따라서 위의 예에서 가출한 생모와 현재 아버지와는 부부가 아니며, 따라서 더 이상 아버지의 아내가 아닌 어머니는 어머니로서의 지위가 부여될 수 없다는 것이다. 둘째는, 위의 원리가 적용되는 데 따르는 결과로서, 죽은 자에 대해 지켜지는 예법은 죽은 자와 산 자의 가족상의 지위에 의해 결정되며, 따라서 뒤집어 본다면 어떤 예법을 따르는가 하는 것은 곧 현재 가족 구성원들의 가족상의 지위를 추인(追認)하는 상징적 표현이 된다는 것이다.[13]

---

12 爲伋也妻者 是爲白也母 不爲伋也妻者 是不爲白也母(〈단궁상(檀弓上)〉: 184-5).

13 이와 관련하여 우리는 장례행사의 기능이 단순히 죽은 자를 추모하고 슬퍼하는 행사만은 아니라는 점을 이해할 수 있을 것이다. 여기에 소개된 하나의 예만 놓고 보더라도, 장례를 어떤 예법에 따라 행하느냐 하는 것은 현재의 시점에서 죽은 자와 산 자에게 부여되는 지위와 역할의 확정을 요하는 일이었다. 조선 중기의 '예송(禮訟) 논쟁'의 문제가 당시인들에게 왜 그렇게 격렬한 당쟁

우리가 위의 예에서 볼 수 있듯 『예기』에는 특정 예법이나 예제가 형성되거나 채택된 당시의 정황을 기술한 기록들을 남기고 있다. 이러한 기록들이 실제로 일어났던 사실을 반영하고 있는지에 대해서는 의문의 소지가 있을 수 있다. 그러나 대체로 이러한 역사적 기록들은 어떤 종류의 관습이나 제도들이 어떻게 예전(禮典)에 오를 수 있었는지, 즉 유교의 규범적 기준을 충족하는 것으로 판단되었는지 그 이유를 짐작할 수 있는 단서를 남기고 있다는 점에서 중요한 시사점을 남긴다. 예법 또는 예제로서의 적합성을 판단하는 가장 중요한 기준은 유교의 윤리적 가치라든지 인간관 또는 사회관과 부합해야 한다는 것임은 당연하다. 그러나 윤리적 기준이라든지 인간이나 사회관 등의 관념적 요인들만이 인간 행동을 결정하는 요인으로 작용한다고 보는 것은 비현실적인 견해이다. 『예기』에 나타난 기록들만을 참고한다 하더라도 예법 또는 예제가 형성되는 역사적 과정에는 매우 다양한 요인들이 관여되고 있음을 짐작하게 하는 자료들이 목격된다. 예의 역사적 기원과 관련된 자료들은 당시 사람들이 실제로 예가 문제가 되는 현장에서 예가 갖는 본질적 속성이라든지, 그것의 토대가 되는 인간 사회와 자연의 질서 그리고 그 기능을 어떤 논리나 관점에서 이해하고 있었는지를 짐작해볼 수 있는 매우 중요한 단서가 된다.

4) 『예기』의 전체 내용과 성격

아래에서는 이상과 같이 크게 분류된 내용들을 보다 세분화해서 분

의 대상이 될 정도로 중요한 문제로 인식이 되었는지는 바로 이와 같은 관점에서 쉽게 이해될 수 있을 것으로 여겨진다.

류 정리해 보여주려고 한다. 이러한 작업은 이 책에서 분석 대상으로 선택된 『예기』의 내용을 전체적으로 정리해서 개관해본다는 데 의의가 있을 것이다. 그러나 먼저 한 가지 이해를 요하는 사실이 있다. 그것은 『예기』라는 책의 구성이 어떤 체계화된 사고라든지 면밀하게 계획된 의도를 반영하고 있는 것처럼 여겨지지 않는다는 것이다. 표면적 내용만을 보아서는 예와 관련되어 있다고 여겨졌던 기존의 기록들을 수집해서 담고 있는데, 담겨진 내용은 인간의 모든 생활과 활동 영역 곳곳에 걸쳐 있을 정도로 극도로 광범위하고 세부적인 사항들을 포함한다. 짐작건대 당시 지식인들의 사고 가운데서는 예가 어떤 현상을 구체적으로 지칭하는지, 거기에 포함된 사실에는 어떤 종류가 있고, 어떤 관점에서 예와 관련된 현상이 체계적으로 서술되고 설명될 수 있는지와 같은 의문은 학문적 규명을 요하는 중요한 문제로서 인식이 되지는 않았던 것으로 여겨진다. 물론 당시의 학자들 사이에서도 예에 부합되는 것으로 간주된 행동 규범이라든지 제도, 학자들이 예에 대해 가지고 있었던 의견들이 기록을 통해 보존되고 있었고, 『예기』 자체가 이를 사실로서 증언하고 있다. 그러나 『예기』에 실린 기록들의 전체적 구성은 체계적인 짜임새가 전적으로 결여되고 있고, 소재된 내용들이 정리된 시각에 따라 선택되고 있음을 시사하는 흔적을 거의 거의 찾아볼 수 없다. 이것은 아마 예라는 개념 자체부터 분명하게 정리되지 않은 채 사람이나 상황에 따라 상이한 의미나 맥락에서 체계 없이 사용되어왔기 때문일 것이다. 아니면 예라는 개념 자체가 고대 중국에서는 오늘날의 '사회'나 '문화'라는 개념이 그러하듯 그 현상의 테두리('외연(外延)')를 쉽게 한계 지을 수 없을 정도로 지나치게 포괄적인 의미를 지니고 있었기 때문일지도 모른다. 그 이유가 어디에 있든, 『예기』는 온갖 분야와 종류의 인간 활동에 적용되는 매우 잡다한 예법을 포함하여 신분 및 관료조직, 정치 및 행정 제도, 토지제도, 교육제도, 생산 활동의 주기, 건축물 양식, 여러 가지 종류의 기물의 규격과 관리 방식, 기(旗)를 위시한 다양한 장식물, 상징물의 양식과 규격 등등의 자료를 포함하고 있다. 즉 인간사회의 다양한 제도와 규격화된 문화적 양식을 포괄하는 실로 다양한 현상을 '예'라는 명칭 속에 포함시키고 있다. 이와 같이 하나의 테두리 안에서 매우 다양한 의미를 지닌 개념이 인간 현실을 이해하고 설명하는 데 어느 정도로 효율적일지는 의문의 소지가 있을 것이다. 어쨌든 위와 같이 수행된 작업은 『예기』가 편찬되던 당시에 '예'라는 개념이 어떤 의미에서 쓰였는지를 일별할 수 있는 기초 자료를 정리한다는 점에서 의의가 있을 것이다.

위의 내용을 일별하면 『예기』에서 우리는 고대 중국 사회 구성원들의 거의 모든 행동과 사회적 관계를 예법으로써 구석구석까지 엮고자 하는, 즉 예 공동체의 형성에 대한 치밀한 의도를 읽을 수 있다. 우선 횡적으로는 가족, 정치, 경제, 교육, 종교, 문화와 체육, 여가에 이르는 사회의 주요 기능적 영역으로부터 다양한 국면의 인간관계, 섭생과 위생 등 일상생활을 망라하는 인간의 모든 생활 영역에서 예법이 규정되어 있었고, 따라서 인간의 모든 행위 영역이 예법의 준수를 요하는 도덕적 행위 영역으로 규정되고 있음을 알 수 있다. 그리고 종적으로는 인간이 태어나는 순간부터 생애의 각 단계와 사망 그리고 그 이후에 치러지는 장례와 제례 역시 치밀하게 격식화된 예법의 틀 속에서 진행되는 것을 이상으로 삼고 있음을 알 수 있다. 더욱이 그 예법들은 철두철미하게 위계화된 모든 사회적 지위, 관계와 상황적 국면에 이르기까지 매우 철저하게 세분화, 구체화되고 있다. 예를 들어 〈상대기(喪大記)〉에 실린 기록 가운데 일부를 살펴보자.

사람이 죽어서, 그의 복(復), 즉 초혼(招魂)의 예를 하려면, 만일 근처에 산림이 있으면 [산림의 관원인] 우인(虞人)에게 사다리를 만들게 하고 산림이 없으면 [음악의 관원인] 적인(狄人)에게 만들게 하며 근시(近侍)의 소신(小

〈표 1〉『예기』의 주제별, 소재 편장 및 포괄적 분류

주제별 분류	소재편장	분류
예의 본질(지향하는 원리와 의의)과 조건	곡례상, 단궁상, 단궁하, 예운, 예기, 교특생, 대전, 제법, 제의, 제통, 경해, 애공문, 중니연거, 중니한거, 방기, 중용*, 표기**, 치의**, 문상, 간전, 삼년문, 대학**, 상복사제	예론, 예제, 예법
예의 기능	곡례상, 단궁하, 예운, 예기, 교특생, 옥조, 대전, 잡기하, 제의, 제통, 경해, 중니연거, 중니한거, 방기, 중용*, 표기**, 치의**, 대학**	예론, 예제, 예법
예와 기원과 예법의 차이	단궁상, 단궁하, 왕제, 예운, 교특생, 명당위, 잡기하, 제의 제통	예론, 예법, 예제
생애주기와 역할과 지위의 변화	곡례상, 왕제, 내칙	예제, 예법
부(모)자, 부부 및 기타 친족관계	곡례상, 곡례하, 단궁상, 단궁하, 내칙, 문왕세자, 옥조	예법
장유관계	곡례상, 단궁상, 문왕세자	예법
사제관계	곡례상, 단궁상	예법
군신관계	곡례상, 곡례하, 단궁하, 문왕세자, 옥조	예법
교우관계	곡례상, 단궁하	예법
주객관계	곡례상, 단궁상, 옥조, 소의	예법
남녀관계	단궁하, 왕제, 내칙	예법
일상 생활 예절	곡례상, 곡례하, 단궁상, 교특생, 내칙, 옥조, 소의	예법
호칭, 명명 및 상황에 따른 언어사용	곡례상, 곡례하, 단궁상, 단궁하, 예운, 옥조, 소의, 잡기하	예론, 예법
음식, 음주, 연회	곡례상, 예운, 내칙, 옥조, 소의, 잡기하, 향음주의, 연의	예론, 예법
생산활동과 환경관리	왕제	예법
제사	곡례상, 곡례하, 단궁상, 단궁하, 왕제, 교특생, 명당위, 상복소기, 대전, 제법, 제통	예론, 예제, 예법
학문생활	곡례상, 단궁상	예법
하사품과 공물, 선물과 축하	곡례상, 곡례하, 단궁상, 왕제, 교특생, 옥조, 소의	예법
상장례 및 조상	곡례상, 단궁상, 단궁하, 왕제, 증자문, 예운, 상복소기, 대전, 소의, 잡기상, 잡기하, 분상, 문상, 복문, 간전, 삼년문, 상복사제	예론, 예법

주제별 분류	소재편장	분류
신분계층과 통치조직, 임무와 행정처리절차	곡례상, 곡례하, 왕제, 명당위	예제, 예법
신분, 상하관계에 따른 예법과 처신	곡례상, 곡례하, 단궁상, 단궁하, 예운, 옥조	예론, 예법
상징물(기, 장식품 등)	곡례상, 옥조, 명당위	예제, 예법
건물의 건축과 기물의 제작과 관리	곡례상, 곡례하, 왕제, 예운, 명당위	예론, 예제, 예법
복서(卜筮)	곡례상, 곡례하, 교특생, 소의	예법
수례의 운용과 탔을 때의 예절	곡례상, 소의	예법
복식과 장신구의 폐용	곡례하, 예운, 옥조, 상복소기, 잡기하, 심의, 빙의	예론, 예법
거주국의 변동에 따른 습속의 선택	곡례하	예법
본국에서 추방되어 외국에 머물 때의 처신	곡례하	예법
사냥	곡례하, 왕제	예법
흉년	곡례하, 옥조, 잡기하	예법
악기와 음악	곡례하	예법
개인의 자질과 용의와 태도	곡례하, 옥조, 소의, 잡기하, 유행	예론, 예법
인재의 등용과 승차, 포상과 처벌	단궁상, 단궁하, 왕제, 잡기하	예제, 예법
은원(恩怨) 관계	단궁상, 단궁하	예법
외교, 사행(師行, 군대의 출동)과 전쟁	단궁상, 단궁하, 왕제, 증자문, 소의	예법
토지제도	왕제	예제
학제, 학교행사, 교육 목표 및 교육방법	왕제, 문왕세자	예론, 예제, 예법
세금, 부역, 재정관리 및 처리절차	왕제	예제
백성의 습속과 교화	왕제	예법
국가의 정치 및 지리적 환경	왕제	지리지(地理誌)
통치원리 및 방법	왕제, 예운, 교특생, 대전, 애공문, 방기, 표기, 치의	예론, 예법
군대의 조직과 훈련	왕제, 교특생	예법
금법(禁法)과 옥송(獄訟)	왕제	예론, 예법
양로(養老)와 노약자의 구휼	왕제, 내칙	예제, 예법

주제별 분류	소재편장	분류
도로보행과 교통	왕제, 내칙	예법
물품의 운반과 수송	왕제	예법
예교정(六禮, 七敎, 八政)	왕제	예론
천문과 계절의 변화에 따른 농사 및 기타 행사의 관리	월령, 교특생	예법
제후와 천자, 제후들간의 방문과 접견	증자문, 교특생, 잡기하, 빙의	예론, 예법
혼례, 재혼	증자문, 교특생, 잡기하, 혼의	예론, 예법
관례와 계례(筓禮)***	증자문, 교특생, 잡기하, 혼의	
예와 음악	예기, 교특생	예론
출산, 양육, 소아교육	곡례상, 내칙	예법
위생	옥조	예법
입조시 예절	옥조	예법
재해, 내란, 외환시 행동	잡기하	예법
종묘의 낙성식	잡기하	예제, 예법
활쏘기와 투호	소의, 투호, 사의	예론, 예법
타인의 무덤과 사당 앞에서의 행동	단궁하	예법
죽은 동물의 매장	단궁하	예법
죄인의 처리	왕제	예법
특수한 상황 하에서 행동과 예절****	증자문	예법
자연현상과 인간	예운	예론
선현들의 고사	단궁상, 단궁하	기타

* 『중용』은 보다 제한된 의미에서 예를 내용으로 하고 있다기보다는 보다 일반적인 수준에서 예 사상의 바탕을 이루고 있거나 또는 예와 연관성을 갖는 유교의 기본적 가치관 내지는 이념을 서술하고 있다. 그러나 『중용』의 내용이 예기 전편에 일관되게 흐르고 있는 사상적 기조와 본질적으로 일치하고 있다는 점에서 『중용』 역시 '예의 본질'과 '기능'을 다루고 있다고 봐도 무방하다는 것이 필자의 판단이다.

** 이들 편장 역시 『중용』의 경우와 유사한 수준의 내용을 담고 있다는 점에서 『중용』에 붙어 있는 각주를 참조할 것.

*** 시집갔을 때 혹은 시집을 가지 않은 상태에서 20세를 맞아 비녀를 꽂는 의식.

**** 예를 들면 혼인날을 정한 후에 갑자기 신랑이나 신부가 죽었을 경우 지켜야 할 예법이라든지, 임금의 상과 부모의 상이 겹치게 되었을 때 예에 맞는 상복에 관한 사항. 또는 제후가 제사를 지내려고 진설을 마쳤을 때 갑자기 천자가 죽은 경우에 제사 절차를 중단해야 하는 상황, 종자 대신에 서자에 의해 제사가 대행되는 상황 등이 여기에 해당된다.

臣)에게 복(초혼)을 하게 한다. 복을 행하는 자는 조복(朝服)을 입고 죽은 자가 임금이면 곤복(袞服)을 사용하고, 부인(夫人)에게는 굴적(屈狄)의 옷을 사용하며, 대부에게는 현정(玄䞓)을, 그 처에게는 전의(襢衣)를, 사(士)에게는 작변(爵弁)을, 그 아내에게는 단의(稅衣)를 사용한다. (……) 또 만일 죽은 사람이 외국에서 사신을 와서 죽었을 것 같으면 그의 숙소가 공관(公館)이면 복을 하지만 사관(私館)이면 복을 하지 않는다(1108-9).

위에서 장례의 시작을 고하는 간단한 초혼(招魂)의 예만을 보더라도, 장의 예식은 사망의 상황이라든지 장소, 망자의 사회적 지위, 남자인지 여자인지에 따라 그 절차와 의식이 매우 구체적이고 치밀하게 차별화되고 있음을 알 수 있다. 물론 개인들이 경험하는 실제 상황은 매우 복잡하고 중복되거나 상충되는 의미를 동시에 지니는 경우도 많기 때문에 그러한 경우마다 어떤 예법이 지켜져야 할지 개인들이 결정한다는 것은 매우 어려울 수도 있을 것이다. 가령 예를 들어 임금과 부 또는 모가 동시에 돌아가는 상황 역시 예상이 가능한 상황일 수 있다. 이러한 경우에 임금의 상은 무시한 채 부모의 상만을 지내는 것이 예법에 맞는다고 볼 수 있을 것인가? 또는 증자(曾子)가 "어떤 집에서 종자(宗子)는 사(士)이고 서자(庶子)는 대부이면 그 제사는 어떻게 해야 합니까?"라고 물은 상황 하에서 적절한 예법은 어떠한 것인가? 주목을 요하는 사실은 이와 같은 특수한 상황에 적용되는 예법마저 매우 세밀하게 규정되고 있었고, 따라서 자신의 행동에 대한 개인의 자의적 판단이나 선택이 거의 배제되고 있다는 점이다. 다음은 위에 인용된 증자의 질문에 대해 공자가 응답한 내용이다.

……공자가 말씀하였다. "상급의 희생으로 종자가 그 집에서 제사지낸다. 그리고 축인(祝人)이 '효자 아무개가 아무를 위하여 매세(每歲)의 상사(常

事)를 천(薦)합니다.'라고 한다. 만약 종자가 죄를 짓고 타국에 있으며, 서자(庶子)는 대부이면 그 제사에는 축인이 말하기를 '효자 아무개가 개자(介子) 아무개로 하여금 상사(常事)로 거행하는 제사를 지내게 합니다'라고 한다. 그리고 섭주(攝主), 즉 대리제주(代理祭主)는 염제(厭祭)를 거행하지 않으며, 여수(旅酬)도 행하지 않고, 축복하는 절차도 생략하며, 수제(墮祭)도 지내지 않으며, 배위(配位)의 배향(配享)을 고축(告祝)하는 일도 하지 않는다. 그리고 주인이 조제(助祭)한 빈객(賓客)에게 수작(酬酢)하는 술잔을 객에게 드리면 객이 그 술잔을 받아서 빈조(賓俎)의 북쪽에 놓고 수작하지 않는다. 주인은 또 내빈에게 제육(祭肉)을 나누어 주는 일도 하지 않으며 빈객에게 고하기를, '종형(宗兄) [혹은 종제(宗弟) 또는 종자(宗子)]가 타국에 있어서 이 아무개로 하여금 여러분께 인사드리게 하였습니다'라고 한다"(〈증자문(曾子問)〉: 564–500).

위의 인용문을 통해 우리가 알 수 있는 중요한 사실은 다음과 같이 두 가지로 요약할 수 있다. 첫째, 고대 유교의 예법 체계에서는 일반적인 경우는 물론이거니와 매우 예외적인 경우에 이르기까지 극히 세밀하게 규정된 예법이 발달하고 있었다. 아마 이는 개인들에 의한 자의적 행동의 가능성을 최대한 배제함으로써 예법의 권위를 유지하고, 예법을 바탕으로 한 질서가 자율적인 선택권을 행사하는 개인들에 의해 훼손되는 위험성을 방지하려는 목적이 있었을 것이다.[14] 둘째, 극히 예외적인 경

---

14 바로 이와 같은 점에서 예법 또는 예제는 스탠리 제이 탐비아(Stanley J. Tambiah)(1996)가 지적하는 의례적 행위의 기본적 속성, 즉 '형식성(formality),' '인습성(conventionality),' '전형성(stereotype),' '경직성(rigidity)'과 같은 격식화된 속성들을 지니고 있다는 것은 분명하다. 그리고, 탐비아는 바로 이와 같은 점에 의거하여, 의례적 행위들은 "개인들마다 가지고 있는 '특유한 '상황적 속성(spontaneity)'과 '의도들(intentionality)'에서 개인들을 '떼어내어(distancing),"(499), "'개인들 간 조율(interpersonal orchestration)'과 '사회통합(social integration)' 및 '지속성(continuity)'에 기여"(503)하는 기능을 발휘한다고 주장한다. 예법들 역시 지적된 바와 같은 특성들을 지니고 있다는 점에서 의례적 행위의 유형적 속성을 공유하며, 따라서 탐비아가 지적

우에까지 적용되는 예법은 사회의 근본적인 질서에 부응하는 것이어야 한다는 원칙이 고수된다는 것이다. 위의 예에서 공자는 제사를 받는 종자(宗子)가 서자(庶子)에 비해 낮은 신분의 지위에 있을 경우, 그리고 대부 신분의 서자가 종자를 대신하여 조상의 제사를 받드는 경우에 따라야 할 예법을 설명하고 있다. 여기에서 적용되는 예법은 "제례는 산 자의 신분을 쫓는"(〈왕제(王制)〉: 411) 원칙과 함께 종법제도(宗法制度)상의 종주의 지위를 침해하지 않는다는 원칙을 반영하고 있다고 볼 수 있다. 즉 극히 예외적인 상황에 적용되는 예법일지라고 그것은 사회의 기본적인 질서와 예법의 논리에 위배되지 않아야 한다는 것이다.

물론 『예기』에서 열거되고 있는 모든 적절한 예법이 실제로 어느 정도 지켜지고 있었거나 혹은 후대에 지켜지기에 이르렀는지는 의문스러운 일이다. 『예기』의 몇 군데에서는 공자 스스로가, 또는 그 제자들이 예법의 완전한 구현을 가로막는 아주 중요한 현실적인 이유를 인식하고 있었음을 시사하는 구절들이 나온다. 예를 들어 "있고 없는 것에 따라서 행한다면 어찌 예가 정제(整齊)될 수 있겠습니까?"라는 자유(子游)의 질문에 공자가 "있더라도 예에 지나치게 하여서는 안 될 것이며, 진정 없다면 머리와 발과 형체를 염하여 즉시 장사지내되 손으로 관(棺)을 들어 광중에 내리어 묻은들 남이 어찌 비난할 수 있겠는가"(〈단궁 상(檀弓 上)〉: 267)라고 대답했다는 구절이 나온다. 또한 유사한 예로서 "슬픈 일이로구나, 가난이라는 것은 어버이가 생존하는 동안은 봉양할 것이 없고, 어버이가 죽어서는 예(禮)를 행할 수가 없구나"라는 자로(子路)의 지적에 대해서도 공자는 위와 유사한 응답을 한 바 있다(〈단궁 하(檀弓 下)〉: 336-337). 공자나 그의 제자들이 인식하고 있었던 현실적 장애는 어느 계층

하는 기능과 유사한 기능을 발휘하고 있던 것으로 간주된다.

에게도 결코 만만한 문제는 아니었을 것으로 여겨진다. 즉 장례나 혼례, 제사, 빈례(賓禮), 사례(射禮), 투호, 음주문화 등등에서 지출이 요구되는 모든 비용은 실로 엄청났을 것으로 짐작되며, 이는 상당한 부를 소유한 사람이 아니고서는 감당하기 버거운 규모였을 것이다. 따라서 공자는 "자기 재산에 맞게 하면 곧 그것이 예"라는 현실론을 받아들일 수밖에 없었던 것으로 여겨진다. 그러나 만약 그와 같은 현실론이 실제로 수용되었을 경우, 많은 사람들에게 『예기』를 채운 방대한 예법의 체계가 갖는 실질적인 의의가 어디에 있느냐 하는 의문이 제기될 수 있을 것이다. 즉 예법의 준수가 사람들이 자기의 상황과 분수에 따라 적절히 가감 또는 생략할 수도 있는 일이라면, 따라서 규정된 모든 예법의 체계가 실제로 지켜질 것들이 아니라면, 무엇 때문에 그와 같은 복잡한 예절을 규정하고, 또 학습할 이유가 어디에 있는지 하는 것이다. 이러한 의문을 염두에 두고 『예기』의 전체 내용을 살펴보았을 때, 이곳저곳에서 가끔 언급되는 공자의 현실론은 『예기』의 전체 내용과는 다소 괴리를 이루는 부분이라는 점을 인식할 필요가 있다. 즉 다른 무수한 곳에서 일관되게 나타나는, 개인들에 의한 재량의 여지를 거의 허용하지 않은 엄격한 격식주의와는 맞지 않은 부분이라는 것이다. 대체로 보아 『예기』의 대부분의 내용은 규정된 예절을 지키는 경우에 예이며, 그렇지 않은 경우에는 예가 아니라는 입장으로 일관되고 있다는 것이 필자의 해석이다. 다시 말해서 『예기』는 지키는 것이 바람직한 예절을 기술한 예범(禮範)으로서의 위상을 지녀왔고, 또 유교 경전에 실린 기록에 부여된 권위에 따라 통상적으로 그와 같이 존중되어 왔다는 것이다. 그러나 『예기』의 전체적인 내용에서 공자의 현실론이 상대적으로 차지하는 비중이 그다지 커 보이지 않는다는 관찰에 따라 "예에 맞는다"는 것은 "규정된 예법을 있는 그대로 준수하는 데" 있다고 단정적으로 결론을 내리는 것도 문제가 있을 것으로 여겨진다. 우선 공자도 인식하고 있듯이, 만약 예법을 실천하는 데 현실적인 제약조건에 따라 예법을 실천할 수 없는 사람이 많다면, 세상 사람들로부터 예에 맞는 행동을 기대하는 것은 현실적으로 불가능한 이상에 불과할 따름이다. 행동 규범으로서의 예법의 실천이 현실적으로 가능치 않다는 것을 알면서도 예의 실천을 주장하는 것은 위선적인 일에 불과할 것이다.

예의 실천을 곧 규정된 예법의 준수와 동일한 의미로 해석하는 데 따르는 또 하나의 중요한 문제점은, 어떤 예법을 인간의 내면적 태도를 표현하고 교류하기 위한 수단으로 보았을 때 사람들은 '위선적'인 행동을 할 수 있는 존재라는 것이다. 예를 들어 상례(喪禮) 가운데 곡(哭)은 남겨진 산 자들이 슬픔을 표하는 행동이긴 하지만, 사람들은 슬픔이 없이도 마치 슬픈 것처럼 곡을 할 수 있다는 것이다. 그렇다면 예를 지킨다는 것은 주어진 예법의 형식적 준수만이 아니라 그 내면적 본질이라고 볼 수 있는 도덕적 정서와 일체를 이루는 상태를 지칭하는 의미로 해석해야 하는 것이 아닌가? 이와 같은 의문은 예를 해석하는 데 매우 까다로운 문제로 제기되기 마련이다. 예는 기본적으로 예법의 준수를 의미하며, 따라서 예법에 따라 행동함으로써 예가 이루어진다고 볼 수 있는지? 아니면 예는 행동과 그에 수반하는 도덕적 심성의 양면을 다 같이 요구하기 때문에 마음이 따르지 않은 행동은 진정한 의미에서 예에 이른다고 볼 수 없는 것인지? 현실적인 상황이나 여건 때문에 예법을 지키는 게 어려운 사람들이 많다는 사실을 감안한다면, 예를 이루는 가장 핵심적인 요소는 외면적 행동에서라기보다는 그 행동의 동기로 작용하는 개인의 도덕적 심성에서 찾아야 할 것이 아닌지? 이와 같은 일련의 의문은 예법과 관련하여 예의 의미를 정의하는 일이 결코 단순치 않음을 시사한다.

물론 예가 갖는 핵심적 특성을 이해한다는 것은 위에서 지적한 차원에 국한되는 것은 아니다. 인간사회의 제도나 규범이 갖는 본질적 특성은 여러 측면에서 이해가 가능하겠으나, 그것에 깔려 있는 가치, 즉 사람들이 주어진 제도나 규범을 통해 실현 또는 유지하고자 하는 가치가 어떤 것인지를 규명하는 것이 가장 일반적이며 중요한 접근 방법일 것이다. 왜냐하면 인간들의 가치에 대한 관념은 문화 간의 차이를 가져오는 가장 중요한 요소 가운데 하나로 판단되기 때문이다. 따라서 예를 들어 고대의 가부장적 가족제도 하에서 장자상속제도와 현대의 핵가족 제도 하에서의 자녀균분상속제도의 가장 중요한 차이는 그것들이 각기 반영하는 남녀차별과 남녀평등이라는 상이한 가치관의 의해 구분될 수 있을 것이다. 이와 관련하여 『예기』에 나오는 예법 가운데 사소한 듯싶으나 의미 있다고 여겨지는 는 하나의 예를 들어보자.

어른을 위하여 어른의 자리 앞을 소제하는 예절은 반드시 비를 쓰레받기에 얹어 가지고 두 손으로 들고 나간다. 먼지를 쓸 때에는 소매로 가리고 뒤로 물러가면서 쓸어나가, 먼지가 어른에게 가지 않도록 하고 쓰레받기에 자신을 향하여 쓸어 담는다(〈단궁 상(檀弓上)〉: 71).

위의 예법을 통해 의도하는 바는 자명하다. 어른 앞에서 비를 휘둘러 혹시 상대방이 불편하게 느끼도록 해서는 안 되며, 쓸 때는 먼지가 어른에게 미치지 않도록 비를 자신의 방향으로 향하고 뒤로 물러가면서 쓸어야 한다는 것이다. 즉 어른을 공경(恭敬)하는 마음은 청소를 하는 행동 가운데서도 반영되어야 하며, 그러한 공경의 마음을 반영한 행동이 곧 예절이라는 것이다. 예법은 그것을 통해 성취하고자 하는 어떤 종류의 가치를 지닌다. 바로 이러한 점에서 예는 그것이 추구하는 가치를 하나의 본질적 속성으로서 지니고 있다고 볼 수 있다. 물론 다양한 제도와 무수한 종류의 예법들을 관통하는 어떤 단일한 가치가 존재하고, 예의 전체 체계가 그와 같은 단일 원리에 의해 묶여 있다고 보는 것은 무리일 것이다. 가장 단순한 수준에서도 인간의 생활에는 여러 다른 목적들이 충족되어야 하고, 주어진 목적의 성격과 그것을 달성하기 위해 요구되는 수단에 따라 각기 다른 가치들이 강조되기 마련이다. 타인에 대한 '사랑'과 그들의 능력과 성취에 대한 '공정한 평가'는 내용적으로는 모순되는 것으로 여겨질 수도 있으나, 현실 속에서 양립이 가능한 가치들로서 존속하는 이유는 이 때문일 것이다. 예를 이해하는 작업에 있어서도 이와 같은 논리는 그대로 적용이 될 것이다.

사람들이 자신이 처한 삶을 어떤 관점에서 인식하고 있느냐 역시 그들의 제도나 행동 규범에 영향을 미치는 매우 중요한 요소로서 작용한다. 간단한 예를 들자면 사람들의 운명이 하늘의 뜻에 의해 좌지우지된다고 믿는다면, 그러한 믿음에 따라서 하늘의 뜻을 묻고 축복을 기원하는 종교 의식들이 발달하고 연관된 행동 규범들의 체계가 형성될 것이다. 요약하자면 사람들이 가지고 있는 가치관과 자신들이 사는 세상과 삶에 대해 가지고 있는 신념들은 그들의 사회에서 발달하는 제도와 규범의 토대를 이루는 중요한 요소가 된다는 것이다. 따라서 고대 중국에서 발달한 예제나 예법의 경우에 있어서도 그 바탕에 어떤 가치관과 인생관 또는 세계관이 깔려 있는지를 이해하는 일은 예제나 예법의 본질적 특성을 파악하는 데 매우 중요한 과제가 된다.

물론 예는 우리가 살펴보았듯이 매우 다양한 제도적 차원에서, 실로 다양한 종류의 인간행위에 적용되는 개념이다. 따라서 예로서 규정되는 제도라든지 규범이 고대 중국에서 산출한 특징적 산물로서 어떤 본질적 속성을 지니고 있는지를 이해하는 데는 우리가 위에서 지적한 차원 외에도 해석하는 사람의 관점에 따라 여러 다른 차원이 있을 것이다. 이와 같은 특징은 고대의 유학자들이 예의 바탕에 깔린 원리를 이해하려고 노력하는 과정에서 스스로 이미 인식하고 있었던 것도 있다. 그리고 현대의 학문적 관점에서 『예기』에 적힌 기록들에 대한 내용의 해석 내지는

분석을 통해 파악될 수 있는 부분도 있을 것이다.[15] 『예기』에 기록된 예
에 관한 내용들을 토대로 예의 기본적 속성을 규명하는 일이야말로 이
책이 의도하는 중요한 과제 가운데 하나이며 이어질 내용의 주요 관심사
가 될 것이다.

그런데 그 이전에 한 가지 지적할 부분이 있다. 그것은 『예기』에 실린
내용을 토대로 예의 바탕에 깔린 일련의 속성을 추출해내는 작업이 실
질적 문제의 성격을 분명히 규정하기에는 어려움이 있어 보인다는 점이
다. 『예기』에 실린 예제나 예법은 가장 극단적인 경우를 가상했을 때는
종이 위에 씌어진 하나의 이상에 불과할 수 있다. 즉 공자 같은 성인과
그 문하의 제자들을 제외하고는 아무도 실천하지 않은 이상을 그린 청사
진에 그칠 수도 있다는 것이다. 이와는 다른 하나의 극단적인 가능성으
로서는 당시 사람들의 실제 생활 속에서 관찰되거나 행해지고 있었던 제
도나 규범을 있는 그대로 기록한 것이었다고 생각할 수도 있다. 물론 현
실은 양쪽의 어느 한 극단에 있기보다는 중간의 어느 지점에 위치하고
있었다고 대충 짐작해볼 수도 있다. 그러나 지역이나 신분 또는 계층,
개인들이나 공동체의 상황과 성향, 활동의 영역에 따라 통용되던 제도
나 예법이 다를 수 있고, 그것들이 실제로 작동하는 현장에서 관찰된 사
실과 어느 정도로 가깝게 근접하고 있느냐는 점에서도 상당한 차이를 보
일 수 있을 것으로 여겨지기 때문에 그 구체적인 실태에 대해서 판단하

---

15 이와 같이 파악된 예의 속성 가운데는 공자를 비롯한 고대의 예 학자 자신들이 스스로 인식하고
있지 못한 것도 있을 것이다. 그러나 현대의 우리에게는 익숙한 반면에 그들에게는 인식되지 못
한 예의 어떤 종류의 속성에 대한 이해 역시 『예기』에 나타나는 예에 관한 기록들에 대한 통찰력
있는 이해를 제공하는 것은 충분히 가능한 일이다. 그리고 실제로 그러한 경우에 이러한 접근
방법 역시 예를 이해하는 데 유익하고도 타당한 해석의 방법을 제공한다. 이는 고전의 이해를
위한 매우 일반적인 접근 방법일뿐더러, 보다 일반적으로는 소위 '상식화된' 지식에 비해 학문
영역에서 사용되는 '이론적' 개념이 갖는 유용성을 보여주는 실례이기도 하다. 예의 개념을 이해
하는 데 실제로 이와 같은 접근 방법이 적용된 한 사례로는 슌(Kwong-Loi Shun)의 논문(2002)
을 참조할 것.

는 것은 매우 어려울 것이다. 여기에서 쟁점이 되는 것은 공자를 비롯한 고대의 유학자들이 마땅히 지켜질 가치가 있다고 본 예제와 예법이 자신들이 실제로 경험하고 있었던 당시의 혼란스럽고 급변하는 역사적 상황 속에서 어떤 위상과 의의를 지니고 있었느냐 하는 것이다. 이를 조금 다르게 표현해본다면, 한 사회학자가 구분한 "현실적 문화(real culture)"와 "이상적 문화(ideal culture)"(Horton & Hunt, 1980: 61)의[16] 맥락에서 『예기』에 기록된 예제 또는 예법은 어떠한 위상을 지니고 있었던 것인가이다. 이러한 의문은 중국 고대의 역사적 상황과 관련하여 『예기』에 기록된 내용들이 갖는 한계와 함께 필자의 제한된 식견으로서는 분명한 해답을 찾기 어려운 문제로 판단된다. 제기된 의문에 대한 해답이 이와 같이 유보적일 수밖에 없는 것은 이 책을 통해 이루어진 『예기』의 내용에서 얻어진 이해가 실질적으로 갖는 성격을 분명하게 규정하는 데 어려움이 있음을 시사한다. 『예기』의 기록을 통해 공자를 비롯한 고대 중국의 극히 제한된 계층의 식자들이 그들의 특수한 관점에서 지향했던 이상을 이해할 수 있다는 것은 분명하다. 그러나 고대 중국 사회에 현실적으로 다양하게 존재하고 있던 사회문화적 상황을 얼마나 제대로 알려주고 있는지는 확신할 수 없다. 따라서 『예기』에 기록된 제도라든지 예법이 갖는 역사적, 문화사회학적 의의나 성격을 단정 짓는 데는 반드시 주의를 기울여야 한다.

---

16 일단 모든 사람들에게 평등한 기회가 부여된 상태에서 각각의 능력과 노력에 의해 승자가 결정되어야 한다는, 즉 공정한 경쟁의 원칙은 현대 사회에서 모든 사람이 당연한 것으로 받아들이는 원칙이다. 그러나 실제적으로는 어떤 종류의 기득권을 가진 사람에게 우선권이 주어지는, 즉 불공정 경쟁이 보다 일반적인 현상일 경우가 많다. 이 예에서 전자의 경우는 '이상'으로서 지향하는 문화가 될 것이며, 후자의 경우는 현실 속에서 실제로 관찰되고 있는 문화로서의 의미를 갖는다는 점에서 구분된다.

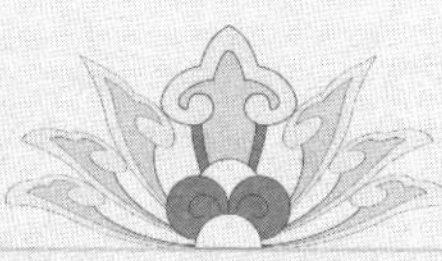

3. 예의 본질적 속성들

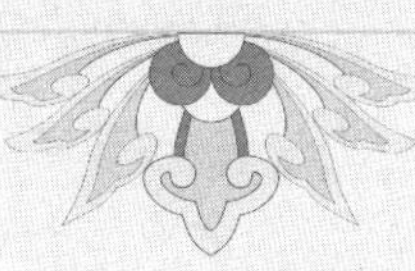

　예란 무엇인가? 예의 개념과 그 규범적 속성에 관한 문제는 유교철학을 연구하는 현대 학자들이 가장 먼저 당면하는 과제의 하나일 것으로 여겨진다. 우선 예가 철학적인 면에 있어서나 실천적인 측면에서 유교를 특징짓는 가장 중요한 요소의 하나라는 데에는 의심의 여지가 없을 것이다. 반면에 어떤 종류의 행위규범으로서 또는 문화양식으로서 예의 본질적 속성을 명료하게 규정짓는다는 것이 그다지 쉬워보이지는 않는다. 예의 본질적 속성과 관련해 여기에서 제기되는 핵심적 의문은 예법 또는 예제가 예로서의 속성을 충족시키지 못한 다른 종류의 규범 또는 제도에 비해 나름대로 지니고 있는 기본적 속성에 관한 것이다. 즉, 어떤 규범 또는 제도를 예로서 특징지을 수 있거나 아니면 예로서 볼 수 없는지를 가늠하는 기준 또는 속성은 무엇인가 하는 것이다. 주희(朱熹)의 "예는 천지가 움직이는 원리이며, 인간 사회에서 지켜져야 할 규범이다"[17]와 같은 정의는 매우 간결하면서도 예 개념이 갖는 외연적 의미를 비교적 정확하게 규정하고 있는 것으로 여겨진다. 그렇다면 "인간이 지켜야 할 규범"에 내포된 속성으로는 어떤 것이 있는가? 이러한 의문과 관련하여, "사양하는 마음은 예의 표현이다"[18]라는 맹자의 지적에는 주어진 행동이 예가 되는 것은 사람들이 그 행동을 통해 타인에 대한 존경

17　禮者 天理之節文 人事之儀則也(『論語集註』: 44).

18　辭讓之心 禮之端也.(『맹자』〈공손축장구상(公孫丑章句上): 151〉.

과 자신의 대한 절제를 표현하고 있기 때문이라는 주장을 내포하고 있다. 다른 말로 표현하자면 예의 본질적 속성은 '사양지심(辭讓之心)'을 표현하고 있다는 데서 찾을 수 있다는 것이다. 물론 『예기』에서 다루고 있는 예법과 제도는 인간 생활 전체를 관통하고 있을 정도로 다양한 생활 영역에 걸쳐서 실로 다양한 항목을 포함하고 있다. 따라서 그 모두를 일관하는 어떤 하나의 일반적 속성을 찾아낸다는 것은 어려울 것으로 여겨진다. 쿠아Cua(2005:39)도 지적하고 있듯이 예라는 개념이 단일한 의미를 함축하고 있는 개념, 즉 "일의어(一意語) 개념(univocal concept)"이 아니라는 것은 분명하다는 것이다. 이는 예를 다룬 여타의 많은 학자에 의해서도 흔히 지적되고 있는 사실이다. 이와 관련하여 비교적 잘 정리되어 있다고 필자가 판단하는 쿠아(2005)의 견해를 따른다면 예는 세 가지 복합적인 차원으로 이루어진, 즉 다원적 의미구조를 내포하는 개념으로서 이해될 수 있다. 즉 예제나 예법의 바탕에는 도덕적 가치만이 아니라 심미적인 가치와 함께 종교적인 신념이 깔려 있고, 바로 이러한 점에서 예가 내포하는 의미는 다차원적이며 복합적인 구조를 지니고 있다는 것이다. 그러나 필자가 판단하기에 예에 포함된 속성에 대해 '차원(dimension)'이라는 용어를 사용하는 데는 주의를 요한다. 예를 들어 어떤 종류의 사물에 대해 색, 크기, 무게, 그것을 구성하는 성분 등을 포함하는 여러 차원에서 특성을 기술하는 일은 전적으로 타당하며, 또 필요한 일이기도 하다. 시공간을 점유하는 어떠한 사물이든지 우리의 관점과 관심에 따라서 다르게 파악될 수 있는, 이러저러한 여러 차원의 속성을 소유하고 있기 때문이다. 문제는 예라는 개념이 '예'로서 특징지어지는 어떤 종류의 현상에 공통적으로 내재된 몇 가지 차원의 속성을 그 의미로서 포함하는 하나의 '일반적인 개념(generic concept)'인가 하는 점이다. 가령 예를 들어 어른 앞에서 청소를 하는 법과 장사(葬事), 그리고 옥과 같은 장식품을 폐용하는 방법에는 다 같이 '예'에 맞는 규범들이 존재한다고 보았을 때, 이러한 예법은 한 범주의 현상에 포함시킬 수 있는 어떤 공통적 속성을 함축하고 있다고 볼 수 있는가? 다시 말하자면 이러한 경우에 있어서 '예'에 부합한다는 것은 구체적으로 어떤 기준들에 의해 판단될 수 있는가? 필자는 경우에 따라 다르리라고 생각한다. 즉 장례와 청소하는 예절은 그 형식과 절차의 복잡성에서도 매우 큰 차이가 있는 것은 물론이거니와 거기에 함축된 가치와 신념의 체계에 있어서도 상당한 차이가 존재하며, 따라서 동일한 종류의 현상으로 규정하기는 어려운 차이를 함축하고 있다는 것이다. 이는 결국 예의 의미를 규정하는 어떤 종류의 속성들은 구체적으로 어떤 종류의 제도라든지 예법에 대해서 우리가 이야기를 하느냐에 따라 각각 다르게 규정될 수밖에 없음을 의미한다.

물론 이러한 필자의 주장은 모든 제도나 예법 하나하나 나름대로 그 제도나 예법에 고유한 어떤 특수한 종류의 가치나 신념체계를 함축하고 있기 때문에 그것들 사이에 존재하는 어떤 종류의 연관성도 부정하는 극단적인 견해를 내세우고자 하는 것은 아니다. 예를 들어 '혼례'에는 혼인의 '예'가, '장례'에는 장사의 '예'가 존재하며, 이 두 '예' 사이에 어떤 유사성이나 연속성도 존재하지 않는다는, 다분히 극단적인 주장을 하려는 것은 아니다. 필자가 강조하고자 하는 사실은, 그것들의 바탕에는 어떤 측면에서는 연속성이 존재하기도 하는 동시에 다른 측면에서 특수성도 존재하리라는 것이다. 이러한 주장이 의미하는 바는 앞에서도 이미 지적한 바 있듯이 예 전체를 관통하는 어떤 보편적 속성이나 원리를 찾기 어려우리라는 것이다. 실제로는 아마 어떤 가치 또는 특성이 어떤 영역 또는 부분에서는 보다 중요한 요소로서 바탕에 깔려 있는 한편, 다른 곳에서는 그와는 다른 가치라든지 다른 차원에 속하는 특성과 심지어는 서로 상충되기도 하는 특성이 발견되는 경우도 상당히 일반적일 것으로 여겨진다. 물론 예가 전적으로 사례 — 특수적인 개념이라고까지 표현해야 할 정도로까지 어떤 일반적 의미가 결여된 개념으로 보지는 않는다. 그러나 분명한 점은 예의 내포적 의미는 어떤 자료들을 바탕으로 어떤 관점에서 파악을 하더라도 모든 제도라든지 예법에 일괄적으로 적용될 수 있기에는 각각의 사례의 특수성에 따른 제한성을 갖는다는 것이다.

그렇다면 위에서 한 이야기의 논지를 조금 구체적으로 설명하기 위해 혼례의 경우와 장례의 경우를 예(例)로 들어 그것들 사이에 연속성과 차이점을 비교해보자. 양자의 경우에 다 같이 주어진 행위 규범이 예법으로서의 위상을 갖기 위해 충족해야 할 하나의 중요한 조건을 확인할 수 있다. 그것은 주어진 행위의 규범이 작동하는 사회적 관계를 형성하는 사람들 간에 형성되어야 할 당연한 질서로서 신분적 차별성이 유지되어야 한다는 것이다. 혼례의 경우에 혼례에서 이루어지는 모든 절차에서는 부부로서의 결합과 동시에 남녀 사이의 유별을, 시부모와 신랑에 대하여 신부로부터 기대되는 순종적 역할을, 가족 내에서 담당하는 여성의 차별적 지위와 역할을 상징하는 일련의 행사가 이어진다. 이러한 의미에서 혼례는 고대 중국의 가부장적 가족제도 속에서 시부모, 남편, 그리고 부인이 담당해야 할 차별적 지위와 역할에 대한 일종의 상징적 예행연습(rehearsal)의 의미를 갖는다고 특징지을 수 있다.[19] 이에 비해 상장례(喪葬禮)의 경우에는 훨씬 복잡하고 정교한 절차와 예법이 개입되고, 이에 따라 혼례의 경우보다는 훨씬 다양한 여러 가치-인지적 요인이 예의 내재적 의미를 규정하는 요소로서 개입된다. 물론 혼례와 마찬가지로 죽은 자와의 관계를 중심으로 한 행위자들을 신분과 역할은 장례 행사에서의 참여자들의 역할과 행동을 결정하는 중요한 요건으로서 작

---

19 『예기』에서 혼례의 절차, 예법, 혼례의 의의에 관한 설명은 주로 〈혼의(昏義)〉편(『예기』, 2003: 1526-1538)에서 집중적으로 다루어지며 다른 부분에서는 관련 기록들이 거의 목격되지 않는다. 이는 상장례와 제례의 경우에 많은 장들에서 자세하고도 다양한 범위에 걸쳐 다루어지고 있으며 『예기』의 가장 중요한 관심사가 되고 있는 것처럼 보인다는 점에서 흥미로운 차이를 보인다.

용한다. 개인이 사회구조 상에서 차지하는 현재 신분과 역할과 함께, 죽은 자와 상주와의 관계에 따라서 예식에 참여하는 행위자들의 역할과 모든 행동 방식이 규정된다는 것이다. 따라서 사회적인 측면에서 장례는 누가 죽은 자의 재산을 포함하여 가족상의 지위와 사회적 신분을 상속하며, 그를 중심으로 가족 내 미래의 신분질서가 어떻게 구성될 것인지를 확인하는 예식이기도 하다. 이러한 점에서 장례의식은 혼례와 동일한 원리를 함축하고 있다고 볼 수 있다. 그것은 양자가 마찬가지로 차별화된 신분과 역할 망으로서 이루어진 전통적 사회구조가 투영된, 그리고 그것을 인증하는 매우 중요하고도 현실적인 의의를 지닌 행사라는 것이다. 이는 혼례와 장례가 공동적으로 함축하고 있는 '예'의 한 중요한 의미라고 볼 수 있다. 반면에 장례의 경우는, 혼례에서는 관찰할 수 없는 '예'의 여러 다른 측면을 수반하고 있다는 점에서 차이를 보인다. 장례가 진행되는 절차와 기간, 그에 맞춰 의식에 참여하는 사람들의 행위를 정밀하게 지시하는 각종의 규율, 사용되는 기구와 복식에 대한 매우 세밀한 규정을 비롯하여 장례를 특징짓는 모든 행위 양식과 물품의 종류와 격식은 전체로서 장례가 갖는 의의에 비추어 각기 나름대로 심중한 의미와 기능을 내포하고 있다. 아마 장례 전체에 깔려 있는 가장 중요한 논리는 죽음 이후의 상태에 대해 산 자들이 가지고 있는 '종교적' 신념일 것이다. 이는 장례에 사용되는 기물이나 의식의 과정 및 격식 등 곳곳에서 저 세상과 이 세상, 그리고 그것들 간의 상관성에 대한 믿음을 읽을 수 있는 문화적 부호(符號, codes)들이 함축되어 있다는 데서 드러난다. 가령 예를 들어 『예기』에 기록된 장례절차에 따르면,[20] 사람이 죽자 남은 가족들은 곡을 하고 곧 망자의 혼을 부르는 의식을, 즉 초혼

---

20 특히 『예기』 〈상대기(喪大記)〉: 1108–1111 참조.

(招魂, 復)을 행한다. 초혼은 지붕 위에 올라가서 망자의 옷을 흔들며 그 이름과 함께 북쪽을 향해 세 번 "돌아오라(復)"고 소리치는데, 이와 같은 의식은 고대 중국인들이 죽음에 대해서 가지고 있는 믿음을 이해하지 않고서는 매우 기괴하게 느껴질 수 있는 관습일 것이다. 간단히 설명하자면 중국인들은 사람이 죽으면 그 생명의 영기는 혼(魂, 양의 정령)과 백(魄, 음의 정령)으로 분리되어 음양의 원리에 따라 혼은 공중으로 흩어지고 백은 땅으로 돌아간다고 믿었다. 따라서 초혼은 공중에 흩어진 죽은 사람의 혼이 다시 돌아오기를 바라는 간절한 염원이 담긴 의식으로서 모든 장례 절차는 그 이후부터 진행된다. 즉 산 자들이 믿고 있는 죽음 이후의 어떤 세계로 죽은 사람을 보내는 본격적인 의식은 초혼 의식을 통해 망자의 혼이 돌아오지 않는다는 사실이 확인되는 이후부터 시작되는 것이다. 바로 이 예에서 알 수 있듯이 죽음과 사후의 세계에 대한 종교적 신념체계는 장사의 의례를 특징짓는 가장 중요한 측면 가운데 하나이다.

물론 『예기』의 여러 곳에서 적고 있는 것처럼 장례는 가까운 사람들의 죽음에서 사람들이 본연적으로 느끼는 슬픔으로부터 연유하고 있고, 이는 서민으로부터 천자에 이르기까지 그 형식의 차이에도 불구하고 공통적이라는 설명은 설득력이 있다고 여겨진다(〈삼년문(三年問)〉:1475; 〈문상(問喪)〉: 1439-1448). 모든 장례 예식은 산 자들이 경험하는 그와 같은 감정을 표현하고 있다는 점에서 공통적인 의의와 기능을 갖는다는 것이다. 그러나 다른 한편으로 우리는 장례 공간에서 사람들이 느끼는, 또는 인간 윤리에 따라 본연적으로 느껴야 할, 슬픔과 놀라움과 같은 원초적 감정의 표현은 동시에 이성적 규율의 엄격한 통제 하에 있다는 사실에 주목할 필요가 있다. 이와 관련하여 『예기』에 나오는 다음과 같은 기록을 살펴보자.

부모의 3년상(喪)을 마친 뒤 길을 가다가 죽은 아버지나 어머니와 비슷한 사람을 보면 눈이 번쩍 뜨이며 놀라고 다른 데서 죽은 아버지나 어머니와 같은 이름을 들으면 마음이 섬뜩하고 놀라며, 타인의 부모가 죽어서 그를 조문하고 혹은 남의 부모의 질병에 대해서 물을 때는 보통 사람과는 다른 곳이 보이는 것이다. 그리고 이와 같은 마음가짐인 사람이라야 부모의 3년 상을 완전히 마칠 수 있는 것으로 이 [마음가짐] 이외의 예법은 규정대로 하면 된다(〈잡기(雜記) 하〉:1074).

위의 주장에서는 우선 장례의 진정한 본질은 남은 자들이 진정으로 느끼는 슬픔에 있음을 지적하고 있다. 그러나 장례는 부모에 대한 '마음가짐'을 가진 상태에서 진행되어야 하지만, 그 외의 모든 절차는 기본적으로 예법에 따라 진행이 되기 때문에 그것을 준수하면 된다는 것이다. 그렇다면 장례의 예법이 갖는 특성을 무엇인가? 이와 같은 질문에 대답하기 위해 우리는 장례의 기본적 기능을 이해할 필요가 있다. 장례는 근친의 죽음으로부터 오는 충격과 슬픔과 함께 거의 모든 일상생활이 정지되고 사자(死者)를 보내기 위해 필요한 일들이 진행되는 일련의 과정으로 구성된다. 이런 의미에서 장례 공간과 일상의 그것 사이에는 분명한 구획이 그어진다. 거기에서는 주로 사자의 죽음과 관련된 일이 오히려 일상으로 자리하게 되고, 평소의 삶과는 전혀 다른 종류의 행동이 진행된다. 그와 같은 일이 진행되는 절차와 방법이 곧 장례를 진행하는 예법을 구성한다. 그러나 이와 같은 과정이 함축하는 다른 하나의 역설적인 의미가 있다. 그것은 장례의 과정은 동시에 산 자들이 죽은 자를 보내고 평상의 삶으로 복귀하는 과정이라는 것이다. 이런 의미에서 장례 공간은 근친이 죽기 이전의 삶에서 죽은 이후로의 삶으로 옮기기 위해 거쳐야 하는 하나의 "이행시기(移行時期, liminal period)"[21]로서의 특징을 지

---

21 터너(Turner, 1996)는 이전과 이후의 어떤 영역에도 분명히 속하지 않은 중간 영역을 '경계영역

닌다고 볼 수 있다. '중용(中庸)'이, 즉 '조화'와 '절제'가 장례 예법의 형성 과정에 중요한 하나의 원리로서 작용하고 있는 것처럼 보이는 것은 바로 여기에 이유가 있을 것이다. 즉 장례의 예법에 내재된 가장 기본적인 원리는 애도의 뜻이 지나침으로써 평상적 삶으로의 복귀의 과정이라는 장례의 한 본연의 목적을 훼손할 지경에까지는 이르지 않는다는 것이며, 그리고 동시에 현실로 빨리 복귀하려는 의도가 지나쳐 애도의 뜻이 훼손되지 않도록 절제와 균형을 유지한다는 것이다. 이와 관련하여 『예기』에는 다음과 같은 기록이 나온다.

거상(居喪)하는 예절은 몸이 헐고 수척한 정도가, 뼈가 드러날 정도가 되어서는 아니되고, 시력(視力)과 청력이 쇠잔해서는 안 되며, 조계(阼階)로 오르내리지 않으며, 나가고 들어갈 때는 문의 한가운데를 통과하지 않는다. 거상하는 예절은 상주(喪主)의 머리에 부스럼이 있으면 머리를 감으며, 몸에 종기가 있으면 몸을 씻으며, 병이 있으면 술도 마시고 고기를 먹지만 병이 그치면 다시 처음과 같이 술을 마시지 않고 고기도 먹지 않는다. 상(喪)을 견디어내지 못하는 것은 곧 자손에게 자애하지 못하고 부모에게 효도하지 않는 것에 견주게 되는 것이다. 50세가 되면 몸을 극도로 훼손하지 않으며, 60세가 되면 몸을 훼손하지 않으며, 70세가 되면 다만 몸에 최마복(衰麻服)을 입고 있을 뿐, 술도 마시고 고기도 먹으며 집안에서 거처한다[22](〈곡례(曲禮) 상〉: 107).

(liminality)'이라는 개념을 가지고 표현하고 있다. 이는 주로 어떤 의례 행위가 이루어지는 공간의 성격을 특징짓기 위한 용어로서 사용되고 있다는 점에서 장례의식을 특징짓는 데도 적절하게 적용될 수 있는 개념으로 생각된다.

22 〈곡례(曲禮) 상〉: 107에 소재된 역자의 해설에 의하면, 조계(阼階)로 오르내리지 않는 것과 문 한가운데를 통과하지 않는 것은 상주가 상이 끝나지 않은 상태에서 아직 가장의 지위에 오르지 못하고 있음을 의미한다.

우리는 이 외에도 장례의 본질은 근친의 죽음에 대한 슬픔에 있다는 것을 강조하는 반면에, 또한 예법의 기능은 그러한 슬픔을 삶의 현실과 조화를 이루는 어떤 형태의 절제된 형식으로 표현하는 데 있다는 점을 강조하는 부분을 이곳저곳에서 읽을 수 있다.[23]

그리고 위에 지적된 측면들 외에도 장례는 그 자체 내에 매우 다양한 특성들을 함축하고 있다. 어쨌든 전체적으로 보아 장례에 있어서의 '예'는 여러 측면들에서 혼례와 같은 다른 종류의 의식에서 볼 수 없는 복잡한 의미구조를 함축하고 있음을 알 수 있다. 이는 곧 '예'의 개념을 구성하는 내재적 의미들은 구체적으로 어떤 제도 또는 예법을 그리고 어떤 측면을 이야기하고 있느냐에 따라서 상대적으로 차이가 날 수도 있음을 의미한다. 즉 우리가 예를 보편화될 수 있는 의미를 함축한 일반적 개념으로 다루는 것은 무리일 수 있다는 것이다. 예를 들자면 예에 맞는 행동이 곧 상대방에 대한 '존경'을 표현하는 행위라고, 그 의미를 규정하는 것은 대체로 적절할 수도 있겠으나, 모든 제도나 예법들에 반드시 공통적으로 담겨 있는 의미는 아닐 수도 있을 것이다. 이러한 점에서 예는 상황적 맥락에 따라서 그 의미가 다르게 규정될 수 있는 개념으로 보는 것이 적절하다고 여겨진다. 타인에 대한 존경이 담겨 있는 행동이라는 것이 예가 갖는 하나의 특성으로 이해될 수 있으나, 상하 간의 차별적 질서에 대한 공동체 구성원들의 헌신을 인증하는 행동이라는 점도 역시 예가 갖는 하나의 특성일 수 있을 것이다. 어떤 의미가 보다 우선하느냐 하는 것은 상황적 맥락에 따라 다를 수가 있을 것이다. 예가 행동 자체

---

23 한 예로서 다음과 같은 부분을 참조할 것: 자유가 말하기를 "예는 애통하는 정을 쇠미하게 만드는 것이 있고, 일부로 최질(衰絰) 같은 것을 만들어 슬픈 마음을 흥기시키는 것이 있다. 만약 자기의 심정이 내키는 대로 곧바로 경솔하게 행하는 자가 있다면 그것은 오랑캐의 도(道)이다. 중국의 예도(禮道)는 그렇지 않다……. 그러므로 이를 조절하는 것을 예(禮)라고 한다"(〈단궁(檀弓) 상〉: 323).

에 대해서 부여된 특성인지 아니면 그 행동의 내재적 동기에 의해 부여
된 특성인지 하는 문제도 마찬가지 관점에서 다루어질 수 있는 문제라고
생각된다.

　다음에서는 ‘예’에 담긴 의미들에 대한 분석이 이루어질 것이다. 즉
‘예’라고 불리는 제도 또는 행동과 그렇지 않은 것들 사이에 차이를 가져
오는 ‘예’의 중요한 속성에 대한 분석이 이루어질 것이다. 한 가지 주목
을 요하는 사실은 이미 지적되고 있듯이 다음에 지적되고 있는 예의 속
성이 모든 예제나 예법에 일반적으로 내재된 속성들이라고 보기는 어렵
다는 점이다. 이러한 한계는 예라는 개념이 명료하고 일관되거나 체계
적인 의미구조를 지닌 개념이 아니라는 것을 시사한다.

1) 공경(恭敬)

　『예기』의 첫째 편 〈곡례 상〉의 첫 번째 구절은 “무불경(毋不敬),” 즉
“공경하지 않는 것이 없다”로 시작된다. 이 구절은 “대소 예의 전부를 일
괄한 마음가짐은 무불경 세자(三字)밖에 없다”라는 송(宋)나라의 범조우
(范朝禹)의 해설에서 나타나듯이, ‘고대로부터’ 예의 본질을 집약한 중요
한 어구로서 여겨져 왔다(『예기』: 39의 역주 재인용). 이는 예 사상을 해석하
는 데 있어서 가장 권위 있는 전적(典籍)으로 인용되어 온 『논어(論語)』에
서도 역시 ‘경(敬)’ 또는 유사한 의미를 지닌 ‘양(讓)’이 예의 의미를 규정
하는 가장 핵심적 가치임을 지적하는 구절들이 실려 있다는 데서도 확인
된다. 『논어(論語)』에는 특히 이와 관련하여 주목을 끄는 두 구절이 실려
있다. 하나는 유자(有子)가 언급한 “우리를 예에 가깝게 가도록 하는 것

은 존경이다"[24]라는 구절이며, 다른 한 구절은 공자의 보다 완곡한 표현에 담긴 언급으로, "나라를 다스림은 예로써 해야 하는데 그의 말이 겸손하지 않았다. 그래서 웃은 것이다"[25]라는 구절이다. 앞의 유자의 언급은 어떤 행위가 예가 되는 것은 거기에 존경이 담겨있을 때 가능하다는 점을 강조하고 있다. 다음에 나오는 공자의 언급은 제자 자로(子路)가 국가의 통치에 관한 자신의 견해를 겸손하지 않은 태도로 거침없이 밝힌 데 대해 공자가 웃었고, 그 웃은 이유에 대해 한 제자가 묻자 공자가 대답한 내용이다. 여기에서 공자가 말하고자 한 바는 분명하다고 여겨진다. 즉 국가를 다스리는 데 가장 필요한 것은 예이며, 예의 요체는 곧 겸손인데 자로의 태도에는 겸손이 결여되고 있다는 것이다.

상호 작용하는 상대방에 대한 존경이 예의 한 본질적 요소가 되고 있다는 것은 『예기』의 여러 다른 부분에서도 거듭 강조되고 있다. "예라는 것은 자신을 낮추고 남을 존중하는 것이다"[26]라는 구절에서도 그렇거니와, "예란…… 침노하여 업신여기지 않으며, 친압(親狎)함을 좋아하지 않는다"[27]라는 구절을 통해서도 마찬가지로 표현되고 있다. 그러나 이러한 원론적인 지적보다 중요한 점은, 실제에 있어서 『예기』에 적힌 어떤 예법을 보더라도 상대방을 함부로 대하는 예법은 존재하지 않으며, 타인에 대한 존중은 모든 예절에 직간접적으로 스며 있다는 사실이다. 예로 다음의 몇 부분을 보자.

예는 남이 와서 나를 본받게 되는 것이고, 남이 오지 않는 것을 내가 끌어오

---

24 恭近於禮(『논어(論語)』〈학이(學而)〉: 13).
25 曰 爲國以禮 其言不讓 是故哂之(『논어(論語)』〈선진(先進)〉: 325)
26 夫禮者 自卑而尊人 雖負販者 必有尊也 而況富貴乎(〈곡례(曲禮)〉 상: 51).
27 禮 不踰節 不侵侮 不好狎(〈곡례(曲禮)〉 상: 42).

는 것은 아니다. 예는 와서 배우는 것이지 가서 가르치는 것이 아니다(〈곡례(曲禮) 상: 45).

임금은 자신의 사에 대해서는 답배하지 않는다. 그러나 자신의 신하가 아니면 답배한다. 대부는 그의 신하에 대해서 천하다고 할지라도 반드시 답배해야 한다. 남자와 여자는 반드시 서로 답배해야 한다(〈곡례(曲禮) 하: 151).

남과 나란히 앉을 때에는 팔을 옆으로 벌리지 않으며, 서 있는 사람에게 무엇을 줄 때에는 꿇어앉지 않으며, 앉은 사람에게 줄 때에는 서서 주지 않는다(〈곡례(曲禮) 상: 70-71).

위의 첫 번째 구절에서는 배우는 당사자에게 본인 의사에 관계없이 가르치려고 하는 것은 예절에 어긋나는 일이라는 것을, 두 번째 구절에서는 극히 예외적인 경우 외에는 인사하는 사람에게 답배(答拜)를 하지 않는 것은 예절에 어긋나는 일이라는 것을, 세 번째 구절에서는 남에게 물건을 건너줄 때에는 나란히 앉거나 서 있는 위치에서 주는 것이 예절이라는 점을 말하고 있다. 대부분의 예법에서 그러하거니와, 위의 예법에서 보여주는 기본적인 정신은 상대방에 대한 존경과 배려인 것으로 여겨진다. 즉 상대방의 인격에 모독이 되는 행동은 예가 아니라는 것이다. 이와 관련된 인간의 성향을 시사하는 매우 재미있는 일화가 『예기』의 한 곳에 실려 있다.

어느 해 제(齊)나라가 크게 흉년이 들었을 때 금오(黔敖)가 길에서 밥을 지어가지고 굶주린 자를 기다려서 먹이고 있었다. 거기서 굶주린 사람이 소매로 얼굴을 가리고 다리를 절면서 비틀거리고 걸어오고 있었다. 금오는 왼손에 밥을 들고 오른손으로 마실 것을 들고 말하였다. "와서 먹어라"고 하였더니, 그는 눈을 치켜올리고 금오를 보면서 말하기를, "나는 오직 '어서 와서 먹어라'며 주는 음식을 먹지 않았기 때문에 이토록 쇠약해졌소"라고 하였다. 그래서 금오는 잘못되었다고 사과하였으나 그는 끝내 먹지 않고 죽었다. 증자(曾子)가 듣고 말하기를, "마음이 좁구나, 그 '어서 와서 먹어라'라고 한 무례한 말에는 거절하면 되지만, 사과했으면 먹어야 할 것이다"라고 하였다(〈단궁 하(檀弓 下)〉: 365-366).

위의 인용문은 사람들이 아무리 곤궁한 상황 속에서도 본연적으로 가지고 있는 자존심을 지적하는 하나의 사례로서 왜 사람들이 서로에 대해 공경하는 태도를 취해야 하는지를 설명하기 위한 것으로 여겨진다. 물론 생명을 위협받는 그와 같은 상황에서까지 굴욕보다는 죽음을 택하는 사람들이 실제로 얼마나 있을지 의문이기는 하다. 그런 의미에서 위의 일화가 조금 극단적이긴 하다. 그러나 사람들은 대체로 이러한 경우에 죽기보다는 먹는 편을 택하는 것이 사실이라고 하더라도 그 순간에 자신의 인격이 땅바닥에 떨어진 듯한 느낌을 피할 수는 없을 것이다. 따라서 위의 일화는 인간 사회에서 타인에 대해 행동할 때는 그 사람이 하나의 인격체로서 존경을 받고 있음을 표현하는 것이 중요하고, 그것이 바로 예가 내포하고 있는 하나의 의미임을 이야기해주고 있다는 점에서 의의를 지니고 있는 것으로 여겨진다.

물론 공경이란 일반적으로 어떤 종류의 행동에서 실제로 나타나는 구체적 특성을 언급하고 있다고 보기에는 다분히 추상적인 개념일 수 있다. 왜냐하면 존경의 뜻이 있다고 하더라도 그것을 표현하는 행동은 본인의 지위와 역할, 상대방과의 관계, 상황에 따라서 달라질 수 있기 때문이다. 예를 들어 나이 어린 사람과 나이 든 사람, 여성과 남성, 상사와 후배, 즉 신분을 달리하는 사람 간에 교환되는 행동에서 나타나는 존경의 태도는 각자의 상대적 위치에 따라 각기 다르게 표현되게 마련이다. 더욱이 서구의 영향을 받아 변화하기 이전까지 사람들은 신분적으로 철저하게 차별화된 사회에서 살고 있었고, 따라서 공경하는 태도라 하더라도 이편과 저편의 상대적 지위에 따라 차이를 보이는 것은 당연한 일이었을 것이다. 『예기』에 실린 기록을 전체적으로 조감하더라도 연하자가 연장자에게, 자식이 부모에게, 제자가 스승에게, 아내가 남편에게, 신하가 임금에게, 이 세상을 사는 평범한 존재들이 저 세상의 초월적 존재들에게 존경을 표시하기 위한 예법 또는 예제가 주된 내용을 이루고 있음을 알 수 있다. 그리고 그 역의 경우로서 하위 신분의 사람들이 취하는 예절에 상응하여 상위 지위자들이 취하는 겸양의 예법에 관한 기술은 상대적으로 매우 드문 편이다. 영국의 학자들이 흔히 쓰는 용어를 빌려 구태여 표현한다면, 실제에 있어서도 아래 사람에 대한 존경은, 그것이 강조되는 경우라 할지라도, 그 형식에 있어서 아주 '약한(weak)' 것이었다면, 윗사람에 대한 존경은 매우 '강한(strong)' 것이라고 표현될 수 있는 차이가 존재했다. 그러한 차이는 현재까지도 동양 사회는 물론 서양 사회에도 광범위하게 잔존하고 있는 것으로 여겨진다. 그렇지 않은 경우가, 즉 그와 같은 구분이 없이 표현되는 존경을 고대의 유학자들이 예법에 맞는다고 생각했을 리는 없었을 것이다.

　이렇게 보았을 때 존경 또는 겸양은 예의 내재적 속성을 규정하는 개인의 심성 또는 행동적 특성이기는 하지만, 분명한 점은 그것이 표현되는 방식은 행위자들의 사회적 신분과 같은 요인에 의해 한계가 그어진다는 것이다. 즉 기존하는 사회의 구조적 틀이 존재하고, 공경의 예는 그 틀 안에서 발달하고 작동하는 인간 윤리라는 것이다. 이러한 시각에서 본다면 예법의 성격을 규정하거나 한계짓는 그와 같은 사회적 조건을 도외시한 상태에서 "대소 예의 전부를 일괄한 마음가짐은 무불경 세자(三字)밖에 없다"라는 언급에는 동의하기 어려운 면이 없지 않다. 수학적으로 표현해서 존경은 모든 예절에 하나의 상수로서 포함되고 있다기보다는 행위자 자신과 상대방의 지위에 따라 그 값이 달라지는 변수로서 이해하는 것이 보다 정확할 것이기 때문이다. 조금 대담하게 일반화한다면 표현되는 존경의 값이 상대방의 사회적 지위의 값에 비례하는 정도가 곧 예에 부합하느냐의 여부를 결정한다고 볼 수 있다는 것이다. 물론 앞에서 본 금오(黔敖)의 일화가 이야기해주고 있듯이, 어떤 지위나 상황에서든지 인간이 기본적으로 지니고 있는 가치에 대한 어떤 최소한의 존경이 표시되어야 한다는 정신이 예의 바탕에 흐르는 하나의 원리라는 것은 부인할 수 없을 것이다. 인간이 기본적으로 지니고 있는 가치에 대한 존중이 예의 한 바탕을 이루고 있다는 것은 공자가 예를 인과 연관 지어 자주 언급하고 있다는 사실에 의해서도 짐작이 된다.[28] 이와 관련하여 학자들에 의해 자주 인용되고, 여기에서도 이미 인용된 바 있는 『논어(論語)』의 몇 구절이 있으나, 『예기』 역시 공자의 인간에 대한 따뜻한 감성을 읽을 수 있는 일화들이 여기저기에 실려 있다. 한 예로서 다음에 인용된 공자의 언급을 살펴보자.

공자가 말하기를, "명기(明器)를 만든 자는 상례(喪禮)의 도(道)를 아는 자이다. 기물은 갖추어졌으나 실용적이 못 된다. 슬프구나, 죽은 자가 산 사람의 기물을 사용한다는 것은 사람을 순장(殉葬)하는 것과 비슷하지 않은가"라고 하였다. 원래 명기(明器)라는 것은 신명의 도(道)로서 대우하는 것이다. 도거(塗車)와 추령(芻靈)은 예로부터 있었던 것으로 말하자면 명기이다. 공자는 "추령을 만든 자는 어질다고 하고, 나무 인형을 만든 자는 어질지 않다고 하시며 마치 산 사람을 사용하고 있는 것 같지 않은가"라고 하였다(『예기』 〈단궁(檀弓) 하〉: 311).

위의 글에서 공자는 죽은 자와 함께 묻는 부장품들, 즉 명기들은 실제로 사용할 수 없도록 만들거나 산 사람과 닮지 않도록 만드는 것이 '상례의 도'라고 지적하고 있다. 그 이유는 실제와 비슷하게 명기를 만드는 것은 마치 산 사람을 순장하는 것처럼 느껴지기 때문이라는 것이다. 인간의 가치를 훼손하는 관습에 대한 공자의 이와 같은 예민한 감수성이 예문화의 형성에 한 중요한 토대가 되었다는 것은 부인할 수 없는 사실로서 여겨진다.

마지막으로 '공경'이 예의 한 본질이라는 주장이 갖는 의미와 관련하여 제기될 수 있는 중요한 의문이 있다. 그것은 그와 같은 주장이 구체적으로 의미하는 바가 무엇인가 하는 점이다. 그것은 우선 공경이라는 가치가 어떤 행동이 예법에 따라 이루어질 경우에 그 행동 자체에 수반되는 하나의 특성이라는 주장으로 해석될 수 있는 여지를 허용한다. 그와 같은 해석이 타당성이 결여된다고 보는 사람의 입장에서 보았을 때, 가능한 다른 하나의 유력한 해석이 있다. 즉 어떤 행동이 갖는 의미는 행위자의 동기에 의해 규정될 수 있고, 따라서 예의 본질이 '경'에 있다는 말이 갖는 진정한 의미는 행위자가 진실로 '존경'하는 마음을 지니고 행동할 때에 비로소 그 행동은 예가 된다는 뜻으로 해석하는 것이다. 어떤 행동이 예에 부합되기 위해서는 행위자의 진지한 내면적 태도가 수반되어야 한다는 것이다. 『예기』에는 전자의 입장과 부합되는 기술이 많은 부분을 점유한다고 보는 것이 필자의 해석이다. 그러나 또한 "만일 충신의 마음이 없는 사람이면 모든 일은 허례가 된다. 그러므로 예를 행하는 데는 충신한 사람을 얻는 것이 소중하다"(『예기』〈예기(禮器): 691)는 언급에서 볼 수 있는 바와 같이 오히려 후자의 입장을 뒷받침하는 기록 또한 여기저기서 읽혀지는 것도 사실이다. 문제의 핵심은 예라는 개념에 함축된 본질적 속성이 어디에 귀속된다고 보느냐에 있을 것이다. 이는 예를 정의하는 데 있어서 중요하게 문제로서 제기되어온 사안으로서 바로 이어지는 부분에서 집중적으로 다룰 것이다.

2) 예의 정신과 행위적 외형

학자들 사이에서는 예의 본질적 성격을 규정하는 데 있어서 몇 가지의 엇갈린 견해가 제기되어 왔다. 그러나 큰 줄기에 있어서는 두 가지 대립된 견해를 양축으로 하여 그 사이에 강조점을 달리하는 여러 관점이 배열되어 있는 형태로 정리될 수 있다. 즉 대체로 양극에 위치한 두 견해 외에 여타의 견해는 양 극단의 어느 쪽으로 더 기울든지 아니면 중간에서 종합을 지향한다는 점에서 전혀 다른 내용의 접근 방법에 의해 구분이 요구되는, 완전히 별종의 이론으로 취급하기에는 어렵다는 것이다.

그럼 우선 그 두 개의 주된 견해를 중심으로 예의 본질을 규정하는 시각에 있어서의 차이를 살펴보려고 한다. 하나는, 바로 윗구절의 말미에서 지적하고 있듯이 신실한 마음이 바탕이 되지 않은 한 모든 예는 '허례(虛禮)'가 된다는 견해이다. 이를 달리 표현해본다면 예의 본질은 곧 행위자의 마음속에 존재하는 윤리적 태도에 있다는 것이다. 이와 대립되는 다른 하나의 견해는 예의 본질을 행위의 외형적 표현과 그것이 가져오는 효과에서 찾는 것이다.『예기』의 편찬자 또는 편찬자들이 그리고『예기』에 등장하는 가장 권위 있는 예 사상가로서 공자와 함께 그 제자들이 예가 그 본질에 있어서 그것을 행하는 사람의 내면적 태도에 보다 핵심이 있다고 보는 견해와, 이와는 다르게 격식화된 행위를 통해 표현되는 의례적 측면에 보다 중요성을 부여하는 견해 사이에 어떤 모순을 인식하고 있었는지는 모를 일이다. 그러나 필자가 사회학자로서 또는 문화론적 입장에서 보기에 이 두 개의 입장은 매우 흥미로운 차이를 함축하고 있다. 의식 이론(儀式 理論, ritual theory) 분야에서 주목을 끈 한 저서에서 벨Bell(1992:19)은 의식에 대한 대부분의 이론적 논의에서는 의식을 '행동 (action)'으로 규정함으로써 "자동적으로 신념, 상징, 신화와 같은 종교의 개념적 측면과 구분 짓고 있다"고 지적하고 있다. 이와 같은 지적은『예기』의 경우에도 그대로 적용될 수 있을 것으로 여겨진다. 즉『예기』에서도 역시 예를 격식화된 행동으로 그 성격을 규정함으로써 자연스럽게 그것에 내재되어 있을 것으로 기대되는 내면적 태도 또는 정신과 구분 짓는 내용들이 부분 부분에 산재하고 있다는 것이다. 다음의 구절을 보자.

> 자로(子路)가 말하였다. "슬픈 일이구나, 가난이라는 것은 어버이가 생존하는 동안 봉양할 것이 없고, 어버이가 죽어서는 예(禮)를 행할 수가 없구나." 공자가 말하기를, "콩을 씹고 물을 마실지라도 그의 마음을 기쁘게 하면 그것을 효도라 하고, 어버이가 죽었을 때는 겨우 머리와 발의 형체만을 염습하되 예제에 정해진 기간을 기다리지 못하고 곧 장사지내며 곽(槨)을 쓰지 못하더라도 자기의 재산에 맞게 하면 그것을 예라고 한다"라고 하였다(〈단궁 하(檀弓 下)〉:336-337).

위에 인용한 구절에서 예의 본질은 분수에 맞지 않은 의식을 억지로 수행하는 것 자체에 있다기보다는 진정으로 어버이를 기쁘게 하려는 마음가짐이나 죽은 자에 대한 슬픔이 진정으로 표현되는 데 있음을 강조하고 있다. 유사한 맥락에서『예기』에서는 예법이라는 것은 진정으로 그 의미를 성실히 구현할 수 있는 내적 자질을 갖춘 자에 의해서 수행될 때 비로소 진정한 의미에서의 예가 될 수 있음을 강조하고 있다.[29] 자로의

29　君子曰 甘受和 白受采 忠信之人 可以學禮 苟無忠信之人 則禮不虛道(〈예기(禮器)〉: 691).

언급에 대한 응답을 통해 표명된 공자의 견해는 곧 슌Shun(2002:56–57)이 지적한 "도구주의적 해석(instrumentalist interpretation)"의 근거를 제공한다. 도구주의적 해석에 따르면 예는 인(仁)한 심성의 표현을 위한 수단으로서의 의미를 갖는다. 뒤집어 이야기한다면 인은 예라는 수단이 존재하는 이유이며, 그 수단이 사용되는 목적이기 때문에 "인은 예를 평가하는 기준이 된다"(Shun, 2000:57). 예를 들어 예는 공경하는 마음을 표현하기 위한 수단으로서 행해질 때 비로소 진정한 예가 될 수 있을 것이다. 반면에 존경이 결여된 예는 어떤 다른 목적을 위해 편의적으로 동원되는 수단일 따름이라는 의미에서 진정한 예로서의 조건을 갖추고 있지 않다고 평가할 수 있을 것이다. 이와 같은 논리는 우리의 행동이 전통적인 예법으로부터 벗어나거나 또는 그것에 수정을 가할 필요가 있을 때, 우리의 윤리적 태도나 동기는 그와 같은 예법의 외형적 변화가 갖는 정당성을 평가하는 기준이 될 수도 있음을 시사한다. 『논어(論語)』에는 이와 관련하여 여러 논저에서 자주 인용되는 다음과 같은 구절이 있다.

> 孔子께서 말씀하셨다. "베로 면류관을 만드는 것이 〈본래의〉 禮인데 지금에는 生絲로 만드니, 儉素하다. 나는 사람들[時俗]을 따르겠다. 〈堂〉 아래에서 절하는 것이 〈본래의〉 禮인데 지금에는 〈堂〉에서 절하니, 교만하다. 나는 비록 사람들이 어긋난다 하더라도 〈堂〉 아래에서 절하는 것을 따르겠다.[30]

이 구절에 대한 해설에서 정이천(程伊川)도 지적하고 있듯 공자는 그 변화가 윤리적 원칙에 어긋나지 않은 한 편의함을 따르는 것이 맞기는

---

30 子曰 麻冕禮也 今也純儉 吾從衆 拜下禮也 今拜乎上泰也 雖違衆吾從下(『논어(論語)』〈자한(子罕)〉: 241–242).

하나, 비록 시속이라 하더라도 윤리적 원칙에 맞지 않는 경우에 그 예법은 따르지 않는 것이 좋다는 견해를 밝히고 있다. 이는 곧 행위적 표현 그 자체보다는 그것을 통해 표현하고자 하는 인이나 의(義), 공경과 같은 윤리적 동기야말로 예의 본질임을 강조하고 있다. 이같은 견해는 인(仁)을 '체(體)' 또는 '질(質),' 그리고 예를 '용(用)' 또는 '문(文)'으로 규정함으로써 예를 윤리적 가치를 본질로서 담고 있는 도구로 이해하는 후대 학자들의 해석에 근거가 되고 있다(금장태, 2006:159-191; 金相來, 2006:349-354; Hsu, 2000). 즉 인을 행위자의 윤리적 동기를 지칭하는 개념으로, 예는 그것을 표현하는 인정된 행위 형식으로 보고, 형식으로서 행동이 지닌 진정한 의미는 곧 그 행동의 내재적 요소를 구성하는 윤리적 동기에 의해 결정되는 것으로 보고 있다.

그러나 여기에서 예가 전체적으로 갖는 의의와 관련하여, 매우 중요한 한 가지 문제점이 제기될 수 있다. 만약 모든 행동이 그것을 수행하는 사람들의 의도 또는 심정을 표현하는 외적 수단에 불과하다고 할 경우에, 위에서 이미 지적하고 있듯이, 이는 예의 본질은 행위자의 진정한 마음가짐 속에 귀속된다는 주장으로 당연히 귀결된다. 왜냐하면 진정한 마음가짐이 없이 수행되는 예는 결국은 진정한 목적이 결여된 수단, 즉 본질이 빠진 허식에 불과하기 때문이다. 그런데 문제는 현실적으로 보아 실제로 그러한 신실한 마음가짐을 지닌 가운데 예를 실행하는 사람들이 과연 얼마나 될 것인지 하는 의구심이 제기될 수 있다는 것이다. 이러한 의구심은 우리가 경험하는 인간의 '동물적' 본성이라든지 인간 세상의 현실에 비추어 상당한 근거가 없지도 않을 것이다. 그렇다면 사람들이 지켜야 할 것으로 기대되는 방대한 예법 체계가 실제로 실행된다고 하더라도 대부분의 사람들에게 있어서는 결국은 그 본질이 결여된 허례에 그칠 가능성이 제기된다. 다시 말하자면 그것들이 결국은 위선에 불과한 결과를 가져올 수밖에 없다면 구태여 지켜져야 할 이유가 어디에 있는지에 대한 의문이 제기될 수 있다는 것이다. 이러한 의문은 앞에서 예의 기본적인 정신으로 지적한 '공경'의 경우에도 그대로 적용이 될 것이다. 즉 진정한 의미에서의 공경의 마음이 결여된 사람이 공경의 예를 행할 경우에 그것은 진정한 예로서의 본질을 잃게 될 것이다. 문제는 결국 예를 수행하는 사람들의 문제로 회귀하며, 완벽하거나 완벽에 가까운 인간은 드물다고 보았을 때, 거대한 예법 체계를 놓고 그것이 존립하는 근거의 취약성에 대해 의구심이 제기될 수밖에 없다는 것은 당연한 일이다.

예의 본질에 대한 이와 같은 의문이 공자라든지 그의 제자들, 또는 『예기』의 편찬자들의 머리에 스쳐갔는지는 모를 일이다. 그러나 『예기』에 실린 기록들을 일별하면 드러나는 한 가지 분명한 사실이 있다. 그것은 예법이 반드시 그것을 실행하는 사람들의 내재적 태도가 있기 때문에 그에 의존하여 비로소 진정한 의미를 지니는, 즉 도구로서의 효능만을 지닌 것으로 일방적인 해석을 내리기는 어렵다는 것이다. 논의의 진전을 위해 앞에서 말한 도구주의적 해석과는 반대의 관점에서 예가 갖는 의미에 관해 먼저 살펴보자.

도구주의적 해석에 대해서 난관으로 여겨지는 문제점 가운데 하나는 아마 『논어(論語)』의 초두에 나오는 "배우고 그것을 때때로 익히면 기쁘지(재미있지) 않겠는가"[31] 라는 구절에 대한 이해이다. 이 구절이 요즘 흔히 이야기하는 의미에서 지식의 학습을 강조하는 것이 아닌 것만은 분명하다. 이 구절에 붙어 있는 해설에서 주자(朱子)는 "배운다는 말은 본받는다는 뜻이다," 즉 "뒤에 깨닫는 자는 반드시 先覺者의 하는 바를 본받아야 善을 밝게 알아서 그 本初를 회복할 수 있는 것이다"[32]라고 풀이

---

31 學而時習之 不亦說((悅)乎(〈학이(學而)〉: 27).

32 學之爲言效也 後覺者必效先覺之所爲 乃可以明善而復其初也(『논어집주(論語集註)』:28,

하고 있다. 이와 같은 주자의 해설만이 아니라 공자 자신의 가장 중요한 관심사에 비추어 보더라도 여기에서 말하는 배움이 의미하는 바는 곧 선한 삶을 본받아 배우기 위함이라는 것은 분명하다. 그런데 여기에서 만약 본받는 대상이 선각자들의 윤리적 심성이라고 보았을 때 우리가 당면하게 되는 매우 중요한 문제가 있다. 그것은 '마음가짐'을 본받는다는 것이 과연 무엇을 보고 배우는 것이며, 그것이 어떻게 가능할 것인가 하는 의문이 제기될 수 있다는 것이다. 어떤 방법을 통해 다른 사람의 마음을 보고 그것을 학습할 수 있겠는가 하는 의문에 대해서는 사실 확실하게 수긍할 만한 어떤 대답이 가능하다고 여겨지지 않는다. 무엇보다도 인간이라면 그 어느 누구도 다른 사람의 마음을 관찰할 수 있는 능력을 가지고 있지 않기 때문이다. 결국 우리가 위에 인용된 공자의 말을 다른 사람의 선한 마음가짐을 배우고 익힌다는 의미로 해석하는 것은 우리를 그 가능성에 대해 상당한 의혹을 불러올 수밖에 없는 결론으로 끌어들이게 될 것이다. 따라서 다른 사람의 선한 마음가짐이라기보다는 드러난 행동을 관찰하여 그로부터 배우고 또한 그것을 스스로 실행해봄으로써 얻는 기쁨에 대해 공자가 이야기하고 있다고 이해하는 것이 가장 수긍할 수 있는 해석일 것으로 여겨진다.

그런데 여기에서 우리가 유의해야 할 중요한 사실은 이상과 같은 해석은 도구주의적 해석을 뒤엎을 수 있는 주장을 내포하고 있다는 점이다. 우선 도구주의적 해석에서는 개인들의 마음가짐과 행동 사이에 일종의 인과적 관계를 상정하고 있다. 즉 우리가 어떤 선한 마음가짐을 가지고 있는 상태에서 그것을 어떤 형태의 행위적 수단을 통해 표현함으로써 예는 완성되는 것으로 보고 있다는 것이다. 이제 문제는 예를 이루기

〈학이(學而)〉편의 서두 어귀에 붙여진 주자의 해설).

위해 겉으로 드러나는 행동의 학습을 강조하는 시각에서 보았을 때, 공자가 언급한 배움의 대상으로부터 도구주의적 해석에서 가장 본질적인 요소로서 지적한 마음가짐은 배제될 수밖에 없다는 것이다. 만약 객관적으로 관찰 가능한 행동을 따라 배우는 것은 가능하나 예를 이루기 위해 그에 앞서서 요구되는 마음가짐을 배우고 익히는 것은 가능하지 않다고 전제했을 때, 그와 같은 학습이 '기쁨'이 준다고 말하는 것이 과연 의미가 있을 것인가? 이러한 의문은 인과 예에 대한 도구주의적 입장 자체에 어떤 문제가 있음을 시사한다.

도구주의적 해석에 대해 제기될 수 있는 또 하나의 문제점은 예와의 관계의 맥락에서 인의 의미를 밝히려고 했던 공자의 언급이 시사하는 바와 관련된다. 이는 아마 가장 직접적으로 인이 갖는 의미를 예의 맥락에서 풀이하고 있다는 점에서 관련된 공자의 진술 가운데서 가장 많은 관심이 집중되어온 것으로 여겨지는데, 『논어(論語)』〈안연(顔淵)〉편의 서두에 나오는 공자의 다음과 같은 언급을 지칭한다.

> 顔淵이 仁을 묻자, 孔子께서 말씀하셨다. "자기의 私慾을 이겨 禮에 돌아감이 仁을 하는 것이니, 하루라도 私慾을 이겨 禮에 돌아가면 天下가 仁을 허여한다. 仁을 하는 것은 자신에게 달려 있으니, 남에게 달려 있겠는가." 顔淵이 "그 條目을 묻습니다." 하고 말하자, 孔子께서 말씀하셨다. "禮가 아니면 보지 말며, 禮가 아니면 듣지 말며, 禮가 아니면 말하지 말며, 禮가 아니면 動하지 말아야 한다."[33]

위의 구절이 정확히 의미하는 바를 명료하게 설명하는 것이 용이해

---

33 顔淵 問仁 子曰 克己復禮 爲仁 一日克己復禮 天下歸仁焉 爲仁由己 而由仁乎哉 顔淵曰 請問其目 子曰 非禮勿視 非禮勿聽 非禮勿言 非禮勿動(〈안연(顔淵)〉: 328-329).

보이지는 않는다. "예에 돌아간다"고 하는데, 위의 구절에서 의미하고 있는 예의 정확한 의미가 분명치는 않기 때문이다. 그러나 비교적 확실하게 이야기할 수 있는 한 가지 사실은 위에 인용된 공자의 언급을 도구주의적 관점에서 설명하기에는 어려워 보인다는 점이다. 만약 우리가 예를 인을 표현하는 수단으로 볼 경우에, 예에 돌아간다는 것 자체가 이미 인(仁)함을 선행조건으로 하고 있기 때문에 구태여 "예에 돌아감"을 인이 완성되는 과정 또는 "인이 허여되는" 조건으로서 지적할 필요가 없기 때문이다. 이미 인함이 존재하고 그로써 참다운 예가 행해질 수 있다고 본다면 왜 구태여 그 결과로서 인에 관하여 다시 언급할 필요가 있을 것인가? 하는 것이 필자가 느끼는 의문이다. 즉 공자가 도구주의적 관점을 마음에 두고 이와 같은 진술은 하지 않았으리라는 것이 합리적인 추측일 것으로 여겨진다.

순(2002:57-62)이 위에 인용된 공자의 언급을 인과 예의 관계에 대한 "정의적 해석(定義的 解釋, definitional interpretation)"을 뒷받침하는 근거로 제시한 것은 이와 같은 이유 때문이었을 것이다. 정의적 해석을 따른다면 예법에 따라 행동하는 것 자체가 인(仁)함이 의미하는 바, 즉 인에 대해 내려진 정의라는 것이다. 조금 다른 말로 표현하자면 인한 사람이란 그의 마음에 존재하는 어떤 윤리적 태도나 심성에 의해 그와 같이 일컬어지기보다는 전통적으로 규정된 예법에 맞게 행동을 하는 사람을 의미한다는 것이다. 인이란 개념이 외부로부터 관찰될 수 있는 어떤 종류의 행동들이 갖는 특성에 의해 정의될 수 있다는 주장은 도구주의적 관점에서 예와 인을 이해하는 시각과 날카로운 대조를 이룬다. 우리가 이미 살펴보았듯이 도구주의적 관점에서는 예의 본질을 인간 내면에 존재하는 도덕성, 특히 유교의 핵심적인 가치인 인에서 찾고 있다. 이에 비해 정의적 해석에 의하면 인의 의미 자체가 인간 내면의 윤리적 품성보다는 기존하는 예법을 준수하는 외적 행위에 근거를 둔다. 따라서 예의 본질을 행위 자체에 귀속시키고 있다는 점에서 차이를 보인다.

공자를 비롯한 당시의 유학자들이 실제로 어떤 입장을 보다 염두에 두고 있었는지, 또는 자신들의 입장에 대한 해석에서 나타날 수 있는 이와 같은 견해의 차이를 인식하고 있었는지는 의문이다. 그러나 한 가지 부인하기 어려운 사실은 예 개념과 그 본질적 속성을 이해하는 데 가장 중요한 두 전거(典據)로서 간주될 수 있는 『예기』와 『논어』를 토대로 판단할 때 우리가 위에서 살펴본 바와 같이 상충되는 두 가지의 결론이 다 같이 가능하다는 것이다. 그리고 앞에서 잠깐 지나가는 구절에서 시사한 바 있듯이, 그 두 결론의 중간쯤에 위치한 다른 해석들도 가능하다는 것이 사실일 것이다. 물론 문제는 어느 입장을 뒷받침하는 자료도 대안적 해석을 충분히 허위화시킬 수 있을 정도로 압도적이지는 않다는 것이다. 가령 예를 들어 앞에서 인용한 『논어』 〈학이(學而)〉편의 "배우고 익힌다"는 구절은, 그것이 "인한 마음"을 배운다는 주장일 경우에 실제로 무엇을 어떻게 배운다는 것을 의미하는지에 대해 의문을 가진 필자가 보기에는, 도구주의적 관점보다는 정의적 해석의 관점에 비추어보았을 때 비로소 보다 의미 있게 이해될 수 있는 부분으로 여겨진다. 반면에 『논어』 내에서도 도구주의적 관점을 뒷받침하는 것으로 여겨질 수 있는 부분들이 또한 많기 때문에 공자의 원래의 입장이 어느 한편으로 기울고 있다고 확실한 결론을 내리기는 어려울 것이다.[34]

그런데도 불구하고 우리가 『예기』라는 기록을 토대로 하여 "행위자 중심의 윤리(agent-centered morality)"와 "행동 중심의 윤리(act-centered morality)"의 두 관점에서(Hsu, 2002) 예 사상의 본질적 특성을 평가하려

---

[34] 한 예로서, 〈팔일(八佾)편〉의 "사람으로서 仁하지 못하면 禮를 어떻게 하며, 사람으로서 仁하지 못하면 樂을 어떻게 할 수 있겠는가?(子曰 仁而不仁 如禮何 仁以不仁 如樂何)"(79)라는 공자의 언급을 들 수 있다.

했을 때, 그 비중은 후자 쪽으로 좀 더 기울고 있다는 평가가 설득력이 있을 것으로 여겨진다. 즉 예의 핵심적 요소를 행위자의 내면에 존재하는 윤리적 심성에서보다는 행위 자체에서 찾고자 하는 시각을 뒷받침하는 기록들이 상대적으로 더 큰 비중을 점하고 있다는 것이다. 다소 주관적일 수도 있는 이러한 필자의 결론이 타당성을 지닐 수 있음을 설명하기 위해 일단 우리가 예법을 행동으로써 실행하면, 그것들을 실행한다는 사실이 우리의 심리적 상태라든지 사회적 관계에 어떤 적극적 효과를 미친다고 가정해 보자. 이를 예를 들어 설명해보자면 상례(喪禮)란 단순히 근친을 여읜 사람들이 극진한 슬픔을 느끼기 때문에 행한다는 소극적 기능을 넘어서 친족의 죽음에 적응하는 사람들의 심리적 태세나 그들이 앞으로 영위해야 할 생활 속으로 복귀하는 데 도움을 주는, 보다 적극적인 효능을 가지고 있다는 사실에 의해 오히려 중요한 의미를 지닌 행사로 치러지는 것일 수도 있다. 즉 예법에 따른 행동은 우리의 내적 태도를 표현하는 외형적 수단에 그치기보다는 그 자체로서 개인들의 내적 태도라든지 사회적 질서에서 보다 적극적인 효능을 지닌 요인으로서 작용한다는 것이다. 전체적으로 보아 『예기』에 실린 기록들의 상대적 비중을 평가한다면, 이와 같은 견해가 개인의 내적 태도를 예의 본질로 보는 견해에 비해 오히려 더 큰 비중을 점하고 있는 것으로 여겨진다. 다음의 예를 보자.

자유가 말하기를, "예는 애통하는 정을 쇠미하게 만드는 것이 있고, 일부러 최질(衰絰) 같은 것을 만들어 슬픈 마음을 흥기시키는 것이 있다. 만약 자기의 심정이 내키는 대로 곧바로 경솔하게 행하는 자가 있다면 그것은 오랑캐의 도(道)이다……. 그러므로 이를(즉, 마음을) 조절하는 것을 예(禮)라고 한다"(〈단궁(檀弓) 하〉: 322).

위의 인용문을 통해 피력된 자유(子游)의 견해는 예의 본질을 예법을 실행하는 사람들이 가지고 있는 내적 태도에 의존하고 있다고 보는 견해에 비해 예법의 실행 그 자체가 가지고 있는 효능을 강조하고 있다는 점에서 주목을 요한다. 다시 말해서 예의 본질을 개인들 내면에 존재하는 도덕적 심성에서 찾고자 하는 견해와는 다르게 예법에 따른 행동 그 자체가 '마음을 조절'하는 데 발휘하는 효과가 곧 예법이 존재하는 이유임을 지적하고 있다는 것이다.

『예기』에서 예의 본질이나 기능을 이론적인 시각에서 다룬 여러 기록을 보더라도 바로 위에 제시된 해석과 부합되는 견해가 훨씬 큰 비중을 차지하고 있다는 것이 필자의 평가이다. 예로서 다음에 인용된 기술들을 살펴보도록 하자.

가슴을 치고 뛰는 것은 애통함이 지극하기 때문이다. 가슴 치고 뛰는 회수를 계산하는 것은 애통을 절제하기 위한 절문(節文)이다……. 어깨를 드러내는 때도 있고, 옷을 입는 때도 있는 것은 슬픔을 절제하는 것이다(〈단궁 하(檀弓 下)〉: 303).

원래 사람의 마음은 기쁘면 도연(陶然)해져서 즐거우며, 즐거우면 노래 부르고, 노래 부르면 몸이 움직이고, 몸이 움직이면 춤추게 되고, 춤추면 마음이 앙양되고, 마음이 앙양되면 이윽고 마음이 아프고, 아프면 탄식하고, 탄식하면 가슴을 두드리게 되고, 가슴을 두드리면 춤춘다는 식으로 변화한다. 그러므로 이를 조절하는 것을 예(禮)라고 한다(〈단궁 하(檀弓 下)〉: 322).

위의 두 인용문은 기본적으로 유사한 내용을 담고 있다. 즉 자연스럽게 표현되는 사람들의 감정은 지나칠 정도로 넘치거나 절제되지 않은 면들이 있어서 그것들이 있는 그대로 표현되도록 방치된다는 것은 그 개인이나 공동체의 안녕과 질서 있는 삶을 위해 바람직하지 않을 수 있다.

따라서 예법은 사람들이 표현하고자 하는 정서를 개인의 삶이나 공동체의 삶에 조화를 가져오는, 적절한 형태로 조절해주는 기능을 갖는다는 것이다. 이렇게 보았을 때 예를 지킨다는 것은 단순히 개인이 표현하고자 하는 어떤 윤리적 태도를 표현하는 의례적 행위에 그치기보다는 더욱 적극적인 의미를 갖게 된다. 즉 예를 실행함으로써 비로소 감정과 행동의 절제가 이루어지고, 이로써 예는 윤리적으로 완성된 인격과 삶을 달성하기 위한 보다 적극적 수단이 되는 것이다. 이러한 맥락에서 이미 앞에서 인용한 바 있는 "윤리 도덕은 예 없이 실현되지 않는다"는『예기』의 주장은 예의 기능을 이해하는 데 매우 중요한 시사를 던져준다. 여기에는 예가 단순히 개인들이 가지고 있는 도덕적 심성을 표현하는 외형적 수단에 그친다기보다는 개인들에게, 그리고 바람직한 인간공동체의 정신적 토대로서 작용하는 윤리 도덕을 함양시키는 능동적인 역할을 수행한다는 뜻이 포함되어 있다는 것이 필자의 해석이다. 부연하자면, 윤리 도덕이 예의 실행을 유발하는 선행 요인으로 작용한다기보다는 예의 실행이 곧 개인의 인격과 공동체의 윤리 도덕의 형성에 필수적인 요건이자 수단으로 작용한다는 것이다.

물론 다시 강조하거니와『예기』에서는 이 문제에 관해 일관된 입장이 존재하는 것은 아니다.『예기』에는 개인들의 도덕적 태도를 수반하지 않은 예는 '허례,' 즉 가식의 행위가 되기 때문에 예 본래의 기능을 상실하게 된다는 주장과 함께 뒤에 설명되었던 관점, 즉 예의 본질적 기능을 행위 그 자체가 발휘하는 적극적 효능에 귀착시키는 것으로 해석될 수 있는 견해가 이곳저곳에 산재하고 있을 뿐이다. 어느 곳에서도 이 상반되는 두 견해를 함께 비교하고 있는 것도 아니고, 더욱이 이 문제에 대해 어떤 체계적인 분석이 이루어진 것도 아니다. 아마 이는 기존했던 전적들로부터『예기』에 소재된 기록들을 뽑아 모으는 과정에서 편찬자 자신들이 전혀 의식하지 못했던 문제였을 가능성이 크다. 따라서 이 문제에 대한 『예기』의 진정한 입장이 무엇인지를 운위하는 것 자체가 의미 없는 일일 수도 있다. 단지 예가 형식에 그치지 않고 진정한 의미에서의 예가 되기 위해서는 마음 내면의 신실함이 갖추어져야 한다는 견해를 일단 받아들였을 경우에, 이미 앞에서 지적된 바 있듯이 한 가지 중요한 문제점이 제기된다는 것이다. 즉 진정으로 신실한 마음으로 예를 이룰 수 있는 사람이 드문 것이 현실이라고 보았을 때, 『예기』에 실려 있는 모든 복잡한 예법은 실제 현실에 있어서는 참다운 예(禮)로서의 진정성이 결여된 의례적 행위로 귀결될 가능성이 크다는 것이다.

따라서 유학자들이 예를 중요시한다는 것은 곧 주어진 상황 하에서 규정된 예법을 실천하는 그 자체에 중요한 의미를 부여하고 있다는 것임을 알 수 있다. 다시 말해서 예에 내면적으로 수반되는 윤리적 태도는 사람에 따라서 충족될 수도 있고 그렇지 않은 경우도 있을 수 있다. 그러나 예 사상의 전체적인 맥락에서 『예기』에 실린 모든 예법은 규정된 그대로 실천되는 것이 바람직한, 따라서 구속성 있는 행위 규범으로서 이해되고, 또 그와 같이 강조되고 있다는 것이 필자의 평가이다. 이러한 의미에서, 예는 그 태도적 측면보다는 행동적 측면이 보다 큰 중요성을 갖는다고 보는 것이 옳은 것으로 여겨진다.

그러나 예의 해석과 관련하여 행동적 측면을 강조하는 입장에 대해서 이 시점에서 제기될 수 있는 매우 까다로운 문제가 있다. 이러한 입장은 본질적으로 규정된 예법을 지킴으로써 개인과 사회에 가져오는 긍정적 효과를 강조한다는 데서 특징을 찾을 수 있다. 그런데 실제로 사람들이 예법을 지킨다 하더라도 개인의 자질이나 상황에 대한 감수성, 경험 등과 같은 요인에 의해 실제 행위의 효과는 매우 중요한 차이를 가져올 가능성을 배제하기 어려울 것이다. 예를 들자면 사람들이 이미 알려진 같은 내용의 농담을 하더라도 그들 간에는 표정, 말솜씨, 상황에 대한 이해력과 감수성 등에 있어서 차이가 있을 것이고, 그에 따라 웃음을 유발하는 데 있어서 그 실제적 효과는 사람마다 매우 다르게 나타날 것이다. 예법을 알고 그것을 행동으로 실행하는 것 역시 마찬가지일 것이다. 단지 이미 존재하는 행동의 규범을 배워 안다는 것과 어떤 구체적 상황 가운데서 그 규범에 따라 행동을 하는 것은 많은 경우에 또 다른 차원의 개인적 능력과 감수성을 요하는 일일 수 있다. 벨Bell(1992:107–108)의 "의식 행위의 실행(ritual practices)"에 관한 다음과 같은 언급은 금방 위에서 지적한 사실을 염두에 둔 것이 분명하다.

> 의식(儀式)에 숙달(ritual mastery)한다는 것은 의식이 존재하기 위한 조건들이 충족되고 있음을 의미한다. 즉 의식이 실행되는 데(즉, '의식화된' 행동이 산출되기 위하여) 필요한 특수한 문화적 도식과 전략이 존재하고, 특수한 공동체에 속한 개인들이 그것을 수용하고 체득하고 있어야 한다는 것이다. 의식에 숙달한다는 것은 동시에 의식들이 수행되는 과정에서 어떤 종류의 '성과(work)'를 남기고 있음을 의미한다. 특히 의식화된 행동을 수행하는 능력을 체득한 행위자들이 양성되고 있고, 그들이 문화적으로 가능한 여러 다른 상황이 갖는 제도적 틀과 의의를 분별하고 조정해나가는 데 필요한 능력을 구사하고 있음을 의미한다.

일반적인 유형의 의식 행위에 관한 벨의 이와 같은 견해는 예의 속성을 이해하는 데 있어서도 매우 유용한 시각을 제공한다. 위의 인용문에서 벨은 의식 행위가 성공적으로 실행되기 위해서는 두 가지 조건이 충족되어야 한다는 점을 지적하고 있다. 하나는, "특수한 문화적 도식과 전략(specific cultural schemes and strategies)"이다. 다소 추상적인 용어가 사용되고 있으나, 이는 사람들이 당면하는 상황의 의미를 분별하고 평가하는 데 사용하는 지식과 가치 체계라든지 행동 규범 등과 같은 문화적 자원을 의미하는 것으로 해석된다. 다른 하나는, 그와 같은 문화적 자원을 배우고 활용함으로써 다양한 실제 상황 가운데서 "숙달된 의식 행동"을 실행할 수 있는 능력, 즉 "의식에 대한 감수성(sense of ritual)"을[35] 습득한 행위자들이다. 이와 같은 벨의 이론에 의거하여, 헤겐(2010)은 예란 기존하는 제도 또는 행동 규범을 포함하는 비교적 고착된 문화적 양식을 제한적으로 지칭하기보다는 위에서 말한 의미에서 행위자의 의식에 대한 감수성을 본질적 요소로서 포함하는 개념으로 이해하는 것이 좋다는 입장을 견지한다. 물론 다음과 같은 그의 언급에서 시사되고 있듯이, 개인들의 "예적 감수성(禮的 感受性, sense of ritual)"[36]이라는 의미에서 이해된 예의 개념에 있어서도 "문화적 양식(cultural patterns)"은 이미 거기에 함께 포함된 요소로서 인정이 되고 있다.

……공자의 예에 대한 연구에서는 준칙이라든지 규칙과 같은 외부적 규범과 개인들의 내적 성향을 각기 엄밀하게 구분하고 '예'가 그 양편 가운데 어떤 쪽을 지칭하는 개념인가 하는 의문을 제기해왔다. 이와 함께 ('규칙'이나

---

35 "공자의 예: 예적(禮的) 감수성(The Propriety of Confucius: A Sense-of-Ritual)"이라는 표제의 논문에서 헤겐(2010:13)에 의해 인용된 벨의 다음과 같은 언급은 "의식에 대한 감수성"이 갖는 의미를 매우 잘 표현하고 있다: "의식을 수행하는 행위의 궁극적 목적은 (……) 의식을 수행하는 행위자를 산출해낸다는 것 외에 다른 것은 없을 것이다. 즉 의식을 실행하는 행위자들은 그들 내부에, 현실에 대해 그들이 지니고 있는 감각 속에, 또한 권력이 미세하게 얽혀 있는 복잡한 세계를 유지하고 또 통제하기 위해서 어떤 방식으로 행동하는 것이 좋은지와 관련하여 그들이 이해하고 있는 방식들 속에 일련의 문화적 도식들을 내재화하고 있는데, 그와 같은 본능적인 지식을 체득하고 있는 행위자들을 만들어내는 것이 의식을 수행하는 행위의 궁극적 목적인 것이다. 그와 같은 실용적 지식은 추측이라든지 신념 또는 규정된 몸짓에 관한 어떤 종류의 고정된 지식이 모여 이루어진 것은 아니다. 그보다는 경험하는 사실을 처리하고 통제하는 데 효과적인 방식으로 기본적 문화 자원을 동원하고, 연출하고, 조절하는 능력을 지칭한다. 이는 숙달된 의식 행동을 통해 표현되며, 외부 요인에 의해 한계가 지어지거나 통제되고 있다기보다는 그 자체로서 비교적 능동적으로 힘을 행사하는 것처럼 느껴지는 능력인 것이다"(원문은 Bell, 1992:221).

36 앞에 인용된 벨의 언급에서 나오는 "sense of ritual"은 "의식에 대한 감수성"으로, 헤겐Hagen의 논문 표제에 나오는 동일한 용어에 대해서는 "예적 감수성"이라는 말로 다르게 번역이 되고 있다. 이는 벨의 저서가 의식 행위 일반을 주제로 한 저서인 반면에 헤겐의 논문은 예를 주제로 하고 있으며, 논문 가운데서도 경우에 따라서는 '예'를 "sense of ritual"로 번역하고 있다는 사실을 고려한 것이다.

'준칙'과 같은 단어가 시사하고 있듯이) '의식'과 같은 개념 속에 포함되는 일반적 범주의 현상에 대해서 우리 서양인들이 가지고 있는 통념이 있다. 그런데 이와 같은 통념은 우리 서양인이 사용하는 '의식'이라는 단어와 부분적 연관성을 가진 어떤 개념을 공자가 이야기하고 있을 경우에 실제로 그가 의미하는 바를 이해하는 데 있어서는 우리를 오도(誤導)할 가능성이 있다. 내가 주장하려고 하는 바는, 공자에게 있어서는, 적절한 사회적 행위의 규범을 배양된 유사-윤리적 분별력(cultivated quasi-moral sensibility), 즉 "예적 감수성"으로부터 분리하는 것은 가능치 않다는 것이다. 내 입장은 후자의 중요성을 강조하는 데 있다. 물론 예적 감수성이란 사람들에게 자신의 덕성을 적절하게 표현할 수 있는 수단을 제공하는 비교적 안정된 사회적 관행의 체계를 전제로 하고 있다. 실로 그와 같은 수단이 존재하지 않고서는 무엇이 적절한 행동인지에 대한 관념 자체가 전적으로 존립할 수가 없을 것이다. 그렇다고 해서 예가 단순히 사회적 관행과 일치한다고 결론지을 수는 없을 것이다.

이상과 같은 헤겔의 견해는 예의 본질을 행위자 내부의 윤리적 품성 또는 "유사-윤리적 분별력"과 같은 "인격화된(personalized)" 능력에서 찾느냐 아니면 예 규범 자체가 수행하는 외적인 기능에서 찾느냐를 놓고 대립된 두 입장을 융화시키기 위한 시도라는 점에서 의의를 지닌다. 라이Lai(2006) 역시 두 가지의 대립되는 견해에서 각기 강조하는 예의 본질적 속성들은 상호 대립되는 것으로 인식하기보다는 사람들이 성장하는 과정에서 예의 기능이 달라지는 데 오는 차이일 따름이라고 지적한다. 즉 예는 학습 과정에서는 기계적인 학습과 모방을 요하는 행동 규범으로서의 기능이 주된 속성으로서 작용하지만, '군자(君子)' 같은 '범례적(exemplar)' 단계에 이른 사람들의 경우에는 인격화된 분별력이 주된 속성으로서 작용하는 단계로 발전을 이루게 된다는 것이다. 다양하고 변화하는 상황 가운데서 예법이 효과적으로 작동하기 위해서는 개별화되고 창의적인 개인들의 능력에 크게 의존하고 있다고 보는 견해는 공자의 '원래' 입장에 대한 홀Hall과 에임스Ames(1987)의 해석을 통해서도 부각된 바 있다. 이와 같은 해석이 개인의 개성과 자율성을 강조하면서도 동시에 공동체적 질서 속에서 안정을 바라는 현대인들의 경향에 비추어 보다 소구력이 높은 것은 사실일 것으로 여겨진다. 그러나 문제는 이와 같은 해석이『예기』나『논어』와 같은 원전(原典)에 깔려 있는 지배적인 관점(또는 관점들)과 어느 정도로 부합하고 있는지의 여부일 것이다. 이에 관한 필자의 견해는 예에 관해 이제까지 주목을 끈 어떤 관점도 예에 관한 모든 어록과 기록들을 논리적으로 일관된 하나의 사상체계로 엮어낼 수 있을 만큼 압도적인 설명력을 가지고 있지는 않다는 것이다. 역으로 추정하자면 이는 곧 예에 관련되는 한,『예기』또는『논어』에 실린 모든 기록들 자체가 어떤 일관된 해석을 허용하고 있지는 않다는 것을 의미한다. 즉 여러 다양한 해석에 각각 부분적으로 부합되는, 다층적이며 때로는 모순되기도 하는 내용들로 구성되어 있고, 따라서 예와 관련된 고대 중국인들의 생각을 어떤 일관된 논리구조를 지닌 사상으로서 요약하기는 어려우리라는 것이다.

3) 중용: 조화와 절제

중용(中庸)은 유교 경전들 가운데 사서(四書)의 하나로 포함된『중용(中庸)』의 주제를 이루는 개념이며, 유교사상을 특징짓는 핵심 개념 가운데 하나이다.『중용(中庸)』은 원래『예기』의 한 편으로 포함되어 있던 것이 송대(宋代)에 이르러 그 중요성을 인식한 주자에 의해 독립된 논저로서의 지위와 함께 유교 경전의 서열에 올려진 매우 중요한 책이다(김학주,

2006a:1). 그러나 이 책이 원래『예기』에 포함이 되어 있었고, 그 내용이 매우 이론적이라는 점에서 원래 '예론(禮論)'으로서의 성격을 지닌 것으로서 평가될 수 있다. 그리고 이와 같은 평가가 일단 수긍이 가는 것이라면, '중용'이라는 개념 역시 예에 함축된 가치 또는 개인과 사회에 대해 예의 실행이 갖는 의의를 서술하는 데 있어서 핵심적 의미를 지닌 것으로 짐작할 수 있다.

중용이란 용어에서 '중(中)'과 '용'이란 말이 갖는 의미들이 원전(原典) 자체를 통해서는 그다지 분명하게 설명되고 있지는 않다. 따라서 이에 대한 이해를 위해서는『중용장구(中庸章句)』에 붙여진 "중(中)은 치우치지 않고 기울어지지 않으며 지나치거나 모자람이 없는 것을 이름한 것이며, 용(庸)은 평상이다."[37]라는 주자의 해설이 가장 널리 인용되고 있다. 즉, 중이란 감정이나 행동, 사고 등이 어느 극단으로 기울지 않고 절도와 균형을 유지하는 것이며, 그것이 평범한 일상이나 현상 가운데서도 응용되는 원리로서 드러나는 것을 용이라 한다는 것이다. 그런데 이와 같은 원리가 실제 현상이나 행동에 작용함으로써 드러나는 조화(調和)로운 질서를 '화(和)'라고 부르기 때문에 주자는 "'중'은 곧 '중화'의 뜻도 겸하고 있다"(『중용』, 2006:34)고 지적한다. 그렇다면 중용은 사람들이 일상 속에서 그들의 삶에 조화와 질서를 가져오기 위해 선택 가능한 최선의 전략으로서의 의미를 지니게 되며, 그 전략의 요체는 절제와 균형이라고 특징지을 수 있을 것이다. 이와 관련하여『중용』에 나오는 중요한 개념 가운데 하나로서 '시중(時中)'(『중용』, 2006:33)이 있다. 시중이란 시(時), 즉 특정한 상황 가운데서 중(中)을 유지한다는 의미를 뜻하고 있다. 다시 말해 주어진 상황 속에서 사람의 감정이나 행동, 사고 등이 그 상황에

---

37 中者 不偏不倚無過不及之名 庸 平常也.

알맞는 절제와 균형을 유지한다는 것이다. 어떤 행동이 어떤 상황 속에서 바람직한 조화와 질서를 가져오는 데 유효하다고 해서 그것이 반드시 다른 어떤 특수한 상황 가운데서도 마찬가지의 효과를 가져올 수는 없을 것이다. 예를 들어 평소에는 검소하다고 생각되던 예식(禮式)이 경제적 상황에 악화되면 극히 사치스러운 의식이 될 수도 있듯이, 균형점은 상황에 따른 양 극단의 성격과 위치에 따라 달라지게 될 것이다.

이와 같은 시중의 논리가 일종의 상황 윤리에 빠질 수 있는 위험성을 내포하는 것은 사실이다. 즉 모든 윤리적인 가치와 원칙은 상황에 따라 상대적으로 결정되는 것이지 인간의 '선악(善惡)'에 대한 어떤 보편적인 가치 기준도 존재하기 않는다고 보는 견해로 빠질 위험성을 내포하고 있다는 것이다. 이와 같은 결론은 공자를 비롯한 유학자들의 의중에는 아마 존재한 적이 없는, 그러나 누가 만약 제기하고 나섰더라도 매우 위험한 발상으로 간주되었을 것이다. 이에 대한 유교적 입장에서의 반론은 일단은 대체로 푸Pu(2009)가 주장하는 바와 유사한 논리에 의존하는 것도 흔히 취해지는 하나의 방법이다. 푸에 따르면, 두 극단(A와 B)이 존재할 때 그 중간에 위치한 입장으로서 여러 가지 논리적 가능성이(예를 들어 A와 또한 B, A와 동시에 비(非) A, A와 동시에 B, 비(非) A와 비(非) B와 같은) 존재하게 된다. 그와 같은 가능성을 예시하는 하나의 예로서, "화합하지만 마음이 흔들리지 아니하며 (……) 가운데 바르게 서서 기울지 않으니 강하고 꿋꿋하다"는[38] 『중용』의 한 구절을 지적한다. 즉 하나의 특성과 동시에 그렇지 않은 특성을 갖는다는 것이 가능하며, 그와 같이 부드러운 동시에 강한 행동을 통해 타협보다 오히려 이상적인 윤리적 선택이 이루어질 수 있다는 것이다. 따라서 '중용'이란 이와 관련된 공자의 여러 언

---

[38] 君子和而不流 强哉矯 中立而不倚 强哉矯(『중용』:44).

급에서[39] 시사되고 있듯이, 현실에 대한 타협이라기보다는 어떤 의미에서는 오히려 엄격한 자기통제를 수반하는 윤리적 자세를 의미하고 있다. 즉 '지나침'을 절제함으로써 균형을 유지한다는 중용의 정신을 실천한다는 것은 시세에 휩쓸려 쉽게 살아가기보다는 오히려 윤리적 원칙에 대한 "강하고 꿋꿋한" 헌신을 요하는 일이라는 것이다.

경(敬)이 『예기』에 기록된 예법들을 관통하는 하나의 정신이라는 사실은 부인하기 어려운 것으로 여겨진다. 그러나 동시에 그것이 당시 중국 사회의 엄격한 신분질서에 의해 한계가 그어지고 있다는 사실 역시 어긋난 평가라고 생각되지는 않는다. 그런데 이와 함께 예 사상을 특징짓는 또 하나의 기본적인 정신이 곧 인간 행동이나 심성에 있어서 "지나친 것을 절제"하는, 즉 '중용'의 정신이라는 것은 『예기』의 곳곳에 실린 기록들을 통해서 증언이 되고 있다. 다음은 『예기』의 〈곡례(曲禮) 상〉 서두의 "공경하지 않는 것이 없다(毋不敬)"의 원칙이 서술된 바로 다음 부분에 쓰인 구절이다.

> 거만한 마음을 자라게 해서는 안 되며, 욕심을 방종하게 해서는 안 되며, 뜻을 가득 차게 자라게 해서는 안 되며, 즐거움을 극도로 누려서는 안 된다.[40]

위의 구절이 개인의 자긍심이나, 욕심, 의지, 즐거움을 전적으로 부정하는 의미로 해석될 수는 없을 것이다. 전달하는 메시지는 인간에게는 그것들이 본연적으로 부여되어 있고 필요한 것이되 적절한 정도를 넘어서게 되면 좋지 않다는 것을 강조하는 내용으로 해석된다. 이렇게 중용

---

39 君子周而不比(『논어』 〈위정(爲政)〉: 65); 群而不黨 (『논어』 〈위령공(慰靈公)〉: 451); 和而不同 (『논어』 〈자로(子路)〉: 385).

40 敖不可長 欲不可從 志不可滿 樂不可極(〈곡례(曲禮) 상〉: 37).

과 절제를 중요시하는 태도는 기존하는 예제와 예법들이 갖는 의의를 해석하는 데 있어서 그대로 표현되고 있다. 앞의 어느 부분에서도 이미 인용된 바 있는 다음 구절들을 예로 들어 살펴보자.

> 자유가 말하기를, "예는 애통하는 정을 쇠미하게 만드는 것이 있고, 일부러 최질(衰絰) 같은 것을 만들어 슬픈 마음을 흥기시키는 것이 있다. 만약 자기의 심정이 내키는 대로 곧바로 경솔하게 행하는 자가 있다면 그것은 오랑캐의 도(道)이다……. 그러므로 이를(즉, 마음을) 조절하는 것을 예(禮)라고 한다."(『예기』〈단궁(檀弓) 하〉: 322).
>
> 가슴을 치고 뛰는 것은 애통함이 지극하기 때문이다. 가슴 치고 뛰는 회수를 계산하는 것은 애통을 절제하기 위한 절문(節文)이다……. 어깨를 드러내는 때도 있고, 옷을 입는 때도 있는 것은 슬픔을 절제하는 것이다(『예기』〈단궁(檀弓) 하〉: 303).
>
> ……음악은 임금의 덕을 상징하는 것이고 예의는 사물에 절도(節度)를 갖게 하는 것이다. 따라서 선왕은 큰 일[불행]이 있으면 이에 대한 예가 있어서 슬픔을 적절히 하였고, 큰 복이 있으면 반드시 이에 대한 예가 있어서 기쁨을 적절하게 하는 등, 애락(哀樂)의 정도는 모두 예에 의해서 마쳤다(『예기』〈악기(樂記)〉: 988-989).

예의 기본적 기능이 사람들의 원시적 감정을 절제된 형태로 표현함으로써 개인 심성의 도야(陶冶)와 함께 집단 생활에 있어서 조율을 가져올 수 있다는 믿음이 예 사상에 하나의 중요한 토대를 이루고 있다는 데에는 의심의 여지가 없을 것이다. 물론 중용이 너무 웅대하거나 너무 왜소하거나, 너무 사치하거나 너무 검소하거나, 지나치게 길거나 짧은 것 등을 적당히 조절하여 중간에 맞춘다는, 기계적인 평균의 개념은 아니다. 이보다는 공자의 다음과 같은 언급에서 나타나는 바와 같이 "시기와 상황에 비추어 가장 알맞게"라는 의미가 보다 강조되고 있다는 것이 적합한 해석일 것으로 여겨진다.

공자가 말씀하기를, "예의범절은 확실히 알지 않으면 안 된다. 각각 차이가 있어서 고르게 풍요해서도 안 되고, 또 고르게 검소해서도 안 된다"라고 한 것은 이것을 말한 것이다. 대체로 예는 그때그때의 경우에 알맞게 하지 않으면 안 된다는 것이다(『예기』〈예기(禮器)〉: 669).

이런 의미에서 '중(中)'은 곧 '시중(時中)'의 의미를, 상황에 따른 최적의 선택의 의미를 함축하고 있다고 보는 것이 좋을 것이다. 이와 관련하여 필자는 특히 우리의 주목을 끄는 중요한 사실 하나를 지적하려고 한다. 우선 다음에 인용된 구절들을 살펴보자.

위(衛)나라 장군인 문자(文子)가 죽고 이미 제상(除喪)한 뒤, 월(越)나라 사람이 조문하러 왔다. 상주가 심의(深衣)에 연관(練冠) 차림으로 사당에서 기다렸다가 눈물을 흘렸다. 자유가 보고 말하기를, "장군 문씨 아들이 하는 일이 예에 가깝구나. 예제(禮制)에 없는 그의 거동이 예에 맞구나"라고 하였다(『예기』〈단궁(檀弓) 상〉: 241).
공자가 말씀했다. "사(師)야! 너는 꼭 궤(几)와 자리를 깔고, 승강(昇降)하고 잔을 올리고 수작(酬酢)을 한 연후에야 이것을 예라 이른다고 생각하느냐? 너는 꼭 체조(綴兆)를 행하고, 우약(羽籥)을 일으키고, 종고(鐘鼓)를 울린 연후에야 이것을 악(樂)이라 이른다고 생각하느냐? 말하고서 그것을 실행하는 것이 곧 예요, 행하고서 그것을 즐거워하는 것이 곧 악(樂)인 것이다"(『예기』(하)〈중니연거(仲尼燕居)〉: 1286).
공자께서 大廟에 들어가 每事를 물으시니, 혹자가 말하기를 "누가 鄹땅 사람의 아들(孔子)을 일러 禮를 안다고 하는가? 大廟에 들어가 每事를 묻는

구나” 하였다. 孔子께서 이 말을 들으시고 말씀하시기를 “이것이 바로 禮이다”라고 하셨다(『논어(論語)』〈팔일(八佾)〉: 93).

첫 번째 구절은 이미 상을 벗은 뒤 조문을 온 사람을 어떻게 대해야 하는지에 관하여, 즉 적절한 예법에 관하여 예제에는 규정된 바가 없는 상황을 배경으로 하고 있다. 이때 상주가 한 행동을 자유는 그 상황에 비추어 가장 적절했던 것으로 평가하고, 예에 맞다고 칭찬한 사실을 기록한 것이다. 두 번째 구절은 공자의 언급으로서, 예의 본질은 그 외적인 형식들에 있다기보다는 마땅히 해야 할 일이 실제로 행해지는 데 있음을 강조하고 있다. 그가 지적하고 있듯이 말을 했다면 그 말을 실천에 옮기는 것이 마땅히 해야 할 일이며, 만약 임금에게 충성을 하는 것이 마땅하다면 실제로 충성을 하는 것이 예라는 것이다. 세 번째 구절의 내용과 관련하여 공자는 이미 대묘에서 진행될 모든 예제와 예법에 대해 이미 알고 있었다고 짐작하는 것이 이 글의 취지를 이해하는 데 관건이 되리라고 본다. 그렇다면 왜 공자가 알고 있는 사실을 구태여 묻고 있었는지 하는 점이 의문일 것이다. 참고로 이야기하자면 묻는다는 것은 예에 규정된 제사의 예법에는 없는 행동이었을 것이다. 그렇다면 의문은 왜 예법에도 없는 행동을 하면서 그것이 바로 예라고 대답을 했느냐 하는 것이다. 대답은 간단하다. 어떤 상황 가운데서 아는 척하며 일을 진행하는 것보다 물어가며 일을 하는 것이 그 일과 상대방에 대한 공경을 표시하는 것이고, 따라서 적절한 행동이라면, 그 상황에서는 바로 그것이 예가 된다는 것이다. 이렇게 보았을 때 위의 세 개의 일화는 중용, 곧 ‘시중(時中)’의 원리가 예가 지향하는 기본적인 정신의 하나라는 점을 시사하고 있다는 점에서 공통성을 갖는다. 알려진 예법이 없는 경우에도 곧 예가 이루어질 수 있다고 보는 것은 바로 위에 든 예들이 보여주듯이, 어떠한 경우에도 윤리적으로 최적의 선택은 이루어질 수 있다는 이유 때문일 것이다.

아마 『중용』에서 '중용'이라는 개념과 함께 가장 큰 비중을 점하는 개념은 '성(誠)'일 것이다. 그런데 적어도 원문의 내용 자체를 놓고 보았을 때는 중용이라는 개념과 관련된 맥락에서 성이 차지하는 의미는 그다지 명료하지는 않다는 것이 필자의 인상이다. 이와 같은 내용상의 괴리는, 『중용』에 대한 해설에서 김학주(2006b:5)가 소개한 왕백(王栢)의 주장을 따른다면, 원래 두 편의 글을 『예기』의 편찬자가 하나로 묶어 편입시킨 데 따른 결과로 짐작될 수 있을 것이다. 물론 예와 관련하여 '성(誠)'이란 마음가짐이 매우 중요한 연관성을 가지고 있음은 능히 짐작할 수 있는 것으로 여겨진다. 필자가 판단건대 '성' 즉 정성(精誠)스러운 마음을 예를 들어 가장 알기 쉽게 설명하는 부분은 『중용』의 다음과 같은 구절로 여겨진다.

> 배우지 않는다면 몰라도 배울 적에는 배우지 못한 것을 그대로 두지 않아야 한다. 묻지 않는다면 몰라도 물을 적에는 알지 못하는 것을 그대로 두지 않아야 한다. 생각하지 않는다면 몰라도 생각할 적에는 터득하지 못한 것을 그대로 두지 않아야 한다. 분별하지 않는다면 몰라도 분별할 적에는 분명하지 않은 것을 그대로 두지 않아야 한다. 행하지 않는다면 몰라도 성실히 행하지 않는 것을 그대로 두지 않아야 한다. 남이 한 번 해서 그것을 할 수 있게 되었다면 자기는 그것을 백 번 하고, 남이 열 번 해서 그것을 할 수 있게 되었다면 자기는 그것을 천 번 한다(『중용』: 92-93).

따라서 예의 실행에 있어서 '성'이 차지하는 중요성은 자명한 것으로 여겨진다. 즉 사람들이 예법을 지킬 때는 정성과 최선을 다해 그것을 실행하도록 노력해야 한다는 것은 매우 당연한 주장으로 생각된다. 『예기』에서 "[예를 행하는 사람의] '성의(誠意)'는 예의 근본"이다(〈예기(禮器)〉:

659)라고 지적한 것은 아마 이러한 의미에서였을 것이다. 이러한 의미에서 '중용'과 '성'은 각각 예의 정신을 특징짓는 중요한 개념으로 인식되어 왔다는 것은 이해될 수 있는 일이다. 그러나 한 편의 책에 나타나는 이 두 개의 핵심적인 개념이 예 사상의 전체적인 맥락에서 서로 어떤 연관성을 지니고 있는지에 관해서 판단할 수 있는 단서는 제공되지 않고 있다.

4) 차별성

근대에 이르기까지 모든 동아시아 사회가 그러했거니와 『예기』의 배경이 되는 고대 중국 사회 역시 엄격하게 차별화된 사회였다. 신분상에서, 직계(職階)상에서, 남녀 간에, 연령차에서, 적첩(嫡妾)과 적서(嫡庶) 같은 혼인 및 출생신분상에서 특권과 제약에 따른 상대적 우열의 관계가 엄격하게 제도화된 사회였다. 이는 사회질서가 곧 차별적 질서였음을 의미한다. 즉 규정된 신분상의 지위에 차별적으로 부여된 행동 규범에 따라 적절히 처신함으로써 신분적 차별성을 유지하는 것이야말로 사회에 질서가 존재하고 그것이 유지되는 가장 중요한 요건으로서 인식되었다는 것이다.

이렇게 보았을 때 『예기』에 실린 모든 예법에서 중요하게 부각되는 본질적 측면이 하나 있다. 그것은 많은 예법들은 기존하는 차별적 신분질서를 유지하는 데 핵심적 기능이 있는 것으로 판단된다는 것이다. 이는 개인 또는 집단의 행동 및 생활양식들을 규정한 예법들 자체가 행위자와 그 상대방의 신분에 따라 엄격하게 차별화되어 있다는 사실에서 분명하게 드러난다. 또한 복장, 장신구, 음식, 언어사용을 포함하는 모든 생활영역들에서 신분의 차이에 따라 차별화된 규범들이 매우 상세한 형태로 규정되고 있다는 사실에서도 극명하게 드러난다. 모든 예절들이 행동을 수행하는 당사자라든지 행위의 대상이 되는 사람들의 신분에 조응하여 차별화됨으로써 예절은 곧 신분에 맞는 행위임을 보여주는 사례들은『예기』전편에 걸쳐 헤아릴 수 없을 정도로 나타나고 있다. 다음의 예들은 예에 있어서 그와 같은 신분적 차별성을 특징적으로 보여준다.

천자는 천지를 제사하고, 사방(四方)을 제사하며, 산천을 제사하고, 오사(五祀)를 제사하되 해마다 골고루 한다. 제후는 방사(方祀)를 지내고, 산천을 제사하며, 오사(五祀)를 지내되 해마다 고루 한다. 대부는 오사를 지내되 해마다 고루하고, 사(士)는 그 조상을 제사한다……. 천자는 희우(犧牛)로 제사하고, 제후는 살진 소로 제사하며, 대부는 좋은 소를 구입해서 제사하고, 사는 양이나 돼지로 제사한다(〈곡례 하〉: 171).

천자가 죽는 것을 붕(崩)이라 말하고, 제후는 훙(薨)이라 하며, 대부는 졸(卒)이라 하고, 사(士)는 불록(不祿)이라 말하며, 서인(庶人)은 사(死)라고 한다(〈왕제〉: 411).

천자로부터 서인에 이르기까지 상례는 죽은 자의 신분에 좇고 제례는 산 사람의 신분에 좇는다. 지자(支子)는 제사를 받들지 않는다(〈왕제〉: 411).

국과 밥은 음식의 주요(主要)한 것이다. 그러므로 제후 이하 서인(庶人)에 이르기까지 차등(差等)이 없다. 대부는 상선(常膳, 곁에 두는 미식)이 없다. 70이 되어서야 비로소 각(閣, 음식을 두는 선반)을 마련할 수 있는 것이고, 각의 수효도 그 신분의 높고 낮음에 따라 구별이 있는 것이다. 즉 천자의 각은 좌측 협실에 5개, 우측 협실에 5개가 있고, 공·후·백·자·남은 5개인데 방안에 마련한다. 대부는 3개인데 역시 방안에 마련하며, 사(士)는 흙으로 만든 점(坫)으로 이것을 대용하는데 그 수효는 하나로써 역시 방안에 마련해야 하는 것이다(〈내칙〉: 771-2).

임금이 죽으면, [복(復)을 행하기 전에] 먼저 상주가 될 자는 울고 형제는 곡

하며 부인(婦人)은 곡용(哭踊)을 한다. 그리고 유체(遺體)를 당상(堂上)에
안치하고부터는 세자(喪主)는 동쪽에 앉고, 경(卿)·대부·장로(長老) 및 친
족의 자제들은 동쪽에 서며, 관원이나 일반 사(士)들은 당하(堂下)에 북면하
고 서서 곡한다. 또 부인(婦人)은 유체의 서쪽에 앉고 [죽은 임금의] 여관(여
관)들과 친족인 부인 및 그 딸들은 서쪽에 서며, 또 대부의 아내들은 그의
친족 부인(부인)들을 데리고 당상에 북면하고 서서 곡한다. 또 대부가 죽었
을 경우에는 상주는 동쪽으로, [죽은 사람의] 아내는 서쪽으로 앉고, 또한 친
족에 명부(명부)와 명부(명부)가 있으면 그 사람들은 앉으며, 다른 사람들은
모두 선다. 또 사(사)가 죽었을 경우에는 상주나 장로(장로)들 및 아들이나
손자들은 모두 동쪽에 앉고 [죽은 사람의] 아내, 고모, 자매들이나 친족의 부
인과 그 딸들은 모두 서쪽에 앉는다(〈상대기(喪大記)〉: 1110-1).

임금의 관(棺)은 삼중(三重)으로 하고 대관(大棺)이 8촌이고 촉(屬)이 6촌이
며 벽(椑)이 4촌이다. 상대부(上大夫)는 2중으로 8촌과 6촌, 하대부는 2중
으로 6촌과 4촌이다. 그리고 사(士)의 관은 두께가 6촌이다. 또 임금은 관
의 내부에 붉은색과 초록색의 비단을 바르지만 잡색(雜色)의 금으로 된 못
을 사용한다. 또 대부는 관의 내부에 검은 색과 초록색의 비단을 바르지만
여기에는 쇠뼈로 만든 못을 사용한다. 사(士)의 관의 내부에는 검은 색의 비
단을 바르고 초록색은 사용하지 않는다. [바를 때는 쇠뼈로 된 못을 사용한다]
또 임금을 위해서는 관의 뚜껑[의 판자의 이음매]에 옻칠을 하고 임속(衽束:
연결하는 기구)을 3개 사용한다. 대부를 위해서는 옻칠을 하고 임속을 2개
사용한다. 그리고 사(士)를 위해서는 옻칠을 하지 않고 임속을 2개 사용한
다. 또 임금과 대부를 위해서는 그 두발(頭髮)과 손발톱을 관의 귀퉁이에 넣
으나 사(士)[의 머리카락과 손발톱]은 파묻는다. 또 임금의 빈장(殯葬)에는 춘
(輴)이란 구거(柩車)를 사용하는데 그의 사방에 나무를 쌓아올려 관보다 높
게 하고 모두 흙으로 맥질한다. 또 대부의 빈장에는 관을 관의(棺衣)로 덮고
서벽(西壁)에 바짝 당겨놓고 나머지 세 군데에 나무를 쌓아 관보다 낮게 하

고 흙으로 맥질한다. 사(士)의 빈장에는 관을 흙 속에 넣고 뚜껑의 임(袵)을 뚜껑 밖으로 나오게 하며 그 위에 나무를 쌓고 흙을 바른 다음 그것을 장막으로 덮는다. 또 빈장을 할 때 찐 쌀을 놓는 습관이 있는데 임금에게는 서직도량(黍稷稻粱)의 네 종류를 두 그릇씩, 대부에게는 서직량(黍稷粱) 세 가지를 두 그릇씩, 사(士)에게는 서직(黍稷) 두 종류를 두 그릇씩으로 규정되어 있고 모두 말린 생선이나 고기를 곁들인다(〈상대기(喪大記)〉: 1145-6).

위에 인용된 예들을 통해서 우리는 개인들의 신분에 따라 제사를 지내는 대상과 형식이 다르게 규정되고 있으며, 동일한 사실을 일컬을 때도 신분에 따라 사용되는 명칭이 차별화되고 있고, 상례는 죽은 자의 신분에 따라 그리고 제례는 산자의 신분에 따라 차별화되는 것이 예의 한 원칙으로서 준수되고 있음을 알 수 있다. 또한 국과 밥과 같은 기본적인 음식을 제외하고는 허용된 음식에 대해서도 신분에 따른 차별이 규정되고 있으며, 상례에 임하는 사람들의 범위나 위치, 행동 역시 각자의 신분에 따라 분명한 차별이 이루어지고 있고, 죽은 자의 신분에 따라 관의 크기, 형태, 장식 등에서 차이가 매우 정교하게 규정되고 있다. 이러한 신분적 차별성은 빈장(殯葬)의 경우에서도 마찬가지로 나타나고 있다. 이미 앞에서 지적하고 있듯이 『예기』 전편을 통해서 살펴본다면 위에 인용된 사례들은 예가 곧 신분적 차별성에 기반을 두고 있다는 사실을 보여주는 단편적인 몇 가지의 예에 불과하다는 사실을 알 수 있을 것이다. 결론적으로 예는 광범위한 생활 역영에서 개인 및 집단의 신분에 따라 그들의 행동과 생활양식을 규제하는 규율의 체계이며, 그 기본적인 기능의 하나는 곧 기존하는 신분질서의 유지와 강화에 있었음을 알 수 있다.

『예기』에는 예가 있어야 할 이유가 차별적 신분질서를 유지하는 데 그것이 필요하기 때문이라는 점을 매우 명료하게 지적하는 구절들이 곳곳에서 눈에 띈다. 이는 차별적 사회질서를 유지하는 데 있어서 예가 수행하는 핵심적 역할과 예의 본질적 특성에 대해 고대 중국의 지식인들 간에 매우 분명한 인식이 존재하고 있었다는 사실을 알려준다. 예의 역할이 신분적 질서를 유지하는 데 있었다는 이와 같은 인식은 『예기』를 관통하는 하나의 기본적 관점을 이루고 있으며, 이는 다음과 같은 구절들을 통해 증언이 되고 있다.

이리하여 예라는 것은 군신의 도리를 밝히고, 부자의 정을 두텁게 하며, 형제의 사이를 화목하게 하고, 상하(上下)의 질서를 정제하며, 부부 사이를 구별한다. 이와 같이 해서 평화로운 사회가 실현되는 것을 하늘이 복을 내려주었다고 말한다(〈예운(禮運)〉: 626).

예는 반드시 천도를 기본으로 발전하여 땅의 도(道)를 취하였으며, 백 가지 사물의 성질을 참조하여, 시기에 응하여 의식에 변화를 준다. 또 예를 거행하는 사람의 신분에 따라 의식에 차이를 두고 있으며, 사람들 각자가 그 차이를 지켜야만 의(義)로운 것으로 되어 있다. (……) 이렇기 때문에 예는 인간 생활을 원활하게 하기 위한 요건(要件)인 것이다. 인간은 예를 행함으로써 서로 신뢰와 친목을 두텁게 할 수 있고, 단결을 튼튼하게 할 수가 있다(〈예운(禮運)〉: 649).

복상(服喪)의 규정은 친소(親疎)·존비(尊卑)·장유(長幼) 및 남녀 차등(差等)이나 차이에 응하여 구별이 되도록 하는 것이며, 이들의 차이나 차등은 인간 도덕상 극히 중대한 질서인 것이다.(〈상복소기(喪服小記)〉: 874).

예가 아니면 군신·상하·장유(長幼)의 지위를 분별할 수 없게 되며, 예가 아니면 남녀·부자·형제의 친함과 혼인·소삭(疎數)의 사귐을 분별할 길이 없게 되는 것입니다(〈애공문(哀公問)〉: 1262).

예가 일어나면 민중이 다스려지는 것이요, 예가 쇠퇴하면 민중이 어지러워지는 것이다……. 옛날에 성제(聖帝)와 명왕(明王)과 제후가 귀천·장유·

원근(遠近)·남녀·외내(外內)를 분별해서 감히 서로 분수를 넘치는 일
이 없게 했으니, 이는 모두 이 길에서 나온 것이다(⟨중니연거(仲尼燕居)⟩:
1286-7).

이상과 같은 기록들은 신분적 차별성이야말로 예의 한 기본적 속성이
며, 예가 존재하는 근본적 이유 가운데 하나가 곧 신분질서의 유지에 있
었다는 사실을 매우 분명하게 보여준다. 그러나 이와 같은 점이 강조되
는 가운데 다른 한편으로 주목을 요하는 한 가지 중요한 사실이 있다.
그것은 예의 차별성은 사회적으로 차별적 지위를 가진 사람들 간에 교환
되는 외형적 행위와 관련된 속성이라는 것이다. 그런데 예의 정신은 적
어도 그것이 이상으로서 추구하는 바에 있어서, 사람들에게 주어진 신
분에 따라 각자 지켜야 할 차별화된 행동 규범의 준수만을 일방적으로
강조하는 데 역점이 두어지고 있지만은 않다는 것이다. 우리가 앞부분
에서 이미 살펴보았듯이 예의 한 본질은 "상대방에 대한 존경"이 담겨
있어야 한다는 인식이었다. 상하 간 우열의 관계가 가장 중요하게 작용
하는 현실적 상황 하에서도 같은 동료 인간에 대한 어떤 수준에서의 존
중이나 배려는 예의 일반적 정신으로서 예법이라는 형식 속에 담아 형
상화하고자 하는 인간관계의 바람직한 모습이었던 것으로 여겨진다. 물
론 예가 본질적으로 차별적 질서의 유지와 뗄 수 없는 연관성을 지니고
있다는 것은 부인할 수 없는 사실일 것이다. 그러나 이를 인정할 수밖에
없다 할지라도 중요한 또 하나의 사실은 그와 같은 불평등 질서의 틀 속
에서 상호존중을 통해 화합의 질서를 추구하고자 하는 의도 역시 예에
대해서 매우 중요한 명분을 제공하고 있다는 것이다. 즉 '차별성'과 함께
아랫사람들에 대한 자애와 배려 등을 통한 '화합' 역시 예의 이념(理念)을
구성하는 중요한 축을 형성한다고 볼 수 있다. 이렇게 보았을 때 다른
한 측면을 도외시하고 차별성의 측면만을 일방적으로 강조하려는 시도

는 예의 본질에 대한 편향된 시각을 낳을 우려가 있다.

위에서 지적된 점과 관련하여 주목을 끄는 한 가지 흥미로운 사실이 있다. 먼저 〈악기(樂記)〉편에 나오는 다음과 같은 구절들을 살펴보자.

> 음악은 사람들[의 마음]을 화합시키고 예의는 사람들[의 신분]의 차별을 분명하게 한다. 화합하면 서로 친하고 차별을 분별하면 존경할 줄 안다. 그러나 음악의 감화(感化)가 지나치게 강하면 화합이 무질서해지고 예의의 효과가 강하면 사람들의 마음이 이반(離反)한다. 그러므로 적의(適宜)하게 사용해서 인정(人情)을 상통(相通)시켜 예법을 익히게 하는 것이 예악의 효용(效用)이다. 예의가 지켜지면 귀천(貴賤)의 분별이 분명해진다. 음악의 화합의 힘이 작용하면 상하(上下)가 서로 친한다(〈악기(樂記)〉: 975-6).
> 예는 사물을 차별하고 사람의 마음을 한결같이 존경하게 하는 것이고, 악(樂)은 가지가지의 다른 곡절에 의해 사람의 마음을 한결같이 친애하게 하는 것이지만 양자(兩者) 모두 [세계에 조화를 가져오는] 본질에 있어서는 같다(〈악기(樂記)〉: 978).

위의 기록들은 우선 예나 음악이나 모두 사회통합에 기능이 있다는 사실을 주장하고 있다는 점에서 눈을 끈다. 그러나 예만을 통해 이루어지는 차별적 신분질서는 그것이 지나치게 강화되는 경우에는 오히려 갈등을 유발하게 된다는 점에서 한계를 지니게 된다. 이에 비해 음악은 사람들 간의 정서적 융합을 가져오는 데 기여한다는 점에서 예와 더불어 사회통합에 기여한다는 주장을 펴고 있다. 이러한 주장 역시 차별성이 예의 한 본질적 측면이라는 사실을 인정한다고 하더라도 그것이 예 이념에서 차지하는 상대적 중요성에 대해서는 신중한 해석을 요한다는 것을 시사한다.

예 사상에서 차별성이 차지하는 중요성에는 그것으로부터 나타날 수 있는 부작용에 대한 인식과 함께 어떤 선에서 한계가 그어지고 있다는 점이 강조될 필요가 있다. 그러나 이러한 주장을 받아들인다 하더라도 차별성에 비하여 공경(恭敬)이라든지 음악과 같은 통합지향적 요소들이 갖는 중요성을 너무 과장해서 강조하는 정도에까지 이르는 것 또한 지나친 해석이라고 생각된다. 필자의 판단으로는 유교적인 관점에서 이해된 '공경'이 인간이면 누구나 보편적으로 지니고 있는 존엄성에 대한 존중을 의미하는 것은 아니기 때문이다. 한문이 사용되는 문화권에서 공경이란 말은 윗사람으로부터 신분적으로 낮은 사람들을 향해서는 통상 사용되지 않은 용어로서, 이는 '윗사람에 대한 존경'의 의미를 이미 그 안에 강하게 담고 있기 때문이다. 이러한 의미에서 공경이란 용어 역시 이미 그 안에 신분의 차별성을 함축하는 의미를 담고 있다는 것이 보다 정확한 평가일 것이다. 즉 동양 사회에서 존경이란 이미 그 안에 사회의 기존하는 차별적 신분질서 속에서 형성된 우리의 태도를 반영하고 있다는 것이다. 다시 강조를 위해 다른 말로 표현하자면, '존경'이란 기본적으로 상하 양방적이기보다는 대체로 상향적인 개념으로서의 성격이 강하다는 것이다. 따라서 동등한 존재로서 그러나 단지 사회적으로 낮은 지위에 있는 사람들을 포함하여 모든 인간의 보편적 존엄성에 대한 존중을 뜻하는 의미에서 '공경'의 개념이 과연 존재하고 있었는지는 의문이다. 여기서 한 가지 유념해야 할 사실 가운데 하나는 한자어는 문자 하나하나가 어떤 특정의 의미를 형상화한 뜻글자(表意文字)라는 점이다. 예를 들자면 같은 '지배자'를 지칭한다 하더라도 "힘과 속임수"로 군림하는 지배자와 "덕과 인자함으로써" 다스리는 지배자에 대해서는 그 뜻에서 구분을 요하기 때문에 '패(霸)'와 '왕(王)'이라는 각기 다른 의미를 지닌 명칭이 사용되었다.[41] 바로 이러한 맥락에서 '경' 역시 존경의 의미를 담고

41　以力假仁者霸 以德行仁者王,『맹자』〈공손축장구상(公孫丑章句上)〉:3.

있으되 (매우 예외적인 경우를 제외하고는) 모든 사람들에 대해서 차별 없이 사용되는 의미에서의 존경의 의미를 표현하고 있다고는 생각되지 않는다. 그리고 이렇게 보았을 때 『예기』의 서두에 씌어진 "무불경(毋不敬)," 즉 "공경하지 않는 것이 없다"라는 표현을 해석하는 데는 주의를 요한다는 것이 필자의 판단이다. 위에서 이미 인용한 바 있는 구절들을(〈상복소기〉: 874와 〈애공문〉: 1262로부터 인용문) 살펴본다 하더라도 '존경'에는 신분이 차별화된 조건 하에서 아래 사람이 윗사람을 자신의 지위에 알맞은 태도로서 대우하는 의미를 보다 강하게 담고 있다고 보는 것이 타당한 해석일 것이다. 물론 '존경'이란 말에 윗사람 역시 아랫사람을 높인다는 의미를 동시에 내포하는 경우도 드물게는 가능할 것이다. 그러나 이 경우에 보다 적합하게 표현한다면, 존경이라는 말보다는 '배려', '자애(慈愛)'와 같은 '하향적'인 언사를 사용하는 것이 보다 일반적이며, 적절할 것이다. 예를 들어 부모가 자식을 존경한다는 말을 사용하는 것은 매우 부적절하고 드물 것이며, 대체로 자애롭게 대한다든지 배려한다는 말이 훨씬 적절하고 자주 사용되는 언사일 것이다. 이러한 차이는 곧 예법에 있어서 신분적 차별성은 예의 다른 모든 특성에 우선하는 가장 중요한 요소로서 작용하고 있음을 보여준다.

5) 윤리적 및 부호적 상징성

전체적으로 판단건대 예는 단순히 제도화된 인간의 행동 또는 생활양식을 지칭하는 용어가 아니라는 것은 분명하다. 예는 인간 행동 또는 생활양식들 가운데 어떤 내용의 규범적 조건을 충족시키는 종류에 속하는 것을 선별적으로 지칭하고 있다는 점에 관해서는 이 책의 2장의 서두 부분에서 이미 언급된 바 있다. 그와 같은 규범적 조건 가운데 중요한 것으로 지적될 수 있는 것이 윤리적 상징성이다. 어떤 예법이라든지 제도, 또는 문화적 양식은 그것의 외양이라든지, 행위 과정, 기원한 유래 등에 의해 주어진 공동체의 구성원들에 의해 윤리적으로 해석될 수 있는 의미가 부여되고 있다면 윤리적 상징성을 갖는다고 말할 수 있다. 간단한 예를 들어 고개를 깊숙이 숙여 절을 하는 것은 대부분의 동양사회에서는 전통적으로 상대방을 존중하는 마음을 표현하고 있는 것으로 간주되고 있다. 우리 사회에서 절하는 행동을 그와 같이 상대방에 대한 존중의 의미를 지닌 행동으로서 이해되고 있는 경우에 우리는 절하는 행동이 타인에 대한 존중이라는 윤리적 의미를 표상하고 있다고 말할 수 있을 것이다. 예제 또는 예법에 규정된 모든 행동 또는 문화적 양식은 바로 이러한 의미에서 고대 중국의 유학자들이 지켜야 한다고 생각했던 윤리적 가치를 그 행동 또는 문화적 양식 속에 표현하고 있다는 의미에서 윤리적 상징성을 지닌다고 특징지을 수 있다. 『예기』〈삼년문(三年問)〉편에는 다음과 같은 구절이 실려 있다.

> 공자(孔子)가 말씀했다. "자식이 태어난 지 3년이 된 뒤라야 비로소 부모의 품을 떠난다. 대체로 3년의 상은 천하의 공통된 상법(喪法)인 것이다(〈삼년문(三年問)〉: 1479).

설명하자면 부모가 돌아갔을 때 지키는 3년 상은 자식들이 자식이 태어나서 3년이 지날 때까지 부모의 품에서 자란 기간을 상징하고 있기 때문에 그와 같은 부모의 노고를 기억하는 자식으로서는 "바꿀 수 없는 도(道)"(〈삼년문(三年問)〉: 1473), 즉 예로서의 의미를 지니고 있다는 것이다. 또한 〈제통(祭統)〉편에는 (임금이 지내는) 제사의 절차와 과정 및 그 상징적 의의를 설명하고 있는데, 그 핵심적 내용은 "제사에 있어서 (모든 절차와 과정에는) 열 가지의 윤리(倫理)가 표명(表明)"되고 있다는 것으로 요약될 수 있다. 즉 제사를 지내는 과정에서 거치는 하나하나의 절차에는 인간 사회에서 "첫째는 귀신(鬼神)을 섬기는 것, 둘째는 임금, 셋째는 부자(父子), 넷째는 귀천(貴賤), 다섯째는 친소(親疎), 여섯째는 수작(授爵)과 은상(恩賞), 일곱째는 부부, 여덟째는 정치의 공정(公正), 아홉째는 장유(長幼), 열째는 상하(上下)의 교제"와〈제통(祭通)〉: 1233) 관련하여 지켜야할 10가지의 윤리적 원칙들을 상징적으로 함축하고 있다는 데서 그 의의를 찾을 수 있다는 것이다. 여기에서는 이 부분을 전체적으로 살펴보기는 어렵기 때문에 그 마지막에 해당되는 부분만을 추려서 살펴보도록 한다.

또 [열 번째로] 제례에서 남은 제물이 휜포적혼(煇胞翟閽)과 같은 하급 관리에게까지 주어지는데 이는 윗사람이 아랫사람에게 은혜를 베푸는 것을 표명하는 것이며, 그것은 오로지 덕이 있는 임금이라야 비로소 실행할 수 있는 것이다. 즉 그 임금이 밝히 살펴야 아랫사람의 정(情)을 알 수 있고 인자(仁慈)해야만 혜택을 베풀 수 있는 것이다. 본래 비(畀)라는 말은 주는 것을 뜻하며 윗사람이 자기 소유의 나머지를 아랫사람에게 주는 것이다. 또 휜(煇)이란 갑옷을 만드는 하역(下役)이고, 포(胞)는 가축의 고기를 만드는 하역이며, 적(翟)은 악인(樂人)의 하역이고, 혼(煇)은 문지기의 하역이다. 이 네 가지는 관원의 가장 낮은 계급이다. 이에 비하여 시(尸)는 최고 지위에 있다. 임금은 제사에 있어서 시(尸)에게 응접한 후 제물을 나누어줌에 있어서 최하급의 관원에게까지 잊지 않고 나머지를 그들에게 주는 것이다. 그러므로 명군(明君)이 위에 있으면 경내(境內)의 백성에게는 굶거나 얼어죽는 사람이 없을 것이며, 이와 같은 것을 상하(上下)의 올바른 교제라고 하는 것으로 그것이 제례를 통해서 지시되는 것이다.

위 구절의 내용은 왕이 지내는 제사에서 남은 음식을 모두에게 골고

루 나누어주는 것은 상하의 올바른 관계를 상징하는 의식으로서의 의미
를 지닌다는 것이다. 이와 같이 예가 갖는 본질적 의의가 모든 예절과
의식이 상징적으로 표현하는 윤리적 의미들에 귀착되고 있다고 보는 시
각은 『예기』 전편의 모든 기록에 걸쳐 거의 일관되게 나타나고 있다. 예
와 도덕적 가치의 관계를 "윤리도덕이 예(禮) 없이 실현되지 않는다"고
표현한 『예기』의 한 구절은 그와 같은 예의 일반적 본질을 간결하게 표
현해주고 있다. 이를 뒤집어서 표현한다면 예란 결국 윤리적 가치들을
구체적 행위를 통해 표현하고 실현하기 위한 도구로서의 의미를 지닌다
는 뜻이 되기 때문이다. 다음에 인용되는 구절 역시 고대 중국의 유학자
들이 예에 대해 가지고 있었던 그와 같은 인식을 전형적으로 보여주는
많은 예 가운데 하나일 것이다.

음악이란 황종(黃鐘)이나 대려(大呂) 등의 여율(呂律:음정의 기준)이나 현음
(弦音)에 맞춘 노래나, 방패와 도끼를 들고 춤추는 것 등을 말하는 것은 아
니다. 그들은 음악의 가지나 잎에 지나지 않으므로 어린이라도 춤출 수가
있다. 또 연석(宴席)을 펴고 준(樽)이나 밥상을 진설(陳設)하여 요리를 준비
하여 당상(堂上)을 오르내리는 예법 등을 예라 한다면 그들은 예의 가지나
잎에 지나지 않는다. 그러므로 그러한 일은 관리들, 즉 유사(有司)가 이를
관장하는 것이다. 또 악사(樂師)는 음성(音聲)이나 시가(詩歌)에 대해 상세
하게 알지만 [이것도 가지나 잎에 지나지 않으므로] 신하로서 북면(北面)하여
앉아 현(弦)을 연주한다. 종축(宗祝), 즉 관원은 종묘의 예의에 대해 상세히
알지만 시동씨(尸童氏) 아래에 자리한다. 이러한 이치로 학덕(學德)을 수업
(修業)하여 군자가 된 자는 상위(上位)에 자리하고, 기예(技藝)를 익혀 전문
가가 되면 하위(下位)에 자리하며, 덕행(德行)이 뛰어난 자는 상위에 자리
하고, 사업에 능(能)한 자는 하위에 자리하는 것이다. 그러므로 고대(古代)
의 현왕(賢王)이 상하 선후 등의 한계가 정해져 있음으로써 천하의 통치가

유지되는 것이다(〈악기(樂記)〉: 1005).

　위의 글은 다소 장황하게 표현되고 있으나 그 요지는 간단한 것으로 여겨진다. 즉 예의 본질은 그 과정이나 형식 그 자체에 있다기보다는 그것들이 전체적으로 모여 표현하고 있는 윤리적 의미에 있다는 것이다. 위에 든 예로부터 우리는 종묘 제사에서 나름대로 신분과 직위를 가진 참여자들이 예식에서 차지하는 공간적 위치는 바람직한 상하의 질서를 형상화하고 있고, 종묘 제례의 의의는 바로 거기에서 찾을 수 있다는 주장을 읽을 수 있다. 곧 예가 가지고 있는 정당성은 그것을 통해 표현하고 있는 사실들이 갖는 윤리적 의의에 바탕을 두고 있다는 것이다.

　윤리적 상징성과 함께 예를 특징짓는 또 하나의 특성으로서는 "부호적(符號的) 상징성"으로 불려질 수 있는 측면을 지적할 수 있다. 이는 윤리적 상징성과 연관이 되면서도 동시에 구분될 수 있는 특성이기 때문에 별도의 설명이 요구된다. 우선 필자가 생각하기에 매우 적절하다고 생각되는 비유를 들어 부호적 상징성이 갖는 의미를 설명해보도록 하겠다. 무대 위에 전개되는 이야기는 배우들의 대사와 표정, 동작들, 무대 장치, 음악, 여러 가지 소도구들이 유기적으로 결합되어 형상화되는 산물이다. 이들 구성 요소들은 무대에서 전개되는 전체적인 상황의 형성에 각기 기여하는 의미를 나름대로 지니고 있을 것이다. 만약 전체적인 상황에 비추어 서로 맞지 않거나 적절치 않은 요소들이 존재한다면, 그것들을 통해 연출하고자 하는 상황을 실제로 그럴듯하게 형상화하는 데는 차질이 생길 것이다. 예를 들어 현재 여름이라는 계절임을 시사하는 대사를 주고받는 배우들이 입은 의상은 여름이라는 계절에 맞는 의상이어야 할 것이다. 이렇듯 무대 위에서 이루어지는 연희를 위해 동원되는 각종 요소는 유기적 형태로 결합되어 어떤 주제를 지닌 이야기를 형상화하게 된다. 이러한 의미에서 연희에 동원되는 여러 요소들은 각각 전체의 주제를 형성화하는 데 나름대로 기여하는 의미라든지 역할을 지니고 있다. 이를 다른 말로 표현해본다면 연희는 어떤 이야기를 무대 위에서 형상화하는 데 필요한 수단이 결합되어 이루어지며, 이러한 수단은 의도된 상황을 무대 위에서 실현하는 데 각기 기여하는 정보를 전달하는 '부호(符號)'로서의 역할을 수행한다는 것이다.

예가 무대 위에서 이루어지는 연희 행위에 비유할 수 있는 특성을 지니고 있다고 보는 이유는 예는 무엇보다도 먼저 상징적 행위이며, 또한 어떤 행동 또는 행사가 예로서 갖는 의의를 표상하는 일련의 상징적 부호로 구성되고 있다는 점에서 찾을 수 있다. 예를 들어 제사는 그에 적합한 행동과 언어, 제의 순서, 규정된 종류의 음식, 의상, 기물과 같은 요소들이 결합되어 주어진 종류의 제사가 갖는 의미를 표현하는 행사로서 치러진다. 따라서 제사를 치르는 데 동원되는 각각의 요소는 주어진 종류의 제사가 전체적으로 갖는 의미와 유기적 연관성을 갖는 의미를 각기 지니고 있다. 예를 들자면 제사에서 사용되는 제기(祭器) 하나라도 주어진 제사가 갖는 의미와 부합되는 의미를 지닌 것이어야 하며, 그럼으로써 비로소 그 제사는 예(禮)를 이루는 것으로 간주된다. 바로 이러한 측면에서 상례, 제례, 혼례와 같은 행사에서 치러지는 절차라든지 복장을 비롯하여 사용되는 기물 등이 갖는 상징적 의의를 해설하는 내용이 『예기』에서 상당한 부분을 점유하는 있다는 사실은 중요한 의의를 갖는다. 즉 각종의 예제(禮制) 또는 의식(儀式)을 이해한다는 것은 곧 그것들이 표현하는 상징적 의미에 대한 이해이며, 그것들이 갖는 본질적 의의는 바로 그와 같은 의미적 측면에 함축되어 있기 때문이다. 그러면 그 구체적인 예로서 『예기』에 실린 다음의 구절을 살펴보자.

공자가 말하기를, "죽은 자를 보내는 데 있어서 예를 완전히 죽은 자로서 대하면 불인(不仁)하다. 그러니 그렇게 할 수 없다. 죽은 자를 보내는 데 완전히 산 자에 대한 예로서 극진히 한다면 지혜롭지 못하다. 그러니 그렇게 할 수 없다. 그런 까닭에 사자에게 쓰는 죽기(竹器)는 산 사람에게는 쓸 수 없게 만들었으며, 질그릇은 질이 거칠어서 광택이 없고, 목기(木器)는 소박하여 새기고 다듬은 무늬가 없다. 거문고와 비파는 비록 줄을 벌려 놓았으나 탈 수 없고, 우생(竽笙)은 비록 갖추었으나 불 수가 없으며, 종과 걸쇠는 비록 있으나 순거(簨簴)가 없다. 그것을 명기(明器)라고 하는 것은 신명(神明)의 도(道)로 대우하는 것이다"라고 하였다(〈단궁(檀弓) 상〉: 251).

위의 구절에 인용된 언급에서 공자는 죽은 자를 보내는 데 사용하기 위해 만든 명기들이 산 사람들이 사용하는 그것과 유사하게 만들었으면서도 실제로는 왜 사용할 수는 없도록 만들었는지 그 이유를 설명하고 있다. 우선 죽은 자를 산자를 대하는 것처럼 대우하는 것이 예이기는 하지만 산 자에게 대하는 것처럼 생시에 사용하던 물건을 그대로 부장(副葬)하는 것은 지혜롭지 못하기 때문에 유사하면서도 실제로는 사용할 수 없는 형태의 명기를 별도로 만들어 사용한다는 것이다. 왜 지혜롭지 못하다고 생각하는지에 관해서 공자는 별도의 언급을 통해서, 산 사람의 기물을 사용하는 것이 순장(殉葬)의 풍습과 흡사한 의미를 갖기 때문이라고 지적하고 있다(〈단궁(檀弓) 상〉: 311). 이로써 우리는 장례에 사용하는 명기가 만들어진 방식에는 삶과 죽음을 바라보는 고대 중국인들의 시각에서 나름대로 이해하고 있었던 이유들을 지니고 있음을 알 수 있다.

중국 고대 정신문화의 맥락에서 갖는 이와 같은 부호적 상징성은 장례의 절차라든지 거기에서 사용되는 복장이나 기물의 경우에는 물론이거니와 혼례라든지, 제사, 손님을 맞이하는 행사, 향음주례(鄕飮酒禮), 활쏘기(射禮)와 같은 여러 다양한 종류의 의례적 행사에 있어서도 마찬가지로 해당되는 현상이다. 『예기』에 나오는 다음과 같은 구절들은 의례적 행사가 함축하는 상징적 의의에 대한 인식을 보여주는 전형적인 예이다.

> 빈주(賓主)는 천지(天地)를 본뜨고, 개준(介僎)은 음양(陰陽)을 본뜬다. 삼빈(三賓)은 삼광(三光)을 본뜬 것이다. 이를 세 번 사양함은 월(月)이 3일로써 백(魄)을 이룬 것을 본뜬 것이고, 사면(四面)의 좌석은 사시(四時)를 본뜬 것이다(〈향음주의(鄕飮酒義)〉: 1542).
>
> 친영(親迎)을 할 때 대문에 나와서 남편이 앞 수레를 타고 앞서서 아내를 인솔하면 아내는 남편을 따라간다. 부부의 도리가 여기에서부터 시작된다. 즉 부인은 남에게 따르는 자이다. 어려서는 부형을 따르고 시집가면 남편을 따르며 남편이 죽으면 아들을 따른다……. 또 남자가 친영(親迎)에 나가기 위해 현면(玄冕)의 예복으로 재계하는 것은 귀신음양(鬼神陰陽)의 힘에 경의를 표하기 때문이다……. 또 노육(牢肉)을 함께 먹는 것은 [결혼하면] 아내의 신분은 남편과 동일함을 나타낸다. 즉 부인에게는 작위(爵位)를 내리는 일이 없고, 남편의 작위에 따르는 것이고, 회합 때의 석차(석차)에 있어서도 남편의 연령에 상응하는 자리에 앉는 것이다……. 혼례 다음날 신부는 깨끗하게 단장하고 아침식사를 시부모에게 올리며, 시부모는 식사를 끝내고 남고 먹은 것을 신부에게 주지만 이것은 며느리에 대한 자혜(慈惠)의 표시이다. 그리고 또 다음 날 시부모는 당상(堂上)에서 신부를 향응(饗應)하고 끝나면 두 사람은 서계(西階)로 내려오고, 며느리는 동계(東階)로 내려오게 하는데 이것은 신부에게 집안일을 맡긴다는 표시이다. 또한 혼례에는 음악을 사용하지 않는데 이것은 혼례를 음(陰)의 예로 알기 때문이다. 이에 대하여 음악은 양기(陽氣)에 속하는 것이므로 혼례에는 사용하지 않는다. 그리고 혼례를 축하하지 않는 것은 이 예가 세대(世代)의 교체를 표시하기 때문이다(〈교특생(郊特牲)〉: 731-2).

무릇 예의 대체(大體)는 천지(天地)를 형상하고 사시(四時)를 본받으며 음양(陰陽)을 법칙으로 하고 인정을 따른다. 그러므로 예(禮)라고 이른다. 이를 비방하는 자는 예로 말미암아서 난 것을 모르는 것이다. 대저 예라는 것은 길(吉), 흉(凶)이 도를 달리해서 서로 간섭함을 얻지 못한다. 이를 음양에서 취한 것이다. 상(喪)에 사제(四制)가 있으니, 변통해서 마땅함을 따르는 것은 이를 사시(四時)에서 취한 것이다. 은(恩)이 있고, 이(理)가 있고, 절(節)이 있고, 권(權)이 있으니 이는 인정(人情)에서 취한 것이다. 은이라는 것은 인(仁)이요, 이(理)라는 것은 의(義)요, 절(節)이라는 것은 예(禮)요, 권이라는 것은 지(知)다. 인·의·예·지의 인도가 갖추어져야 한다(〈상복사제(喪服四制)〉: 1600).

첫 번째 구절에서는 주인이 손님을 접대하는 예식이 이루어질 때 손님은 공경을 받는다는 의미에서 그 위치는 하늘에, 주인의 위치는 땅에 비유하고, 그들을 봉사하는 사람들은 천지가 만물을 양성하는 일을 돕는다는 의미에서 음양에, 손님 가운데 세 사람의 장자(長者)는 해와 달과 별에 비유하는 등으로 묘사가 이루어지고 있다. 곧 그 예식에 참여하는 사람들의 관계라든지 행동, 그들이 각기 차지하는 위치에는 자연 질서에 비유될 수 있는 어떤 의미가 내재되어 있고, 따라서 손님을 맞는 예는 그 자체의 의미를 넘어서 크게는 자연 질서의 한 부분이라는 독특한 관점에서 그 의의가 부각되고 있다. 예의 의미에 대한 이와 같은 관점은 세 번째로 인용된 구절 가운데 "무릇 예의 대체(大體)는 천지(天地)를 형상하고 사시(四時)를 본받으며 음양(陰陽)을 법칙으로 하고 인정을 따른다. 그러므로 예(禮)라고 이른다"라는 언급을 통해 아주 간결하게 요약되고 있다. 즉 예의 일반적 형식은 자연의 질서를 비유적으로 형상화하고 있으며, 인간 및 사회의 본질에 비추어 모두 합당한 이유를 가진 것이기 때문에 인간 사회에서 구현되어야 할 이상적 규범으로서의 위상을 지닌다는 것이다.

위에 인용된 두 번째 구절에서는 혼례의 절차가 갖는 의미에 대한 해설이 이루어지고 있다. 그 대체적인 내용은 결혼의 절차는 결혼을 통해서 형성될 가족 관계를 상징적으로 표현하는 의미를 지닌 행사로 이루어져 있다는 것이다. 즉 친영(親迎)에서 여자가 남자를 따라가는 것은 남편이 부인에 우선하는 부부의 도리를 상징적으로 표현하는 것이고, 신랑이 친영에 면관(冕冠)과 현복(玄服)의 예장을 착용하는 것은 새로운 세대를 이어가는 자로서 조상의 혼령에게 바치는 존경을 표시하는 의미를 내포하며, 한 도마에 담은 고기를 함께 먹는 의식은 일심동체로서 동일한 신분의 사람이 되었음을 상징하는 것이며, 혼례 다음날 시부모가 며느리에게 먹고 남은 음식을 주는 것은 시부모의 사랑을 표현하는 의미를 담고 있고, 그 다음날 이어지는 향응이 끝난 뒤 시부모는 서쪽 계단으로 내려오고 며느리는 동쪽 계단으로 내려오는데 이 의식은 새로운 결혼과 함께 집안일을 새 며느리에게 맡긴다는 것을 상징적으로 표현하기 위한 것이다. 덧붙여 혼례에는 왜 음악이 사용되지 않는지, 왜 축하의 말을 하지 않는 것이 예인지 하는 데 대한 이유를 밝히고 있다. 혼례의 절차에 대한 이 모든 설명은 곧 혼례를 통해 형성되는 가족관계 내지는 그 변화를 상징하는 의미를 담고 있다는 점으로 요약될 수 있을 것이다.

이로써 우리는 많은 의례적 행사에는 그것들이 상징하는 어떤 뜻이 담겨 있으며, 따라서 그러한 의미가 예의 한 본질적인 측면을 구성한다는 사실을 알 수 있다. 이와 더불어 주목을 요하는 한 가지 사실이 있다. 그것은 고대 중국인들이 모든 생활 영역에서 치렀던 의례적 행사는 그것들이 앞에서 지적된 바와 같은 의미에서 부호적인 상징성을 가지고 있었고, 그러한 이유에 의해서 그들의 가치 및 신념체계를 특징적으로 보여주는 매우 중요한 정보들을 담고 있다는 것이다. 예를 들어 우리는 장례의식을 통해서 단순히 당시의 장례의식이 어떻게 치러졌는지를 안다는 것을 넘어서 당시인들이 가지고 있었던 죽음과 삶의 세계에 대한 인식, 윤리관과 사회관, 인식체계와 정서의 특질 등을 살펴볼 수 있는 기회를 얻게 된다. 아마 이와 같이 의식이 함축하는 의미에 대해 비교적 명료한 읽기가 이루어질 수 있다는 것은 『예기』에 소재된 모든 예제(禮制)들에 대해 일반적으로 해당되는 특징일 것으로 여겨진다.[42]

6) 격식성과 융통성

예의 기본적 특징의 하나는 격식성에서 찾을 수 있다. 예의 명분 아래 인간들이 활동하는 거의 모든 생활 영역과 상황에 적용되는 매우 철저하고도 정밀하게 격식화된 규범이 발달 및 유지되어왔고, 이는 『예기』에 소재된 기록들을 통해 비교적 분명하게 드러나는 사실이다. 예의 이러한 특성은 장례, 제사, 혼례, 손님을 맞는 일, 연회(宴會), 활쏘는 일, 사냥, 군신관계, 부자관계, 사제관계, 부부관계 등을 비롯하여 일상생활에서의 예절에 이르기까지 광범위하게 해당이 된다. 또한 복장, 장식물, 사용하는 기물, 기(旗)와 같은 상징물들의 문화적 표현양식에도 해당되는 특성이다. 여기에서 말하는 격식성이란 주어진 상황 하에서의 행동

---

[42] 물론 고문(古文)을 해석하는 데는 학자들의 식견이나 관점에 따라 견해의 차이가 있을 수 있기 때문에 주어진 의식이 갖는 의미에 대해서 다른 해석이 존재하는 것은 불가피한 일이기도 할 것이다. 예를 들어 『논어』〈팔일(八佾)〉편의 "揖讓而升 下而飮"라는 구절의 "下而飮"에 대해 다산(茶山)은 활쏘기에 진 사람에 대한 봉양(奉養)으로서의 의미를 가진다고 해석함으로써 정현(鄭玄)의 "내려와 술을 마신다"라는 해석과는 상이한 의미를 부여하고 있다(금장태, 2006: 170 참조). 고전에 대한 해석의 차이에 따라 예가 갖는 의미에 대해 이와 같이 견해의 차이가 나타나는 현상은 피할 수 없는 일일 것이다. 그러나 중요한 사실은 주어진 의식의 의미에 대해 대체로 유교적인 관점에서 어떤 내용의 유의미한 해석이 가해지고 있고, 따라서 의례적 행위나 절차들이 본문에서 지적하고 있는 바와 같이 부호적 상징성을 지니고 있다는 점일 것이다.

규범이나 문화적 표현 양식들이 매우 정밀하고도 구체적으로 규정되어 있으며, 그와 같이 격식화된 행위 규범 또는 문화 양식에 대한 준수가 예를 이루는 하나의 조건이 된다는 사실을 지적하기 위한 개념이다. 이러한 의미에서 『예기』라는 책은 사람들이 준수하는 것이 바람직하고 또 기대되는 격식화된 행동 규범과 예제(禮制)를 모아서 소개한 예범(禮範)으로서의 성격을 갖는다고 특징지을 수 있을 것이다.

그것들이 준수됨으로써 예를 이루는 것으로 간주되는 행동 규범이라든지 문화적 표현 양식이 어느 정도로 정교하게 규정이 되고 있었느냐 하는 것은 현대인들이 행동하는 데 있어서 행사할 수 있는 자율성 내지 융통성의 범위와 비교해본다면 매우 극명하게 드러나는 특징이다. 다음의 두 가지 예를 살펴보자.

대부와 사(士)가 임금의 문을 출입할 때는 문궐(門闕)의 오른쪽을 경유하고 문지방을 밟지 아니한다. 무릇 객을 인도해 들어가는 사람은 문마다에서 객에게 먼저 들어가라고 사양한다. 객이 침문(寢門)에 이르면 주인이 객에게 말하고 들어가 자리를 편 뒤에 나와서 객을 맞아들인다. 객이 주인에게 먼저 들어가라고 굳이 사양하면, 주인이 앞에서 객을 인도하여 들어간다. 주인은 문안으로 들어가서 오른쪽으로 가고 객은 문안으로 들어가서 왼쪽으로 간다. 주인은 동쪽 계단으로, 객은 계단 서쪽으로 향한다. 만약 객이 주인보다 지위가 낮으면 주인이 오르내리는 계단인 계단 동쪽으로 향하여 간다. 주인이 굳이 사양하면, 객은 다시 계단의 서쪽으로 오른다. 주인과 객이 서로 먼저 올라가기를 사양하다가 주인이 먼저 올라가면 객이 뒤따라 올라가는데 한 계단마다 두 발을 모아가면서 걸음을 이어 올라간다. 계단 동쪽으로 올라갈 때는 오른 발을 먼저 내딛고, 계단 서쪽으로 올라갈 때는 왼쪽 발을 먼저 내디뎌야 하는 것이다(〈곡례 상(曲禮 上)〉: 68).

앉을 자리를 펼 때는 어느 쪽을 향하게 할까를 묻고, 누울 자리를 마련할 때

늘 발을 어느 쪽으로 두게 할까를 묻는다. 자리가 남향이나 북향일 때는 서쪽을 상좌로 하고 동향이나 서향일 때는 남쪽을 상좌로 한다. 만일 상대방이 음식 대접이나 하려고 초청한 손님이 아닐 경우에는 자리를 펼 때 자리와 자리 사이를 1장(丈) 정도의 간격을 둔다. 주인이 꿇어앉아서 자리를 바로잡으면 객이 꿇어앉아서 손으로 자리를 잡아 중지시키며 사양한다. 객이 포개서 깔아놓은 자리를 걷으려고 하면 주인이 굳이 그렇게 하지 말라고 사양하며, 객이 자리에 앉은 뒤에야 비로소 주인도 앉는다. 그리고 주객이 앉은 다음 주인이 먼저 객에게 인사말을 하기 전에 객이 먼저 말을 하지 않는다. 자리에 앉으려고 할 때는 부끄러워하는 얼굴로 당황해하는 태도를 취하지 말 것이며, 두 손으로 바지자락의 끝이 땅에서 한 자쯤 뜨게 치켜들어야 한다. 옷자락이 펄럭이는 일이 없어야 하며, 발을 미끄러지지 않도록 가만히 움직여야 한다(〈곡례 상(曲禮 上) 〉: 72-3).

손님을 접대하는 예절을 기술하고 있는 위 구절은 일반적인 생활예절 역시 얼마나 격식화되어 있고 정밀하게 규정되고 있는지를 전형적으로 보여준다. 주인이 손님을 맞을 때 각자의 행동, 이동할 때와 자리를 잡을 때 취하는 위치, 손님의 자리를 까는 방식, 착석할 때의 행동거지에 이르기까지 모든 과정에서 마땅히 지켜야 할 행동 규범이 매우 자세하게 지시되고 있다. 이와 같이 엄격하게 격식화되어 있는 예절은 손을 맞는 주인에 대해서뿐만 아니라 타인의 집에 유숙하는 손님에 대해서도 마찬가지로 적용된다. 예를 들어 다음의 구절을 보자.

여행 중 다른 사람의 집에 숙박할 때 내 집에서 하던 습관대로 무엇인가를 주인에게 굳이 요구해서는 안 된다. 마루에 올라가려고 할 때는 반드시 (안에서 들을 수 있도록) 소리를 높여서 말해야 하며, 문 밖에 두 사람의 신발이 놓여 있을 때는 말소리가 들리면 들어가고 말소리가 들리지 않으면 들어가지 말아야 한다. 문안으로 들어설 때에는 반드시 아래를 내려다보아야 하며, 문안으로 들어서면 양손을 문빗장을 잡을 때처럼 다소 높이 공수(拱手)를 해야 한다. 또 실내를 휘둘러보아서도 안 된다. 그리고 방문이 열려 있으면 자기가 들어간 후에도 열어두고 닫혀 있으면 닫는다. 또한 자기를 뒤따라 들어오는 사람이 있으면 문을 완전히 닫지 말아야 한다. 남의 신을 밟지 말아야 하며, 남의 좌석을 밟지 말아야 한다. 안쪽으로 들어갈 때는 옷자락을 쳐들고 실내 구석을 따라 빠른 걸음으로 가서 착석하고 응대(應對)를 조심성 있게 해야 한다(〈곡례 상(曲禮 上)〉: 6-7).

위에서 본 예들은 다양한 생활 영역에서 다양한 상황 하에서 나타나는 사람들의 행동에 적용되는 실로 다양한 내용의 행동 규범 가운데 극히 일단만을 특징적으로 보여주고 있을 따름이다. 그러나 우리가 위에서 소개된 몇 가지 실례만을 통해서도 분명히 짐작할 수 있는 사실은 예의 실현에 핵심이 되는 것은 당연히 매우 정교하게 격식화된 행동 규범을 가능한 한 있는 그대로 준수하는 데 있다는 사실이다. 예에 맞게 행동한다는 것은 무엇보다도 우선 형식적 요건의 충족을, 즉 규정된 행위 형식과 절차에 어긋나지 않게 행동하는 것을 의미하고 있었다. 유교 사상의 중요한 하나의 특징이 모든 생활에서 예의 실천을 중요한 가치로 강조해왔고, 그에 따라 정교하게 격식화된 예법에 대한 학습과 실천을 다른 어떤 사상체계에 비해 중요하게 강조하고 있었다는 것은 이미 잘 인식되어온 사실이다. 그렇다면 격식화된 예법을 준수하는 일에 대해 왜 그와 같은 중요성이 부여되는가 하는 의문이 제기되는 것은 자연스러운 일일 것이다. 이러한 의문은 유교에서 일반적으로 인간들의 삶 속에서 예가 수행하는 기능을 어떻게 이해하고 있는지 하는 문제와 연결되기 때문에 다음 장에서 구체적으로 논의될 것이다. 단지 여기에서는 예의 격식적 특성과 관련된 맥락에서, 고대의 유학자들이 예는 왜 예제에 규정된 바에 따라 행해지는 것이 바람직하다고 보았는지에 관해 간단히 살펴보려고 한다.

첫 번째로 지적될 수 있는 이유는 앞의 항목에서 이미 설명이 이루어진 예의 부호적 상징성과 연관이 된다. 예가 갖는 부호적 상징성이란 상례나 제사, 또는 혼례와 같이 비교적 복잡한 과정을 요하는 의식에서는 물론이거니와 일상생활에 있어서도 사람들이 지키는 격식화된 행동과, 절차, 사용되는 기물, 착용하는 의상과 장식물 등은 주어진 의례적 행사 또는 관련된 상황의 의의나 성격과 유기적으로 연관된 의미를 각기 지니고 있다는 사실을 지적하고 있다. 즉 예전(禮典)에 따라 지켜지는 모든 격식화된 행동의 양식과 절차, 또는 사용되는 용품은 그것들이 각기 표상하는 의미를 지니고 있다는 것이다. 다시 한 번 강조하기 위해 다음과 같은 『예기』의 한 구절을 인용해보려고 한다.

술에는 단술 같은 아름다운 맛을 지닌 것도 있으나, 신에게 바치려면 현주(玄酒)라든가 명수(明水)라고 칭하는 물을 바치는데 이것을 최상으로 치는 것은, 물이야말로 모든 맛의 근원으로 귀중하게 여기기 때문이다. 직물(織物)에는 무늬나 배색(配色)의 아름다움이 많음에도 신에게는 거칠은 삼베가 사용되는 것은, 여공(女功)의 시초를 생각하고 고대의 것을 존귀하게 여기기 때문이다. 또 완점(莞簟)이 편안하건만 부들자리와 고갈(槀鞂)을 최상으로 여기는 것은, 그쪽이 신의 마음에 맞는다고 생각되기 때문이다. 또 제물인 대갱(大羹)에 조미료를 쓰지 않고, 대규(大圭)의 옥(玉)을 갈고 쪼지 않는 것은 모두 그 질소함을 중히 여기기 때문이다. 그리고 기물(器物)을 장식하는 데는 채색이나 조각 등이 있는데도 제례에 소거(素車: 아무 장식이 없는 수레)를 사용하는 것은 소박함을 소중히 여기기 때문이다. 그러니 모든 것은 질소(質素)함을 귀중히 여길 뿐이다. 그것은 신명(神明)과 사귀는 일이 지나치게 편안하고 조심성 없는 일과는 같을 수 없기 때문이다. 이렇게 해야만 예에 마땅할 것이다(〈교특생〉: 722-3).

위에 인용된 구절을 통해 우리는 두 가지 사실을 짐작할 수 있다. 하나는, 조정에서 드리는 제사에 사용되는 제수라든지 제의(祭衣), 기물은 엄격한 규정에 따라 일정한 종류의 것들만이 사용되었다는 것이다. 즉 좋은 술보다는 순수한 물을, 아름다운 직물보다는 거친 삼베를, 곱고 부드러운 소재로 만들어진 자리보다는 거친 풀이나 짚으로 만들어진 자리 등과 같이 인위적이고 사치스럽기보다는 가공되지 않고 소박한 것을 사용하는 것이 예에 부합되는 것으로 보았다는 것이다. 두 번째는, 그와 같이 질소한 재료나 기물이 사용되는 데는 당시인들의 관점에 비추어 나름대로 납득될 수 있는 의미가 부여되고 있다는 것이다. 즉 거기에는 제사를 드리는 사람들이 극도로 자신을 낮춘, 겸허한 자세에서 신명을 섬기고 있음을 보여주기 위한 상징적 의미가 실려 있다는 것이다. 중요한 사실은 그와 같은 격식화된 행동들에 대해 일단 어떤 심중한 의미들이 부여되면 그것들은 단순히 관행적 행동으로서의 의의를 넘어서 깨뜨리기 어려운 권위와 정당성을 지니게 된다는 것이다. 행동과 이념이 연결이 되면 행동에 대한 확신이 증가하는 것과 같은 이치가 여기에도 적용되는 것으로 여겨진다. 이러한 관점에서 유교사회에서의 예절은 단순히 관습적으로 반복되었던 제도라기보다는 유교의 핵심적 가치와 연결되는 이념적 행동으로서 특성을 갖는다고 보더라도 무리가 없을 것이다.

격식화된 예절이 단순이 관행적으로 이행되어온 전통의 의미를 넘어 깨뜨리기 어려운 권위와 정당성을 지니게 된 다른 하나의 이유로서는 유교 이념의 관점에서 예가 인간성의 실현과 사회의 도덕적 질서의 형성을 위해 수행하는 중요한 역할과 관련이 된다. 예는 흔히 인간의 감정과 도덕적 정서를 지나치거나 부족함이 없이 절도 있는 행동 내지는 문화적 양식을 통해 표현하기 위한 제도라는 의미에서 '절문(節文)'이란 말로 정의되기도 한다.[43] 유교 사상의 맥락에서 예가 지니고 있는 의의는 바로 절문이란 말이 지니고 있는 뜻에 의해 잘 표현이 되고 있다. 즉 예란 사람들이 그것을 지킴으로써 바람직한 사회 질서의 형성을 가져올 수 있다고 믿어지는 절제된 행동 양식 또는 문화적 제도들을 의미한다는 것이다. 따라서 유교적 관점에서 보았을 때 예의 준수는 이상적인 인간 사회의 건설을 위해 가장 중요한 전략적 의의를 갖게 되며, 바로 이와 같이 같이 예를 세상을 바람직한 사회로 이끄는 데 반드시 필요한 수단으로서 강조하고 있다는 점에서 도가(道家)라든지 법가(法家)와는 이념적으로 차이를 드러낸다.[44] 유교에서 예의 격식을 있는 그대로 준수한다는 것이 중요성을 갖는 이유가 바로 여기에 있다. 즉 예의 격식에 대해서는 단순히 주어진 공동체가 그들의 전통적 제도에 대해 암묵적으로 부여하고 있는 권위에 의존해서 지킬 것이 강조되는 것만은 아니라는 것이다. 유교 이념은 보다 조화로운 사회질서의 건설이라는 현실적인 목적을 지향하고 있었고, 그와 같은 목적은 사람들이 예를 지킴으로써 실현이 가능하다고 보았다. 이는 규정된 예범을 준수하는 것은 단순히 전통적 관습을 지킨다는 것 이상의 의미를 넘어 유교의 핵심적 교리와 연결되는 이념적 행동으로서 매우 심각한 중요성이 부여되고 있음을 의미한다.[45]

---

43 禮者, 因人之情而爲之節文, 以爲民坊者也(『예기』 하 〈방기(坊記)〉: 1305); 禮者, 天理之節文, 人事之儀則也(『論語集註』: 44); 辟踊哀之至也, 有算爲之節文也(『예기』 〈단궁(檀宮) 하〉: 303).

44 『논어』 〈위정(爲政)〉편에 나오는 다음 구절은 법가에서 강조하는 법에 의한 통치와 비교하여 예가 갖는 긍정적 효능에 대하여 공자 역시 매우 분명히 인식을 하고 있었음을 보여준다: 子曰, 道之而政, 齊之而刑, 民免而無恥, 道之而德, 齊之以禮, 有恥且格(『論語集註』: 53).

45 슌Shun은 예 규범에서 규정하는 격식을 있는 그대로 철저하게 준수한다는 것이 실제로 예를 이루는 데 필수적인 것으로 보아야 하는지의 여부는 공자의 견해가 담긴 원전을 해석하는 관점에 따라 달라진다고 지적한다. 즉 『논어』에 실린 어록을 해석하는 관점에 따라서는 격식적 충실성이 예를 이루는 데 필수불가결한 요건이 될 수 없다는 해석이 내려질 수 있다는 것이다. 이 문제에 대해서는 앞의 "예의 정신과 행위적 외형"을 다룬 부분에서 간략하게 언급이 되었거니와 다

유교 문화 속에서 사회화되고 행동하는 구성원들의 입장에서 보았을 때, 인정된 예규를 준수하며 행동하고 생활한다는 것은 위에 지적된 이유들로 해서 정당성이 부여되고, 따라서 피치 못할 의무로서 인식이 되었다. 그러나 문제가 되는 것은 격식화된 규범을 있는 그대로 준수하기에는 개인들이 당면하는 현실적 여건들이 너무 어렵거나 다양할 수가 있다는 것이다. 간단한 예를 들자면 나이가 든다든지 하여 건강이 허락지 않은 상황 속에서는 모든 격식화된 예의 절차를 그대로 지킨다는 것은 어려운 일일 것이다. 아마 이보다도 많은 사람이 흔히 당면하는 현실적 상황은 경제적 능력일 것이다. 예를 들어 혼례라든지 장례, 또는 그보다는 간단한 제사만 하더라도 예전(禮典)에 규정된 절차에 따라 일을 치르는 데는 상당한 비용이 소요되게 마련인데 많은 사람들에게는 이것이 현실적으로 결코 쉬운 일은 아닌 것이다. 공자를 비롯한 유학자들 역시 예를 실행하는 데 이와 같은 현실적 어려움들이 발생할 수 있다는 사실을 모르는 것은 아니었던 것으로 짐작된다. 다음의 구절을 보자.

> 자로(子路)가 말하였다. "슬픈 일이구나, 가난이란 것은 어버이가 생존하는 동안은 봉양할 것이 없고, 어버이가 죽어서는 예(禮)를 행할 수가 없구나" 『예기』〈단궁(檀宮) 하〉: 336-7).

위에 인용된 구절에서 자로가 "예가 행해질 수 없는" 것으로 지적한 상황은 모든 예절이 훨씬 간결해진 현재의 동양 사람들에게도 결코 낯선 상황은 아닐 것이다. 즉 가난하면 산 부모에게도 그러하거니와 돌아가신 부모에게도 예를 행하는 것이 어려워질 것이다. 이는 너무도 당연한

음 장에서 보다 자세히 다루어지게 될 것이다(Shun, 2002).

일이었기 때문에 공자의 손자인 자사(子思)에 의해서도 역시 당연한 사실로서 지적되고 있다.

> 자사(子思)의 어머니가 위(衛)나라에서 죽으니 유약(柳若)이 자사에게 말하였다. "선생님은 성인(聖人)의 후손입니다. 사방의 사람들이 선생이 예를 어떻게 행하는가를 지켜보고 있습니다. 어찌 조심하지 않겠습니까?" 자사가 말하기를, "내 무엇을 조심한다는 말입니까? 나는 들으니 '예는 알고 있어도 그 예를 행할 만한 재물이 없으면 군자는 행하지 못하며, 예도 있고 재물이 있더라도 때가 아니면 군자는 행하지 못한다고 합니다.' 내가 무엇을 조심하란 말입니까?"라고 하였다(『예기』 상 〈단궁(檀弓) 상〉: 262).

위의 자로나 자사의 언급을 통해 일단 알 수 있는 분명한 사실은 지켜야 할 것으로 인식된 일정한 행동 규범과 제도적 양식들이 존재하고 있고, "예를 행한다"는 것은 그에 따라 행동한다는 것을 의미한다는 것이다. 그러나 한편으로 개인들이 예를 행하는 데 소요되는 비용을 감당할 수 있을 만큼 재물이 없을 경우에는 사실상 예를 행하는 것이 불가능할 것이다. 이는 부정할 수 없는 엄연한 현실이기 때문에 결과적으로 예란 가진 자들에 제한된, 현대적 용어를 빌린다면 계급적으로 한정된 문화로 전락할 소지를 안고 있게 되는 셈이다. 이와 같은 결론은 공자를 비롯한 유교 학자들에게는 아마 받아들일 수 없었을 것으로 짐작된다. 왜냐하면 유가에서 예를 핵심가치의 하나로 강조했던 이유가 단지 일부 지배 계층의 계급내적 통합이나 그들만의 계급적 정체성을 증진하는 데 있는 것은 아니었던 것으로 판단되기 때문이다. 이 문제에 대해서 공자가 내놓았던 응답은 다음과 같았다.

자로(子路)가 말하였다. "나는 부자(夫子: 공자)에게 들으니, '상례(喪禮)는 애도(哀悼)함이 부족하고, 예가 남음이 있기보다는, 예가 부족할지언정 애도함이 지극하니만 못하고, 제례(祭禮)는 공경함이 부족하고, 예가 남음이 있기보다는 예는 부족할지언정 공경함이 지극하니만 못하니라.' 하였다(『예기』 〈단궁(檀宮) 상〉: 233).

공자가 말하기를, "콩을 씹고 물을 마실지라도 그의 마음을 기쁘게 하면 그것을 효도라 하고, 어버이가 죽었을 때 겨우 머리와 발의 형체만을 염습하되 예제에 정해진 기간을 기다리지 못하고 곧 장사지내며 곽(椁)도 쓰지 못하더라도 자기의 재산에 맞게 하면 그것을 예라고 한다"라고 하였다(『예기』 〈단궁(檀宮) 하〉: 336-7).

위의 두 구절에 담긴 공자의 해답은 예를 행한다는 것이 무엇을 의미하느냐에 대해 두 가지의 상이한 해석의 가능성을 열어주게 된다. 하나는, 예를 행한다는 것은 우선 규정된 격식에 맞게 행동을 하거나 제례를 지낸다는 것을 뜻한다. 다른 하나는, 요구되는 격식에 미치지 못한다 하더라도 예라는 형식을 통해 원래 표현하고자 하는 진실된 마음을 가지고 행동을 하거나 제례를 지낸다면 그것만으로도 예는 행해진다는 것이다.[46] 이와 같은 해석상의 문제는 무엇이 예인지를 놓고 공자 또는 유가의 입장이 정확히 어느 쪽에 서 있는지를 이해하는 데 어려움을 야기하는 것은 사실이다. 그러나 그들이 의미하는 예가 행동과 마음 가운데 어느 쪽을 더 강조하는 개념인지와는 관계없이 유가에서 예에 대해 가지고 있는 그와 같은 이중적 태도는 현실적으로는 상당한 효용성을 가지고 있었을 것으로 짐작된다. 우선 지적될 수 있는 가장 중요한 이유는 많은 사람들이 자로나 자사도 지적하고 있듯이, 규정된 격식에 따라 예를 행

---

[46] 예에 대한 이와 같은 해석상의 문제는 Shun에 의해 지적된 예에 대한 두 가지의 상이한 정의로 이어진다(Shun, 2002).

할 수 있는 형편이 되지 못하다는 것이다. 이에 따라 예 사상(禮思想)이 사회 전체 구성원을 포섭하는 유연성 있는 통합의 논리로서 기능하기 위해서 예에 대한 유가(儒家)의 이중적 태도는 비록 의식적(意識的)인 것은 아니었다고 할지라도 불가피한 선택이었던 것으로 여겨진다. 즉 엄격한 형식주의를 견지함으로써 유교적 이상 사회를 현실화시키려는 의도는 유지하는 한편, 그와 같은 엄격한 형식주의에 의해서 형성될 문화로 인해 어떤 부류의 사람들은 배제될 가능성에 대해서는 나름대로 논리를 내세워 대처하고 있다는 것이다. 이에 따라 어떤 행동이 예가 되는지의 여부는 개인이 처한 상황에 따라 융통성 있는 판단을 요하는 문제로서의 성격을 띠게 된다.

경제적 문제와 함께 또한 예를 행하는 데 어려움을 야기할 수 있는 요인으로서는 건강 문제를 꼽을 수 있을 것이다. 특히 장기간에 걸쳐 정신적 긴장과 신체적 인내를 요하는 복잡한 격식을 밟아 진행되는 상례(喪禮)의 경우 상주(喪主)를 비롯하여 장례를 치르는 사람들이 그러한 과정을 견디어낼 수 없을 정도로 건강하지 못하다면 규정된 격식에 따라 예를 행한다는 것은 어려울 것이다. 건강의 문제가 경제적인 문제와 마찬가지로 규정된 격식을 준수하는 데 융통성이 요구되는 불가피한 상황 가운데 하나라는 점에 대해서는 공자나 동시대인들이 인식하지 못했을 리는 없었을 것이다. 실제로 다음에 인용된 구절들을 보면 건강이 예를 행하는 데 융통성을 허용하는 매우 중요한 요소로서 고려되었음을 보여준다.

증자(曾子)가 말하기를, "거상(居喪) 중에 병들면 고기도 먹고 술도 마시지만, 이때 반드시 초목(草木)의 맛있는 반찬도 가해져야 한다"라고 하였다. 그 초목이란 생강과 계피를 말한 것이다(『예기』〈단궁(檀宮) 상〉: 217).

거상하는 예절은 상주(喪主)의 머리에 부스럼이 있으면 머리를 감으며, 몸에 종기가 있으면 몸을 씻으며, 병이 있으면 술도 마시고 고기도 먹지만 병이 그치면 다시 처음과 같이 술을 마시지 않고 고기도 먹지 않는다. 상(喪)을 견디어내지 못하는 것은 곧 자손에게 자애하지 못하고 부모에게 효도하지 않는 것에 견주게 되는 것이다. 50세가 되면 몸을 극도로 훼손하지 않으며, 60세가 되면 몸을 훼손하지 않으며, 70세가 되면 다만 몸에 최마복(衰麻服)을 입고 있을 뿐, 술도 마시고 고기도 먹으며 집안에서 거처한다(『예기』〈단궁(檀宮) 하〉: 107).[47]

물론 경제적 문제라든지 건강 문제 외에도 규정된 예절을 그대로 지키는 일이 어려워지는 상황이 많이 있었을 것이다. 그러나 『예기』에 실린 기록만을 참조한다 하더라도 고대 중국 사회에서 발전한 방대한 예법의 체계는 많은 생활 영역에 걸쳐 일어나는 매우 다양한 상황 하에서 그리고 통상적인 아닌 상황에서나 현실적 조건을 달리하는 사람들이 큰 이견이나 어려움이 없이 따를 수 있도록 상당한 융통성을 허용하고 있었다는 것은 분명하다. 결과적으로 예법은 위에서 우리가 본 바와 같이 매우 상세한 내용의 예외 상황에 대한 조항까지 포함할 정도로 정교하게 세분화되었던 것으로 나타난다.[48] 물론 필자가 판단건대 예를 행하는 데 있어서 사람들이 개인의 선택에 따라 실제로 행사할 수 있는 자율성은 매우 제한적인 범위에 그칠 수밖에 없었을 것이다. 왜냐하면 예를 들어 젊은 사람들에게 부과되는 까다로운 장례의 예법이 나이 든 사람들에게는

---

[47] 또한 『예기』〈상대기(喪大記)〉: 1126에 유사한 내용이 있음.

[48] 예를 들어 『예기』〈증자문(曾子問)〉편은 증자가 여러 예외적 상황에서의 예절을 묻고 공자가 그에 응답하는 내용을 싣고 있다. 여기에 보면 심지어는 발인하여 길을 가는 도중에 일식을 만났을 경우에 어떻게 하는 것이 예인가에 대한 공자의 대답이 실려 있을 정도로 매우 다양한 예외적 상황 하에서 적용되는 예법이 정교하게 발전되고 있었음을 알 수 있다(『예기』〈증자문(曾子問)〉: 530–576).

건강상의 이유로 면제가 된다고 하더라도 면제가 허용되는 연령이나 사유에 대해서는 개인들의 편의를 따르기보다는 예법에 규정된 바를 따르는 것이 예에 맞는 일이었기 때문이다.

7) 자연 질서와의 상응성 및 친화성

개인들이나 집단의 활동이 계절에 따라 주기적으로 달라지는 현상은 농업사회에서 나타나는 일반적인 현상일 것이다. 따라서 농업을 기반으로 한 사회에서 자연 환경과 그 변화, 즉 자연 질서를 이해함으로써 거기에 적절히 적응하는 것은 생존을 위해 필수적이었다. 그러나 고대 중국인들의 경우에 그들이 인식하는 자연 질서란 단순히 농업 활동에 영향을 미치는 물리적 조건에만 국한된 의미를 갖는 것은 아니었다. 그들의 독특한 신념 체계 속에서 자연은 음과 양이라는 대립되면서도 상호보완적인 힘이 교차함으로써 끊임없이 생성과 쇠퇴가 일어나는 현상이었다. 즉 자연계에 존재하는 모든 삼라만상이 나름대로 음양 또는 오행(五行)의 질서 속에서 차지하는 각각의 속성에 따라 상생(相生)과 상극(相剋)의 관계를 이루며 역동적으로 변화하는 현상으로서 이해되었다. 음양오행설에 의해 대표되는 이와 같은 자연관과 함께 예와 관련하여 특히 주목을 끄는 점은 인간의 질서 역시 큰 틀에서는 우주 질서의 한 부분으로서 자연 질서와 근원적으로 동일한 원리에 의해 움직이는 현상으로 이해되고 있었다는 것이다. 다음과 같은 구절은 그와 같은 사고방식을 특징적으로 보여준다.

대체로 萬物은 반드시 짝[合]이 있어, 上이 있으면 반드시 下가 있고, 左가 있으면 右가 있고……. 추위가 있으면 반드시 더위가 있고, 낮이 있으면

반드시 밤도 있다. 이 모든 것은 짝을 이루고 있다. 陰이란 陽의 짝이요, 아
내는 남편의 짝이요, 아들은 아버지와 짝이요, 臣下는 君主와 짝이다. 이
와 같이 萬物은 짝을 이루면 그것은 모두 陰陽이다.[49]
乾은 하늘이 되고 둥근 것이 되고 임금이 되고 아버지가 되고 옥이 되고 금
이 되고 추움이 되고 얼음이 되고 크게 붉은 것이 되고 양마가 되고 노마가
되고 척마가 되고 박마가 되고 나무 열매가 된다(『역경』: 428).

위의 구절들을 통해 우리는 음양이라든지 역경의 한 괘(卦)에 의해 표
상되는 어떤 종류의 특성 또는 원리에 의해 여러 다양한 차원의 자연 현
상과 인간 현상이 차별 없이 함께 설명되거나 서술되고 있음을 알 수 있
다. 즉 자연 질서와 인간 질서가 동일한 원리의 지배를 받는 현상으로서
이해가 되고 있다는 것이다. 그리고 마찬가지의 이유로 해서 인간의 질
서는 자연의 질서에 의해 영향을 받고, 또한 심지어는 역으로 인간의 질
서 속에서 나타나는 현상들은 자연의 질서에 영향을 미치는 것으로 이해
되었다.

중국의 고대 사회에서 제도화된 행동 및 문화적 양식들 역시 이와 같
은 독특한 인식이 중요한 하나의 요인으로서 영향을 미쳤다는 사실은 분
명한 것으로 여겨진다. 다음에 인용되는 기록은 이를 증언하는 하나의
예로서 『예기』 〈월령(月令)〉편에 '초봄(孟春)'에 관해 서술한 내용의 일부
분이다.

'맹춘지월(孟春之月)'이란 춘삼월의 최초의 달, 즉 정월(正月)이다……. 봄
의 나날을 지배하는 천간(天干)은 갑(甲)과 을(乙)에 해당하며 그 상제(上帝)

를 태호(太皞)라 부르고, 그 아래에 있는 신(神)은 구망(句芒)이다. 구망은
나무[木]의 정(精)이다. 봄의 동물은 인족(鱗族), 봄의 음(音)은 각조(角調),
음률(音律)은 12율 중의 태주(太蔟)에 해당한다. 그 수는 8, 그 맛은 산(酸),
그 냄새는 비린내에 해당한다. 그 제사 대성은 호신(戶神)이며, 제사 지낼
때는 먼저 비장(脾臟)을 바친다……. 천자는 청양(靑陽)의 왼편, 곁방에 있
으면서 정무(政務)를 살핀다. 난로(鸞路)를 타고 푸른 빛깔의 말에 멍에 한
다. 청기(靑旗)를 세우고 청의(靑衣)를 입고 창옥(蒼玉)을 차고 보리와 양고
기를 먹는다. 그 쓰는 그릇은 조각(彫刻)이 성기고 나뭇결이 곧다(451-2).

위에 인용된 구절에 따르면 이른 봄은 나무의 성장을 가져오는 하늘
의 기운이 지배하는 계절이며, 따라서 계절을 주재하는 신은 나무의 신
태호[伏羲氏]와 그를 보좌하는 하위신 구망[나무의 精]이다. 비늘 달린 물
고기, 음조와 음률에 있어서는 각조와 태주, 숫자 8, 신 맛, 비린 냄새와
같은 것들은 이 계절과 마찬가지로 나무의 속성을 공유한다. 나무의 속
성을 지닌 계절이기 때문에 역시 나무의 신인 호신을 대상으로 제사를
지내며, 나무는 흙[土]과 상반된 성격을 가지고 있는 것으로 간주되고 제
사에서는 따라서 나무와 상반된 흙의 속성을 지닌 음식으로 분류된 비장
이 먼저 제사에 바쳐졌다. 천자는 청양전의 북쪽 방에 거주하면서 정사
를 살피며, 가마를 끄는 말이라든지 기, 옷, 옥 등은 모두 나무의 속성을
지닌 청색을 사용한다. 음식 역시 나무의 속성을 지닌 음식으로 알려진
보리와 양고기를 먹으며, 조각이 성기고 결이 곧은 나무그릇을 사용한
다. 계절이 여름으로 바뀌게 되면 계절의 오행상 속성은 불[火]로 바뀌게
되는데, 이에 따라 제사의 대상, 바쳐지는 제물, 천자의 거주처라든지
사용하는 기물의 색깔, 음식 등 역시 계절이 지닌 오행상의 특성과 조화
를 이루는 것들로 바뀌게 된다. 이러한 현상은 다른 계절에서도 일관되
게 관찰된다(〈표 2〉 참조). 이러한 일련의 기록이 보여주는 내용에서 흥미

<표 2> 계절의 특성과 그에 따른 행위적 및 문화적 적응 양식에 있어서의 변화

계절	오행	방위	계절을 주재하는 신	제사 대상과 제물	천자의 거처 장소	사용되는 기물, 음식, 옷
춘(春)	목(木)	동(東)	태호(太皞, 伏羲氏)와 구망(句芒)	호신(戶神), 비장(脾臟)	[초봄] 청양전(靑陽殿) 왼쪽 곁방 [봄 중간] 명당의 동당(東堂) [늦봄] 청양전(靑陽殿) 오른쪽 곁방	푸른 수레, 푸른 말, 청기(靑旗), 청의(靑衣), 창옥(蒼옥); 보리와 양고기를 먹으며, 조각이 성기고 나뭇결이 곧은 그릇을 사용
하(夏)	화(火)	남(南)	염제(炎帝, 神農氏)와 축융(祝融)	조신(竈神), 폐(肺)	[초여름] 명당 왼쪽 곁방 [한 여름] 명당의 태묘(太廟) [늦여름] 명당 오른쪽 곁방	붉은 수레, 적류마(赤騮馬), 붉은 기, 붉은 옷; 콩밥과 닭고기를 먹으며, 높고 소박한 그릇을 사용
장하(長夏)50	토(土)	중(中央)	황제(黃帝)와 후토신(后土神)	중류(中霤), 심장(心臟)	태묘태실(太廟太室)	대로(大路), 황류마(黃騮馬), 누런 기, 누런 옷, 황옥(黃玉); 메기장밥에 쇠고기를 먹으며, 둥글며 넓으며 아름다운 그릇을 사용
추(秋)	금(金)	서(西)	소호(少皞)와 욕수(蓐收)	문신(門神), 간(肝)	[초가을]총장(總章) 왼쪽 곁방 [한가을] 총장태묘(總章大廟) [늦가을] 총장 오른쪽 곁방	검은 갈기가 있는 흰말[白駱]이 끄는 병거, 흰 기, 흰옷, 백옥(白玉); 삼 열매를 개고기와 함께 먹고, 깨끗하고 깊은 그릇을 사용
동(冬)	수(水)	북(北)	전욱(顓頊)과 현명(玄冥)	길의 신[行], 신장(腎臟)	[초겨울] 현당(玄堂) 왼쪽 곁방 [한겨울] 현당태묘(玄堂大廟) [늦겨울] 현당 오른쪽 곁방	검은 수레, 철색(鐵色)의 말, 검정 기, 현옥(玄玉); 기장밥을 돼지고기와 함께 먹으며, 가운데가 넓고 주둥이가 좁은 그릇을 사용

---

50 이 시기는 6월의 마지막 18일 동안에 해당하는 기간이다. 연 중앙에 있으며 토의 기운을 지닌 시기이기 때문에 중앙토(中央土)라고 불리운다(『예기』 〈월령(月令)〉: 492의 주해 참조).

를 끄는 사실은, 인간의 행동과 문화적 양식들 역시 크게는 자연 질서의 일부분으로서 동일한 원리를 따르는 것이 당연하고도 바람직스러운 것으로 여겨지고 있다는 것이다. 물론 이와 같은 사고방식은 현대인들에게는 매우 불합리하고 비과학적으로 느껴질 수 있을 것이다. 그러나 여기에서 중요한 점은 그와 같은 사고방식이 고대 중국인들의 행동과 문화 양식에 실질적인 영향을 미침으로써 그들의 제도를 규정짓는 매우 중요한 하나의 요인으로 작용하고 있었다는 것이다.

물론 중국의 고대인들이 계절의 변화에 따라 유지해온 많은 행동관습은 인지적, 또는 이른바 문화적 요인에 의해 영향을 받은 것이라기보다는 오랜 세월 동안 계절적 환경에 적응하며 농업을 유지해온 경험을 바탕으로 하고 있고, 따라서 기능적인 것일 가능성이 큰 것으로 판단된다. 예를 들어 〈월령(月令)〉편을 보면, 이른 봄[孟春]에는 제사에 바치는 희생에 암컷을 쓴다든지, 벌목을 한다든지, 둥우리를 뒤집어서 새를 잡는다든지, 애벌레 및 새끼 밴 조수(鳥獸)를 잡는다든지, 갓난 짐승과 처음 나는 새를 죽이는 일을 금지하고 있다. 또한 공사를 위해 사람을 모은다든지 도발 없는 전쟁을 시작해서는 안 된다고 강조하고 있다(『예기』〈월령(月令)〉: 458). 이와 같은 금기들이 시행되었던 현실적 이유는 쉽게 이해될 수 있을 것이다. 봄은 우선 동물들이 처음으로 번식을 시작하는 계절이기 때문에 희생으로 바치는 데 새끼를 밸 수 있는 암컷을 쓰는 것은 바람직하지 않은 것으로 생각되었을 것이다. 또한 그와 같은 계절의 특성상 벌목을 함으로써 동물들의 산란 행위를 방해한다든지 어린 새끼들을 낳거나 성장하기도 전에 죽이는 일이 없어야 한다는 것은 당연한 일로 여겨진다. 그리고 이 계절은 농사를 준비하는 계절이기도 하기 때문에 대규모의 노역이나 전쟁 역시 바람직하지 않았을 것이다. 이 외에도 〈월령(月令)〉편에 실려 있는 많은 정령(政令)들은 농업사회에서 계절마다의 환경적 특성과 그 변화에 따른 현실적인 필요성을 반영하고 있다. 그러나 우리가 앞에서 보았듯이 주어진 계절에 시행되는 정령들 가운데 또한 많은 부분들은 자연과 인간세계를 항시 "상관적 시각(correlative thinking)"(Bodde, 1957: 37–9)에서 바라보는 고대 중국인들의 특이한 세계관을 이해하지 않고서는 설명하기 어려운 요소를 포함하고 있다. 매우 전형적인 하나의 예로서 행형(行刑)에 관해 살펴보도록 하자. 현대 사회의 행형 정책의 중요한 원칙 가운데 하나는 일관성과 형평성일 것이다. 즉 동일한 종류의 범죄 행위에 대해서는 동일한 정도의 형벌이 일관성 있게 부과됨으로써 같은 종류의 범죄 행위를 저지른 사람들 사이에 형평성을 유지해야 한다는 것이다. 이러한 원칙과 비교해보았을 때 『예기』 〈월령(月令)〉편에 강조되고 있는 행형의 원칙은 매우 흥미로운 대조를 보인다. 후자의 경우 가장 특징적으로 드러나는 사실은 형행의 기본적인 방침은 일관되기보다는 계절이 지닌 특성에 따라 그와 조화를 이루도록 달라져야 한다고 본다는 점이다. 다음의 기록은 봄, 여름, 가을, 각각의 기간 중에 형정(刑政)을 운영하는 원칙에 관해 서술한 부분이다.[51]

[맹춘] 유사(有司)에게 명하여 죄의 경한 자를 사면해서 감옥에 계류된 사람의 수를 덜게 한다. 죄가 경한 자는 수갑과 족쇄를 벗기며, 함부로 고문하지 않으며, 백성을 깨우쳐서 옥송(獄訟)을 그치게 한다(〈월령(月令)〉: 461).

[맹하] 이 달은 생물 발육의 절기이므로 형벌을 삼가나 미세한 풀이 말라죽고, 보리가 익게 되면 형(刑)이 가벼운 자를 재판하며 작은 죄를 진 자를 판결하고 가벼운 죄인은 이를 용서하고 감옥에서 석방한다(〈월령(月令)〉: 477–8).

[맹추] 이달에 유사(有司)에게 명하여 법제를 수습하고 감옥을 수선하며, 질

---

[51] 『예기』에 겨울에 해당하는 부분은 서술되어 있지 않으며, 따라서 여기에 빠져 있음.

곡(桎梏) 등의 형구(刑具)를 갖추어서 간사한 것을 금지하고 죄를 범하는 자는 신중히 죄를 주고 또 죄를 범한 자를 포박하는 데 힘쓰게 한다. 또 옥리(獄吏)에게 명하여 심문한 죄인의 피부상처를 돌보게 하고, 창상(創傷)을 살피며 골절을 살펴서 단죄와 판결을 상세히 함으로써 옥송(獄訟)을 반드시 바르고 공평하게 하고, 죄 있는 자를 주륙하여 형벌의 처단을 엄중하게 한다. 천지에 비로소 숙살(肅殺)의 기운이 돈다. 형벌을 엄정히 할 것이지만 그렇다고 지나치게 해서는 안 된다(〈월령(月令)〉: 495.).

이 글에서 우리는 형정의 기본적 방향이 계절에 따라 확연히 달라지는 것을 볼 수 있다. 봄은 양기가 열리고 만물이 소생하는 계절이며, 따라서 그러한 계절의 기운에 맞추어 형행 역시 감옥을 열고 죄가 경한 죄수들을 풀어주거나 수갑과 족쇄를 벗겨주는 방향으로 운영해야 한다고 적고 있다. 여름 역시 "생물 발육의 절기이므로" 형벌을 삼가는 것이 좋으나 "미세한 풀이 말라죽고, 보리가 익으면," 즉 생물이 처음 생육하는 과정에서 경험하는 가장 연약한 상태를 일단 넘어서면 "형이 가벼운 자를 재판하며 작은 죄를 진 자를 판결"하는 등 봄철에 비해서는 조금 강화된 형정을 펴는 것이 원칙임을 강조하고 있다. 가을은 천지에 쌀쌀하고 매서운 기운이 돌아 많은 생명을 거두어가는, 숙살(肅殺)의 계절이다. 따라서 형정 역시 엄격하고 공정한 원칙에 따라 운영하고, 이에 따라 죄 있는 자를 포박하는 데 힘을 쓰고 중죄인에 대해서는 사형을 집행하는 것도 이 계절에 시행하는 것이 원칙이다. 이와 같이 계절에 따라 형정을 시행하는 원칙이 달라져야 한다고 보는 것은 이미 앞에서 언급한 바 있듯이 자연과 인간세계의 질서를 항시 "상관적 시각(correlative thinking)"에서 바라보는, 즉 두개의 질서가 동일한 원리에 따라 움직이고 있으며, 따라서 상호간에 영향을 미치고 있다고 보는 고대 중국인들의 특이한 세계관에 기인하고 있다는 것은 분명하다. 물론 이러한 상관적 시각은, 위의 형정의 경우에서도 볼 수 있는 바와 같이, 인간의 질서는 자연의 질서에서 나타나는 이치와 어긋나지 않도록 운영되는 것이 바람직스럽다는 인식을 포함하고 있다. 형정에 반영된 이와 같은 인식은 형의 집행과 관련하여 잘못된 행동에 대해 가해지는 단순한 보복적 차원을 넘어서는 형이상학적 및 도덕적 정당성을 부여하게 된다. 바로 이와 같은 점에서 형을 집행하는 행위가 지닌 의의는 보다 높은 차원에서 자연과 인간의 보편적 질서를 의미하는 예의 차원으로 끌어올려지게 되었던 것으로 여겨진다. 그러나 다른 한편으로는 인간 질서와 자연 질서의 상응성에 대한 인식은 양자 사이에 매우 특이한 내용의 인과관계에 대한 인식을 또한 수반하고 있기 때문에 주목을 요하는 측면이 있다. 그것은 마땅히 지켜져야 할 인간의 질서가 훼손되는 경우에 그것이 인간 사회의 바람직한 질서에 손상을 가져옴으로써 사람들에게 불행한 결과를 야기하는 것 자체에 그치는 것은 아나라고 본다는 사실이다. 예로서 〈월령〉편에 나오는 다음의 기록을 보자.

맹춘(孟春)에 여름의 정령(政令)을 행하면 [천시(天時)에 이변을 초래하여] 우수(雨水)가 때를 잃고, 초목이 일찍 말라 떨어지며, 나라에 때로는 유언비어로 공동(恐動)하게 될 것이다. 이달에 추령(秋令)을 행하면 그 백성들에게 전염병이 크게 유행하게 되고, 회오리바람과 폭우가 일시에 이르며, 여유(藜莠)·봉호(蓬蒿) 등의 악초(惡草)들이 아울러 무성하게 될 것이다. 이달에 겨울의 월령을 행하면 홍수와 지나친 비가 수해를 가져오며, 눈과 서리가 백곡을 크게 상해(傷害)하고, 일찍 심은 곡식은 거두어들일 수 없게 된다(〈월령(月令)〉: 458-9).

위의 글에서 우리는 규정된 인간 질서의 원칙을 훼손하는 행위는 곧 자연 질서의 교란을 가져옴으로써 사람들에게 불행한 결과를 초래하게 된다는 인식이 매우 강하게 반영되고 있음을 읽을 수 있다. 그리고 그에 앞서서 인간의 행위는 자연현상 속에서 나타나는 천지의 질서와 조화를 이룸으로써 비로소 바람직한 결과를 인간들에게 가져오게 된다는, 고대 중국인들의 생각을 특징적으로 반영하고 있다. "예는 천지가 움직이는 원리이며, 인간 사회에서 지켜져야 할 규범이다(禮者, 天理之節文, 人事之儀則也)"라는 주자의 정의는 바로 이와 같은 측면에서 매우 심중한 의미를 담고 있는 것으로 여겨진다. 이와 같은 정의는 천지가 움직이는 원리가 인간사회에 있어서는 사람들이 따라야 할 행위 규범으로서 표현된 것이 곧 예라는 사실을 강조하고 있다. 그리고 예에 대한 이와 같은 생각은 예에 대해 흔들릴 수 없는 당위성과 정당성을 부여하게 된다. 그러나 규범에 어긋나는 인간의 행위가 또한 천지의 질서에 영향을 미침으로써 홍수라든가 가뭄, 전염병과 같은 자연 재난이 초래된다는 종류의 믿음에 대한 신뢰는 유학자들 사이에 반드시 절대적이거나 보편적인 것은 아니었던 것으로 여겨진다. 예로서 순자의 〈천론(天論)〉에 나오는 다음과 같은 구절을 보자.

> 자연의 움직임은 일정한 법칙성을 갖는다. 요(堯)를 위해서 있는 것도 아니고 걸(桀) 때문에 없어지는 것도 아니다……. 계절의 사시 변화를 받아서 누리는 데는 치세(治世)가 똑같더라도 그 앙화를 입는 데는 다르다. 하늘을 원망할 것이 아니요 그 도가 그렇게 했던 것이다. 그러므로 천(天)과 인(人)구분〈天人之分〉을 명확히 할 줄 안다면 가히 지인(至人)이라 일컬을 수 있을 것이다(『순자』: 69).

순자가 쓴 위 글의 요점은 "천인지분(天人之分)"이라는 말에서 표현되고 있다. 즉 하늘의 질서와 인간의 질서는 구분되어 있으며, 하늘의 질서는 나름대로의 법칙성을 가지고 움직이는 것이지 인간 행위에 영향을 받아 다르게 나타나는 현상은 아니라는 것이다. 이러한 순자의 견해는 대체로『예기』전편에 걸쳐 이곳저곳에서 일반적으로 엿보이는 견해와는 분명한 차이를 보인다. 즉 인간 질서와 자연 질서 사이에 상응성이 존재한다고 보는 견해와는 차이를 드러내고 있다는 것이다. 여기에서 중요한 의문은 유학자들 사이에는 물론이거니와 일반 대중들 사이에서 실제로 어떤 의견이 더 지배적이었느냐 하는 점일 것이다. 유교에서 순자가 차지하는 위치와『예기』에 나타나는 기록들로 보아 아마 후자의 입장이, 즉 인간 질서와 자연 질서가 기본적으로는 상응하는 어떤 속성을 지니고 있고, 상호간에 영향을 미치고 있다고 보는 견해가 지배적이었을 것으로 필자는 판단한다. 그러나 정확한 판단은 보다 정밀한 연구를 요하는 일이고, 또한 그에 대한 판단은 현재로서는 필자의 능력을 넘어서는 일이기 때문에 그냥 의문으로 남겨두는 것이 보다 적절할 것으로 여겨진다.

8) 보편성과 상대성

사회 및 문화의 보편성과 상대적 특성은 사회와 문화 현상을 설명하거나 평가하려는 노력에 있어서 흔히 맞부딪히게 되는 이론적 문제점 가운데 하나이다. 우선 보편성을 강조하는 입장은 사회나 문화는 어떤 일반적 기준에 의해 평가되거나 이해가 가능한 특성을 공유하고 있다는 입장을 취한다. 예를 들어 사회에서는 구성원들의 생존을 위해 필요한 물질적 자원이 생산되어야 하며, 따라서 어떤 방식으로 얼마나 효율적으로 물질적 생산이 이루어지느냐를 놓고 주어진 사회의 생산방식과 능력을 다른 사회의 그것과 비교 평가하는 것이 가능할 것이다. 또는 조금 다른 각도에서 사회는 개인들의 인권이 어느 정도로 보장되고 있느냐에 따라 차이를 보이며, 따라서 인권이 보장되는 정도를 기준으로 삼아 주어진 사회를 다른 사회와 비교해서 평가하는 것이 가능할 것이다.

문화를 평가하는 데 있어서 보편적 관점이 가장 전형적으로 표현되는 분야 가운데 하나는 과학적 지식의 영역일 것이다. 많은 사람들은 과학적 지식이 갖는 참의 여부 정도는 그것이 설명하고자 하는 현상과 실제로 얼마나 잘 부합하고 있느냐에 따라 객관적으로 평가될 수 있다고 보고 있다. 이러한 (학계에서 널리 일반화된) 관점에서 보았을 때, 경험적으로 관찰 가능한 사실을 객관적 기준으로 삼아 지식들 간의 상대적 비교가 가능하다는 주장은 설득력을 갖는다. 예를 들어 천체가 움직이는 원리와 관련하여 조선 시대에 통용되었던 지식과 현대 과학에서 받아들이는 지식 사이에 객관적 타당성을 놓고 상대적인 평가가 가능하다는 것은 충분히 수긍이 가는 주장이다. 여기에서 우리의 논의와 관련하여 중요한 사실은 다른 주장 간에 참의 정도 또는 우열을 판단할 수 있는 기준으로서 경험적 사실이라는, 보편적으로 적용될 수 있는 기준이 존재한다고 보는 점이다.

이에 비해 상대주의적 입장에서는 어떤 제도, 규범, 가치 기준 등을 비교 평가할 수 있는 보편적 기준이 존재한다는 사실에 대해 부정적인 견해를 보인다. 아마 심미적인 판단을 요하는 사실에 대해서는 보편주의자들 역시 대체로 상대주의자와 마찬가지 입장을 견지할 것으로 여겨진다. 즉 아름다움은 사람마다 보는 눈이 다르고 기준이 다를 수가 있기 때문에 매우 주관적이고, 따라서 상대적이라는 것이다. 반면에 여성의 권리와 같은 문제가 제기되었을 때, 여성에 대한 차별적 대우나 평등한 대우, 둘 중에 어느 편이 정당성을 갖는지를 판단하는 일에 대해서는 견해가 크게 엇갈릴 수가 있을 것이다. 보편주의적인 입장에서는, 인간이 갖는 기본적인 권리는 모든 인간에게 평등하게 적용되어야 한다는 "보편적" 원칙에 의거하여 여성 평등을 더 나은 제도로서 평가할 것이다.

반면에 외부 세력과의 전쟁이 자신들의 생존을 좌우하는 사회에서는 강한 힘을 가진 남성들이 지도적 역할을 담당할 필요가 있고, 전쟁을 통한 남성 인구의 손실로 인해 수적인 면에서도 여성에 비해 높은 상대적 가치를 지니는 경우를 상상해볼 수 있다. 이와 같은 사회적 상황이 실제로 존재하는 경우에 우리는 그 사회에서의 특수한 상황이나 여건에 비추어 적어도 그 사회에서의 남녀불평등은 설명이 가능한 이유를 갖는다고 말할 수 있을 것이다. 상대주의에서는 기본적으로 문화권이나 사회를 뛰어넘어 모든 인간 사회에 보편적으로 적용될 수 있는 어떤 절대적 기준은 존재하지 않는다고 보고 있다. 그보다는 위의 예에서 시사하듯 주어진 사회의 문화는 그 문화 자체를 구성하는 내재적 요소들과 그것을 둘러싼 환경적 요인들에 의해 결정되는 산물이며, 따라서 주어진 문화에 대한 평가는 그 문화가 처한 조건들의 맥락에서 이루어질 수밖에 없다고 본다. 다시 말해서 어떤 제도나 행동 규범이 왜 주어진 사회에서 시행되고 있는지 하는 것은 문화특수적으로 설명될 수밖에 없고, 그것들에 대한 평가 역시 그 문화 내외부에 존재하는 특수한 조건들을 기준으로 이루어질 수밖에 없다는 것이다.

문화나 사회적 제도를 평가하는 데 있어서 이와 같은 시각의 차이는 예제 또는 예법의 경우에도 그대로 적용되는 문제일 것이다. 문화라든지 사람들의 기질 역시 역사적, 사회적, 지역적 상황에 따라 상대적으로 차이가 나는 현상이라는 사실 자체에 대해서는 공자를 비롯한 유학자들도 잘 인식하고 있었던 것으로 보인다. 『예기』의 〈표기(表記)〉편에 실린 다음과 같은 기록을 보자.

공자가 말씀하셨다. "하(夏)의 도는 명령을 존경한다. 귀(鬼)를 섬기고 신(神)을 공경해서 멀리하고, 사람을 가까이 해서 충성한다. 녹(祿)을 먼저하고 위엄을 뒤에 하며, 상(賞)을 먼저하고 벌(罰)을 뒤에 하여 친하기만 하고 존경하지 않았다. 그 백성의 폐단은 둔(鈍)하고 어리석으며, 교만하고 야(野)하며, 소박하고 문식(文飾)이 없다. 은(殷)나라 사람은 신을 존경하여 백성을 모두 데리고 신을 섬겼다. 귀신(鬼神)을 먼저하고 예(禮)를 뒤에 하며, 벌(罰)을 먼저하고 상(賞)을 뒤에 하며, 존경하기만 하고 친히 하지는 않았다. 그 백성의 폐단은 방탕하고 고요하지 않으며, 이기려 하고 부끄러움이 없다. 주(周)나라 사람은 예를 높이고 남에게 베푸는 것을 숭상한다. 귀(鬼)를 섬기고 신(神)을 공경하여 멀리하고, 사람을 가까이하여 충성되게 한다. 그 상과 벌은 벼슬 차례로 하고, 친하기는 하나 존경하지는 않는다. 그 백성의 폐단은 이(利)를 알고 교묘하며, 문식이 많고 부끄러움이 없으며, 남을 해치고도 덮어두려 한다(〈표기(表記)〉: 1362–1363).

위의 글에서 공자는 자신의 시대에 앞서 존재했던 하·은·주(夏殷周) 시대 사람들의 문화, 기질, 예속(禮俗) 등에 있어서의 중요한 차이점을 지적하고 있다. 가장 중요한 차이점은 이어지는 기록에서 (〈표기(表記)〉: 1365) 공자가 지적하고 있듯이, 하(夏)나라의 예는 매우 소박했고, 은주(殷周)의 예는 형식과 절차가 보다 복잡했다는 것이다(즉 '문식(文飾)'이 많았다는 것이다). 동시에 그는 그것들이 각기 갖는 '폐단(弊端)'을 지적함으로써 이들 각각의 왕조에 있어서 전반적인 모습이 그가 생각하는 이상적인 기준에 흡족하게 부합하고 있지 않았다는 점을 시사하고 있다. 이 글에 나타난 이와 같은 공자의 이와 같은 태도는 양면적으로 해석할 수 있는 여지를 남기고 있다. 즉 각 시대마다 예속이 변한다는 점을 인식하고 있다는 점에서는 상대주의적 관점으로 해석될 수 있는 여지를 남기고 있는 반면에, 그것들의 장단점이 보편적으로 적용될 수 있는 어떤 기준에 의해 비교 평가될 수 있다는 가능성을 시사하고 있다는 점에서는 보편주의적 관점을 반영하는 것으로 해석될 수 있는 여지를 남기고 있다.

이 점과 관련하여 공자를 비롯한 당시의 유학자들이 어떤 입장으로 더욱 기울고 있었는지를 판단하는 것은 그다지 쉽지 않은 일로 여겨진다. 우선 당시의 유학자들 자신들에게도 이 문제는 어떤 확고한 입장을 정립할 수 있기에는 너무 어려운 문제일 수도 있었다는 사실을 인식한다면 도움이 되리라고 본다. 먼저 『예기』에 실린 다음과 같은 주장을 읽어 본다면 상대주의적 관점이 보다 강하게 반영되고 있는 것으로 해석될 여지가 크다.

> ……예는 군자인 자가 천시(天時)의 추이(推移)에 응해서 일을 행하고, 땅의 생산력에 의존하여 물자를 축적하며, 귀신을 공격하고, 사람들과 화합함으로써 만사를 처리하고, 천하를 다스려가기 위한 [기본적인] 수단이다. 또 사물(事物)은 모두 천시(天時)의 추이(推移)에 응하고, 땅의 차이에 응해서 태어나 성장하는 것이고…… 사물에는 모두 이용해야 할 특질이 있다. 그렇기 때문에 군자는 천시(天時)에 합치하지 않고, 땅의 차이에 합치하지 않은 물건은, 예를 행하기 위해서는 사용치 않으며, 그러한 물건은 귀신에게 바쳐도 기뻐하지 않을 것이다. 가령 산에서 사는 사람이 바다나 강의 물건을 예에 사용하거나, 택지(擇地)에 사는 사람이 사슴이나 멧돼지 등을 예에 사용하거나 하는 것은, 군자의 안목으로 보면 예를 분별하지 못하는 처사인 것이다. 그렇기 때문에 예의 형식을 규정하려면 먼저 그 나라의 건국 기준을 참조하고, 토지의 넓이에 상응하도록 원칙을 설정하는 것이며, 또 매년 흉풍(凶豐)에 따라 예를 행하는 방법을 바꾸는 것이다. 이러한 원칙을 설정해두면 그 해가 흉년이라 할지라도 사람들은 그다지 놀라지 않을 것이다. 그것은 흉년이 들면 조정이 예를 늦추어줄 것이 분명하기 때문이다(《예기(禮器): 659-660).

위 글의 요지는 예는 주어진 국가의 실정(實情)과 시기적 상황에 맞아야 한다는 것이다. 이는 곧 예가 어떤 보편적인 요인에 의해서라기보다는 지역별로 또는 시기적 상황에 따라 차이를 보이는 요인의 영향을 받아 달라질 수밖에 없는 현상이라는 것을 의미한다. 예속(禮俗)의 상대적 특성에 대한 이러한 인식은 『예기』의 〈왕제(王制)〉편에 나오는 다음과 같은 주장을 통해서도 비교적 명료하게 표명되고 있다.

> 무릇 백성의 일용 필수품을 저적(儲積)하여 수용에 대비하는 일은 반드시 천지의 춥고 따뜻함과, 건조하고 저습함과 넓은 골짜기와 큰 하천에 따라 그 형태를 달리 한다. 그 사이에 살고 있는 백성들은 풍속이 다르며, 그 성질과 기풍의 강유(剛柔)와 경중(輕重)과 지속(遲速)이 같지 않으며, 오미(五味)의 조화가 다르고 기계의 제작이 다르며, 그 의복이 그 기후에 따라 다르다. 그러니 마땅히 그들의 교화를 닦을 뿐 그 습속을 바꾸지 않으며, 그들의 정치를 정제(整齊)할 뿐 그 마땅한 바를 바꾸지 말아야 한다. 중국과 사방 오랑캐 그 오방(五方)의 백성들은 모두 각기 특성이 있어서 그것을 변역(變易)할 수 없다(〈왕제(王制)〉: 417).

적어도 위에서 인용된 구절들에는 예에 대한 이해와 관련하여 우리에게 던져주는 두 가지 중요한 결론이 함축되어 있다. 첫째는, 예라는 것은 사람들이 처한 역사적 환경의 산물이며, 따라서 특정의 예속에 대한 평가 역시 그와 같은 예속이 존재하게 된 역사적 환경의 맥락에서 이루어져야 한다는 것이다. 이와 같은 논리를 조금 연장시켜 생각해본다면 외부 사람들이 가지고 있는 윤리적 기준을 가지고 어떤 특정 지역이나 시기의 예와 풍속을 평가해서는 안 된다는 것이다. 이와 같은 결론이 분명이 상대주의적 시각을 반영하고 있다는 데는 의심의 여지가 없는 것으로 여겨진다. 두 번째는, 앞에 제시된 논리에 따른 자연스러운 결론으로서 과거에 지켜졌던 예라고 하더라도 시대적 상황에 바뀌고 사람들의 생각이나 기질에 변화가 오면 예의 변화 역시 불가피한 현상으로 받아들일 수밖에 없다는 것이다. 예는 불변의 원리에 바탕을 두고 있기보다는 변하는 사회문화적 상황에 토대를 둔, 즉 그 자체가 변하는 역사의 일부를 형성하는 현상이기 때문이다.

아마 이와 같은 생각은 객관적인 시각을 가지고 달라지는 역사적 현실과 함께 변화하는 제도와 풍속을 살펴본 적이 있는 사람이라면 아마 회피하기 어려운 결론이었을 것이다. 당시의 유학자들 역시 시대적 상황이 달라짐에 따라 예법에서도 나타나는 변화에 대해서 분명한 인식을 하고 있었다는 것은 위에 이미 인용한 자료들이 잘 보여준다. 그리고 우리가 "예의 정신과 행위적 외형" 부분에서 이미 지적한 바 있듯이 많은 사람들이 예법에서 규정한 예식의 절차나 형식을 준수하는 데 필요한 현실적 여건을 갖추고 있지 못하다는 것은 공자를 비롯한 당시의 유학자들 역시 잘 인식을 하고 있었던 사실임에 틀림없다. 결국 예에 있어서 가변성은 현실에 따라 필연적으로 요구되는 선택일 수밖에 없었고, 인정하지 않을 수 없었던 현상이었을 것이다. 그러나 문제의 본질은 윤리적인 것이었고, 상대주의적인 입장을 받아들인다는 것은 당시의 유학자들의 입장에서 보기에는 매우 비윤리적인 결론을 수용할 수밖에 없는 선택이었을 것으로 짐작된다. 옳고 그름이 시대와 상황에 따라 달라진다는 것을 인정하는 것은 결국은 자신들이 견지하는 윤리적 가치들에 대해서 그리고 그와 같은 보편적 가치를 반영하는 것으로 자신들이 간주하고 있는 예에 대해서 역시 그 정당성을 부정하는 셈이 되기 때문이다.

따라서 상대주의적 관점으로 시선을 이끄는 여러 불편한 사실에도 불구하고 당시의 유학자들의 지배적인 시각은 대체로 예를 사회–문화적 상황의 특수한 산물이라기보다는 인간의 보편적 윤리에 바탕을 둔 불변의 이치로 보는 것이었다. 예가 형식적인 면에서 다소의 변화를 보여왔으나 본질적으로는 불변하는 현상 또는 이치에 근거를 두고 있다고 보는 유학자들의 견해는 다음과 같은 공자의 언급에서 전형적으로 표현되고 있다.

"……그 예라는 것의 시초는 음식에서 비롯되었다. 옛날 그들은 기장쌀을 소석(燒石) 위에 얹어서 굽고 돼지고기를 찢어서 소석 위에 놓아 익혔으며, 땅을 파서 웅덩이를 만들어 물을 담고 손으로 떠 마셨다. 그리고 비자나무의 단단한 줄기를 북채로 하여 흙을 쌓아 만든 북을 쳤다. 이렇게 조잡하였지만 이것으로 존경하는 마음을 귀신에게 바칠 수가 있었다. 또 그들은 죽으면 지붕에 올라가서 혼을 불러 말하기를 '아아! 아무개여 돌아오라' 하고 소리친다. 그렇게 하여도 살아나지 않으면 비로소 죽은 사람에 대한 일을 행하였다. 생쌀로 반함(飯含)을 하고 불에 익힌 고기를 싸서 영전에 바치는데 이는 영혼이 하늘로 올라가는 것을 부르는 것이며, 체백(體魄)이 땅으로 되돌아가는 것을 장송(葬送)하는 것이다. 즉 영혼은 위에 있고 체백은 아래에 있는 것이다. 또 죽은 자는 머리를 북쪽으로 누이고 산 사람들은 남쪽으로 향하여 자리를 잡는다. 이러한 예나 사상은 모두 고대에 생겨서 전해오는 것이다"(『예기』〈예운(禮運)〉: 623).

위에 인용된 내용에 비추어 공자의 예의 본질에 관한 견해는 다음과 같이 요약될 수 있을 것이다. 예는 먼 고대로부터 공자 당시까지도 사람들이 변함없이 지니고 있는 기본적인 심성과 사상에 근거를 두고 있다는 것이다. 보다 구체적으로, 사람이 사망했을 때 지극한 슬픔 속에서 사람들이 보였던 반응이 곧 장례 형식 속에 그대로 표현이 되었고, 공자 당시까지도 장례는 그 본질에 있어서는 변함이 없다는 것이다. "예란 사람의 본심으로 돌아가서 고래(古來)의 관례(慣例)를 알고 사물의 기원(基源)을 잊지 않기 위한 학습·교양이다"(『예기』〈예기(禮器)〉: 680)라고 적고 있는 것은 예의 관습 속에는 변치 않고 또한 변치 않아야 할 인간 본연의 감정과 모습이 간직되어 있다는 믿음이 반영되어 있음을 알 수 있다.

예의 유래에 대한 이와 같은 견해는 물론 예의 보편적 정당성을 뒷받침
하는 근거를 놓고 제시된 여러 다양한 주장 가운데 일면을 보여줄 따름
이다. 바로 앞에서 인용된 구절에 이어지는 부분에서는 공자가 지적한
예의 유래와는 다소 다르게 이해될 여지를 남기는 다음과 같은 부분이
있다.

> 예컨대 상장(喪葬)의 예에서는 사람들이 애곡(哀哭)이나 곡용(哭踊)을 하
> 는데 일일이 안내를 받지 않으며, 또 조정에서 경사스러운 의례(儀禮)가 개
> 최될 때에는 음악을 연주해서 성황을 이루게 한다. 이것은 사람의 본심에
> 맞게 하기 위함이다. 또 종묘의 제사에 예주(醴酒)를 현주(玄酒)의 아랫자
> 리에 두며 고기를 자르는 데 오늘날의 할도(割刀)를 쓰지 않고 고래(古來)
> 의 난도(鸞刀)를 사용하며, 교제(郊祭)에 지금의 앉기 좋은 자리를 깔지 않
> 고 고래의 고갈(藁鞂)을 까는 것은 관례(慣例)를 지키기 때문이다. 이리하
> 여 선왕(先王)께서 예를 제정할 때에는 하나하나의 예법에 깊은 뜻이 있었
> 던 것이며 그것을 풀어 밝히면 많은 것을 알 수 있을 것이다(『예기』 〈예기(禮
> 器)〉: 680).

위의 글에서 첫 번째로 나오는 구절, 즉 "흉사(凶事)에는 울고 슬퍼 뛰
는 것을 규정을 정해서 안내하지 않는다(凶事不詔)"는 말은 상사를 당하
면 사람들이 울며 슬퍼하고 뛰는 것은 사람의 감정에 비추어 당연하기
때문에 구태여 어떻게 하는 것이 좋은지를 예법에 규정할 필요까지는 없
다는 것이다. 이에 비해 어떤 종류의 술을 어디에 놓아두고 고기를 자를
칼은 어떤 종류의 칼을 사용하며, 어떤 종류의 자리를 까는지 등에 관해
서는 이것들이 예의 본질적인 의의와 관련되는 문제는 아니기 때문에 관
례를 존중한다고 적고 있다. 예법이 예로부터 전래되는 관례라는 이야
기는 곧 시대의 변화에 따라 그것이 변할 수도 있음을 시사하는 의미로

해석될 수 있다. 그러나 특별히 주목을 요하는 사실은 예는 선왕들이 모든 것들을 고려하여 제정하였다는 주장이다. 고대 중국에서 우왕(禹王), 탕왕(湯王), 문왕(文王)과 같은 선대의 왕들은 유교적인 이상에 가장 접근하는 것으로 알려져 왔던 군주들로서 그 도덕적 권위에 있어서, 고대 유태왕국으로 이야기하자면, 모세와 같이 초월적 위상을 지닌 존재들이었다. 따라서 그와 같은 성왕(聖王)들에 의해 예가 만들어졌다고 주장하는 것은 예의 불가침성에 대한 일종의 선언적 의미를 갖는다. 즉 예는 '고제(古制)'가 존중되어야 하며, 그것들이 만들어졌을 때 다 "깊은 뜻이 있었기" 때문에 원칙적으로 개인들이 자신의 생각에 따라 고쳐서는 안 된다는 것이다.

이와 같은 견해는 예의 유래와 관련하여 앞서 소개한 공자의 견해와는 다소 다른 설명을 제공한다. 먼저 소개한 공자의 견해를 따른다면 예는 원시 시대로부터 인간들이 본연적으로 가지고 있던 감정과 사상의 표현이라고 보고 있다. 이러한 의미에서 예를 자연발생적 현상으로 보고, 바로 그러한 이유에 의거하여 예를 인간 사회에 보편적으로 존재하는 현상에 바탕을 둔 이치로서 이해하고 있다. 그 이후에 나오는 설명에서는 예란 '선왕'들이 여러 요인을 감안하여 제정한 문화적 산물임을 강조하고 있다. 물론 그 여러 요인 가운데 공자가 지적한 인간 본연의 감정과 사상도 포함이 되었다고 간주한다면, 두 개의 설명 사이에 모순은 없을 것이다. 따라서 두 설명 사이에 차이가 있음은 사실이나 반드시 서로 상치된다고 보기 어려울 것이다. 그리고 중요한 점은 예의 유래에 대한 이와 같은 견해들이 마찬가지로 예의 권위와 정당성을 뒷받침하는 논리를 제공하고 있다는 것이다.

필자가 판단건대 예법을 적은 『예기』의 기록들은 대체로 이와 같은 '이론들'을 배경에 두고 있다고 보는 것이 옳을 것으로 여겨진다. 즉 모든 예법은 인간 본연의 감정이나 사상 또는 선왕들에 의해 그럴듯한 이유가

있어서 제정된 것들이기 때문에 적혀진 대로 이행하는 것이 바람직하다
는 암묵적인 요구를 배경에 두고 있다는 것이다. 물론 이와 같은 요구를
명시적으로 표명한 부분 역시 드물지는 않다.

자로(子路)가 그 자씨(姉氏)의 상을 당하여 복을 벗어야 할 때가 되었는데
벗지 않았다. 공자가 말씀하기를, "어째서 복을 벗지 않는가?"라고 하니,
자로가 대답하기를 "저에게는 형제가 적습니다. 그래서 차마 복을 벗지 못
하고 있습니다"라고 하였다. 공자가 말씀하기를, "선왕(先王)의 제례(制禮)
는, 도(道)를 행하는 사람이면 누구나 다하지 못하지만 아니 지키지 못한다"
라고 하자, 자로가 듣고 비로소 복을 벗었다(『예기』〈단궁(檀弓) 상〉: 205).
증자(曾子)가 자사에게 이르기를, "급(伋)아, 내 아버지 상을 당하여 물과
미음을 입에 넣지 않은 것이 7일이었다"라고 하였다. 이에 자사가 말하였
다. "선왕(先王)이 제정한 예에 있어서 지나치게 높은 자는 굽혀 나아가고,
너무 낮은 자는 발을 제겨 딛고 따라가게 한다는 것이 원칙입니다. 그런 까
닭에 군자가 어버이의 상에 거상할 때에는 물과 미음을 입에 넣지 않은 것
이 3일에 이르므로 지팡이를 잡고 겨우 일어날 정도로 쇠약해진다고 듣고
있습니다(『예기』〈단궁(檀弓) 상〉: 213).
"예로써 인정에 가까운 것은 예의 지극한 것이 아니다……." 그런 까닭에
군자는 예에 대하여 자기의 생각으로 지어서 그 정(情)을 극도로 나타내
려고 하지 않는다. 이는 예로부터의 유래가 있기 때문이다(『예기』〈예기(禮
器)〉: 678).

위에 인용된 구절에서는 다 같이 개인이 느끼는 효심이나 친족에 대
한 감정이 지극하다 하더라도 예에 제정한 바를 벗어나는 행동을 취하는
데 대해서는 부정적인 견해를 표하고 있다. 그리고 예는 다 타당한 이
유 또는 유래가 있어 그와 같이 제정이 된 것이기 때문에 그대로 준수하

는 것이 원칙이라는 입장을 밝히고 있다. 예법이란 선왕들에 의해 다 그 럴듯한 이유가 있기 때문에 만들어졌고, 따라서 일단 그것들이 철저하 게 준수되는 것이 바람직하다는 것은 공자를 위시한 당시의 유학자들에 게는 매우 당연하게 받아들여졌던 생각이었을 것이다. 보편주의적인 입 장에서 표현해본다면 규정된 예는 곧 상황적 조건에 따라 임의로 바꾸 어서는 안 될, 즉 함부로 변역(變易)이 허용되지 않은 보편적 규범이었 던 것이다. 그러나 여러 곳에서 이미 반복해서 지적되었듯이 예가 항상 적(恒常的)이지 않았으며, 또한 항상적일 수도 없다는 사실은 공자도 익 히 인식하고 있었다는 것은 분명하다. 예를 들어『논어』〈자한(子罕)〉편 을 보면, 공자가 베로 관을 만드는 것이 본래의 예(禮)였으나 현재는 생 사(生絲)로 만든 관으로 바뀌었는데 후자가 그 만드는 과정이 단순하기 때문에 검소하여 자신은 시속(時俗)을 따르겠다고 말한다. 반면에 당(堂) 아래에서 절하는 것이 본래의 예이나 현재는 당 위에서 절하는데, 이는 교만하여 자신은 전자를 따르겠다고 말했다는 기록이 나온다(〈자한(子 罕): 241-2〉). 특별히 이『논어』의 구절과 관련하여 우리는 두 가지 점을 지적할 수 있다. 하나는 우선, 단순하고 당연한 사실로서 예에서도 과 거의 그것들과는 다른 시속(時俗)들이 존재한다는 것이며, 공자 역시 이 에 대해 상당한 지식을 가지고 있었다는 사실이다. 두 번째는, 그와 같 은 변화를 인지한 상태에서도, 다른 모든 기록에서 나타난 공자의 입장 은 대체로 선왕들로부터 물려받은 고제(古制)를 선호하는 것으로 해석될 수 있는 여지가 더욱 큰 것으로 여겨진다. 그리고 변화된 현재의 예속에 대해 분명한 지지를 표명한 것은 여기에 나타난 기록에 국한되고 있다는 점이다. 바로 이와 같은 사실에 비추어볼 때, 공자를 위시한 당시 유학 자들의 입장은 대체로 보편주의적 관점에, 즉 예는 불변하는 진리를 담 고 있다고 보고 상황에 따른 예의 변역에 대해서는 대체로 부정적인 입 장으로 기울고 있었던 것으로 짐작된다.

9) 기타 특성들

예가 고대 유학자들의 윤리적 신념과 의지를 담고 있는 산물이라는 데는 의심의 여지가 없을 것이다. 즉 예는 사회와 개인에 대해서 그들이 추구하는 소위 윤리적 이치를 실현하기 위한 필수적 수단으로 인식되고 있었다. 그런데 이와 관련하여 유교 윤리의 중요한 한 가지 특징으로 지적될 수 있는 점이 있다. 그것은 중용의 정신이 대변하고 있듯이 어떤 면에서든지 지나치게 극단적인 것은 바람직하다고 생각하지 않았다는 것이다. 이는 유교에서 일반적으로 '이익'의 추구를 바람직하다고 생각지 않은 한편,[52] 이익의 추구가 필요할 경우에는 그것에서 오는 부작용을 어떤 최소의 범위 내에서 통제하려고 했다는 점에서 엿볼 수 있는 사실이다. 즉 이성적 타산 역시 예를 결정하는 중요한 요소로서 작용한 것으로 나타나고 있다는 것이다. 예를 들어 생존을 위해 자연으로부터 자원을 취득하는 활동은 고대 중국에 있어서도 매우 중요한 의미가 부여되었다는 것은 당연한 일이었을 것이다. 그러나 눈앞의 이익에 몰두하여 자연 환경을 훼손하는 일은 장기적으로 보았을 때 결코 합리적인 행동은 아니라는 인식은 전통적으로 준수되어온 금칙들 속에 철저하게 스며 있었던 것으로 여겨진다. 다음의 구절을 보자.

천자나 제후가 정벌이나 상흉(喪凶) 등의 일이 없으면 해마다 세 가지 일을 위하여 사냥한다. 즉 첫째는 마른 고기를 만들어 종묘(宗廟)의 제사에 쓰기 위함이고, 둘째는 빈객을 접대하기 위함이며, 셋째는 임금의 포주(庖廚)를

---

[52] 이(利)에 대한 공자의 생각은 매우 부정적이었으며, 기본적으로 윤리적 가치와 배치되는 것으로 평가하고 있었다는 것은 이와 관련하여 『논어』의 몇 군데에 소재된 어록들을 통해서도 분명히 나타나고 있다: 放於利而行 多怨(〈이인(里仁)〉: 116); 君子 喩於義 小人 喩於利(〈이인(里仁)〉: 120; 子 罕言利與命與仁(〈자한(子罕)〉: 240).

채우기 위한 것이다. 아무 일이 없는 데에도 사냥을 하지 않는 것을 불경(不敬)이라 하고, 사냥하는 데 예(禮)로써 하지 않은 것을 하늘이 낸 생물을 학대한다고 한다. 사냥할 때는 천자는 사면(四面)을 둘러싸서 모두 잡지 않으며, 제후는 짐승의 떼를 덮치지 않는다. 천자는 몰던 짐승을 포획하고 나면 큰 깃발을 내려 사냥이 끝났음을 알리며, 대부가 몰던 짐승을 포획하고 나면 좌거(佐車)를 멈춘다. 좌거가 멈추고 나면 백성들이 사냥을 한다. 수달(獺)이 물고기를 제사 지낸다는 절기인 10월이 된 후에야 우인(虞人)이 못에 통발을 설치한다. 승냥이가 짐승을 제사 지낸다는 절기인 9월 말에서 10월 초에 이른 후에야 사냥한다. 비둘기가 매로 변한다는 절기인 8월이 된 후에야 위라(罻羅)를 설치하여 새를 잡으며, 초목의 잎이 시들어 떨어진 후에야 산림에 들어간다. 곤충은 칩복(蟄伏)하지 않았으면 불을 놓아 사냥하지 않으며, 짐승의 새끼를 잡지 않으며, 알을 앗아오지 않으며, 새끼 밴 것을 죽이지 않고, 갓난 것을 죽이지 않으며, 소굴을 뒤집어엎어서 전멸시키지 않는다(『예기』〈왕제(王制)〉: 406-407).

위에 인용된 글의 윗구절에서는 사냥도 물자의 획득을 위해 필요한 경제활동이기 때문에 이를 하지 않음은 '불경(不敬)'한 일이라고 규정하고 있다. 그러나 사냥을 하는 데도 예가 있기 때문에 이를 지키지 않아서는 안 된다고 강조한다. 전체적으로 보아 여기에 서술된 예의 원칙은 "하늘이 낸 생물을 학대"해서는 안 된다는, 요즘 용어로 표현한다면 환경보호에 역행하는 것이어서는 안 된다는 것이다. 즉 사냥을 할 때는 "짐승의 떼를 덮쳐서" 몰살시켜서는 안 되며, 수달이나 승냥이, 비둘기와 같은 짐승들이 가장 왕성하게 사냥을 하는 시기에 함께 사냥함으로써 그들의 생존을 방해하는 일을 피해야 하며, 새끼나 알을 가진 어미 짐승을 죽이거나 새끼나 알을 빼앗아 그들의 번식(繁殖)을 중단시키고 소굴을 뒤엎어 떼죽음을 시키는 일은 하지 말아야 한다는 것이다.[53] 이는 곧 사람을 상대로 한 예가 존재하듯 다른 생명체에 대해서도 그들이 함께 존재하기 위해 지켜야 하는 예가 있어야 한다는 믿음을 보여준다.

이외에도 필자의 관점에서 중요하게 느껴지는 예에 담긴 특성 가운데 하나는 우리가 구태여 윤리적으로 세련된 감각이라고 표현할 것까지는 없더라도 지금 사람들의 상식에 비추어 자연스럽게 공감이 가거나 합리적으로 느껴지는 지혜 같은 것을 읽을 수 있다는 점이다. 인용될 수 있는 예(例)는 무수할 정도로 많다. 아주 평범한 하나의 예로서 〈곡례 하(曲禮 下)〉편(153)에 나오는 한 구절을 보자.

……흉년이 들어 곡식이 흉작이 되면 임금은 상에 짐승의 폐(肺)나 장(腸)을 제사하지 않으며, 말에게 곡식을 먹이지 않으며, 임금의 거마가 지나는 길을 소제하지 않으며, 제사를 지낼 때는 종경(鐘磬)을 달지 않으며, 대부는 기장밥을 먹지 않으며, 사(士)는 술을 마셔도 음악을 연주하지 아니한다.

내용은 평범하다. 흉년이 들면 사회 상층부에 속하는 임금, 대부, 사(士) 등은 육류의 소비를 줄이고, 곡식의 소비를 줄이는 것은 물론 가축의 사료로도 사용하지 말고, 거마가 지나가는 길을 청소하기 위해 굶주린 백성들을 노역에 동원하지도 말아야 하며, 제사나 술자리에 종경이나 음악 소리를 냄으로써 일반 백성들이 겪는 어려움을 무시하는 듯한

---

53 공자를 위시한 유학자들 사이에, 그리고 보다 일반적으로는 중국의 고대 문화에 있어서, 자연에 대한 이와 같은 태도는 하나의 전반적인 흐름으로 자리 잡고 있었던 것이었는지도 모른다. 참고로 『예기』〈왕제(왕제): 406-7〉편에서 여기에 인용된 내용과 비슷한 구절을 볼 수 있다; 또한 『논어』〈술이(述而)〉편의 다음과 같은 구절을 볼 것: 子 釣而不綱 弋不射宿(공자께서는 낚시질은 하시되 큰 그물질은 하지 않으시며, 주살질은 하시되 자는 새를 쏘아 잡지는 않으셨다)(200); 『예기』의 〈월령(月令)〉편에서 또한 계절에 따라 자연생태계의 보호를 위해 필요한 조치들을 취할 것을 강조하는 구절들을 이곳저곳에서 읽을 수 있다.

분위기를 풍기는 일은 삼가야 한다는 것이다. 이는 난경에 처한 사회에서 특히 심한 어려움을 겪고 있는 사람들을 위해 지배계층이 취할 수 있는 최소한의 예일 것이며, 이에 대해서는 현대 사회를 사는 사람들이라고 하더라도 공감하지 못할 바는 일은 아닐 것이다. 아주 평범한 예절 가운데서 지금도 우리가 공감할 수 있는 측면이 많다는 것은 인간의 생활이 아주 기본적인 면에서는 변치 않은 요소들도 많다는 것을 의미하는 것이다. 예로써 아래의 구절을 보자.

> 여행 중 다른 사람의 집에서 숙박할 때 내 집에서 하던 습관대로 무엇인가를 주인에게 굳이 요구해서는 안 된다. 마루에 올라가려고 할 때에는 반드시 (안에서 들을 수 있도록) 소리를 높여서 말해야 하며, 문 밖에 두 사람의 신이 놓여 있을 때에는 말소리가 들리면 들어가고 말소리가 들리지 않으면 들어가지 말아야 한다. 문 안으로 들어설 때에는 반드시 아래를 내려다보아야 하며, 문 안으로 들어서면 양손을 문빗장을 잡을 때처럼 다소 높이 공수(拱手)한다. 또 실내를 휘둘러 보아서도 안 된다. 그리고 방문이 열려 있으면 자기가 들어간 후에도 열어두고 닫혀 있었으면 닫는다. 또한 자기를 뒤따라 들어오는 사람이 있으면 문을 완전히 닫지 말아야 한다……(『예기』〈곡례 상(曲禮 上)〉: 66-67).

위에 적힌 글에는 집단생활을 하는 과정에서 일반적으로 사람들이 체험한 바에 비추어 지혜롭다고 표현할 수 있는 생활 규범에 관해 이야기하고 있다. 우선 다른 사람집이나 다른 지방에 가면 자신들의 습관을 그들도 가지고 있기 때문에 내 자신의 습관대로 주인에게 무엇을 요구한다면 나를 접대하고 있는 그들에게 불편을 끼치는 일이고, 따라서 그런 일은 피해야 한다고 이야기하고 있다. 두 번째는 다른 사람 집의 마루에 올라가려고 했을 때는 자기가 들어가는 것을 미리서 알리기 위해 소리를 높여서 말해야 하고, 방안에 두 사람이 있고 그들 사이에 대화하는 상황이 분명할 경우에는 들어가도 무방하지만 그렇지 않고 무슨 일을 하는지 불분명할 경우에는 들어가지 않는 것이 원칙이라는 것이다. 또한 방안에 들어가게 되면 그 방의 주인이나 미리 와 있는 사람에게 일단 경의를 표시하는 의미에서 직접 응시하는 것보다는 아래를 내려다보거나 두 손을 약간 모으는 것이 좋고, 마치 점검이라도 하듯이 여기저기 살펴보는 것은 삼가는 것이 좋다고 이야기한다. 그리고 열려 있는 문 안으로 들어갔을 때는 문이 그대로 열려 있는 상태로 놓아두는 것이 좋으나, 닫혀 있는 문을 열고 들어갔을 경우에는 원래의 상태대로 문을 닫는 것이 좋다는 것이다. 이는 아마 문을 그렇게 놓아둔 집주인의 뜻을 존중한다는 의미에서일 것이다. 마지막으로 다른 사람 앞에 서서 문을 통과하는 경우에 바로 그 앞에서 문을 닫는 것은 예가 아니므로 뒤따라 들어오는 사람을 위해 문을 반쯤 열어두는 것이 좋다고 이야기하고 있다. 이러한 예절들은 만약 지켜지지 않을 경우에는 다른 사람들에게 불편함이나 불쾌감을 초래할 수 있는 일이라고 생각이 되었을 것이고, 이는 대체로 오늘날 우리에게도 마찬가지일 것으로 여겨진다.

우리가 공동으로 생활하는 가운데서 자신의 입장에 너무 급급하여 다른 사람들을 배려치 못함으로써 사회 구성원들 간에 신뢰와 화목을 해칠 수 있음을 깨닫는 것은 사회적 동물로서 인간에게는 매우 소중한 지혜 가운데 하나일 것이다. 『예기』에 실린 잡다한 예법들 가운데 많은 것은 이와 같은 점에서 오늘 날 우리의 입장에서 보기에도 매우 소중한 지혜를 담고 있다는 것이 필자의 소견이다. 물론 현실 속의 인간생활 그 자체에 대한 면밀한 관심을 보이기 있다는 측면에 있어서는 유교를 능가하는 신념체계는 거의 드물 것으로 여겨진다. 따라서 인간이 생활하는 데 적용될 수 있는 실천적인 지식 또는 지혜야말로 유교에서 추구하는 가장 중요한 종류의 지식이었던 것은 분명하다. 이와 같은 맥락에서 소위 예에는 실로 방대한 분량의 생활하는 방식에 대한 지식과 지혜가 담겨 있다는 것은 아마 너무도 당연한 일일 것이다. 그리고 이러한 의미에서 예의 중요한 특징 가운데 하나는 그것이 곧 실용적 가치를 함축하는 규범이었다는 점에서 찾을 수 있을 것이다.

그러면 인간에 대한 지혜를 담고 있다는 점에서 하나의 좋은 예(例)로 들 수 있는 『예기』의 한 부분을 인용함으로써 이 부분을 마치려고 한다. 구태여 아래의 예를 들려고 하는 이유는 그 글이 평범한 가운데서도 우리가 현재 당면하고 있는 교육 현장의 문제점을 진단하는 데 매우 유익하고도 지혜로운 단서를 제공하고 있기 때문이다. 조금 필자가 사용한 번역본의 번역이 난삽한 면은 없지 않으나, 그 내용에 있어서는 오는 날의 교육자라도 귀를 기울만한 내용을 담고 있다. 즉 교육이란 기본적으로 인도는 하지만 억지로 끌고 가는 방법을 사용해서는 안 되며, 엄격해야 하지만 두려움을 일으키도록 억압적인 분위기 속에서 교육은 성공하기 힘드며, 해답을 통달시키기보다는 해답에 이르는 사고력을 개발하는 데 역점을 두어야 한다는 것이다.

> 그러므로 군자가 학생을 교육하려면, 지도하지만 견인(牽引)하지 않으며, 강제적이지만 억압하지 않으며, 개발(開發)하지만 [즉시는] 통달시키지 않는다. 즉 견인하지 않으므로 저항하지 않고, 억압하지 않으므로 [학생들의] 마음이 편안하고, 통달케 하지 않으므로 스스로가 잘 사고(思考)하는 것이다. 이와 같이 저항하지 않고 편안한 기분으로 잘 사고하도록 지도해야 훌륭한 교육이라고 할 수 있을 것이다.[54]

---

[54] 故 君子之敎喩也 道而弗牽 强而弗抑 開而弗達 道而弗牽則和 强而弗抑則易 開而弗達則思 和易以思 可謂善喩矣(『예기』〈학기(學記)〉: 955–956).

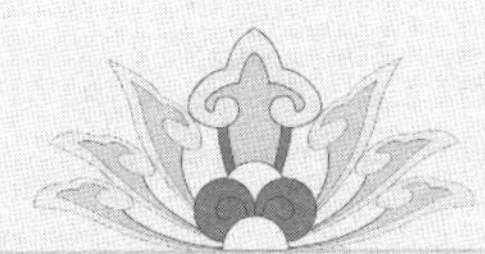

4. 예의 기능

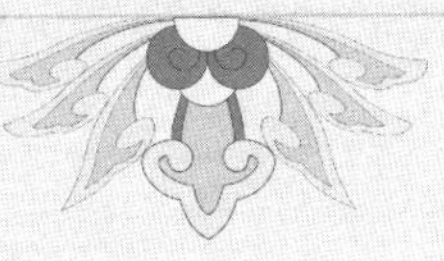

여기에서 사용된 의미에서 '기능'이란 인류학자나 사회학자들 가운데 에밀 뒤르켐Emile Durkheim이라든지 래드클리프-브라운Radcliff-Brown, 탈콧 파슨즈Talcott Parsons와 같은 소위 초기 기능론자들이 그 용어를 사용할 때 지니고 있었던 이론적 내지는 이념적 함의를(정창수, 1996:247-273) 지니고 있는 개념이다. 뒤르켐(1964:95)의 정의를 따르자면 기능이란 "(우리의 관심의 대상이 되고 있는) 어떤 (사회적) 제도 또는 사실과 사회 유기체를 위해 일반적으로 요구되는 것들 간의 부합성"이라는 의미를 지닌 개념이다. 조금 간단히 표현하자면 어떤 사회적 제도의 기능이란 곧 그 제도가 일반적으로 사회 구성원들 또는 사회가 필요로 하는 어떤 요구를 충족시키고 있는 정도를 의미한다는 것이다. 따라서 우리가 다루고 있는 예의 경우에 기능의 의미란 곧 "사회가 필요로 하는 것들을 충족시키는 데 예라는 인간 제도가 기여하고 있는, 또는 기여할 수 있는, 바들"이라는 의미를 함축한다. 물론 "사회의 일반적인 필요성"이라는 용어가 갖는 의미는 매우 애매할 수 있기 때문에 래드클리프-브라운(1935:396)은 기능의 정의를 조금 구체화시켜 "필요성(needs)"을 "생존을 위한 필수적 조건(necessary conditions of existence)"이라는 의미로 대치할 것을 제안한 바 있다. 즉 기능이란 어떤 사회적 제도 또는 사실이 주어진 사회의 생존을 위해 필요한 조건을 충족시키는 데 기여하는 바들이라는 의미로 정의될 수 있다는 것이다. 물론 이러한 정의 역시 구체적으로 사회의 생존을 위해 필요한 조건들로서 어떤 것들이 있느냐는 의문과 관련하여 여러 다른 의견들이 제시될 여지를 남기고 있다는 점에서 애매성의 문제는 여전히 남게 된다. 참고를 위해 지적하자면 미국의 사회학자 탈콧 파슨즈(Parsons, et. al., 1953; Parsons & Smelser, 1956 및 이후 Parsons의 대부분의 저서 참조)는 이러한 의문과 관련하여 사회가 충족해야 할 기능적 네 가지 요구조건을[55] 제시한 바 있다. "기능적 선행요건(functional prerequisites)"으로 명명된 이와 같은 조건에 대한 파슨즈의 견해는 그의 생존 당시 미국 사회학의 지배적 패러다임으로서 군림하고 있었던 기능주의 이론에 한 근간이 되었던 개념이다.

필자가 이 시점에서 기능의 의미와 함께 아주 간결하나마 그에 대한 학자들의 이론을 소개하는 중요한 이유가 있다. 그것은 기능이란 개념은 사회에 존재하는 어떤 제도나 사실이 존재하는 이유를 설명하기 위한 이론적 개념이면서, 동시에 그 동기나 결론에 있어서 주어진 사회를 바라보는 이론가의 어떤 이념적인 의도를 배후에 함축하고 있는 개념이라는 점이다. 부연하자면 기능은 우선 주어진 사회적 제도가 존재하는 이유는 그것이 사회를 위해 이바지하는 역할에 비추어 설명될 수 있다는 이론적인 시각을 반영하는 개념이다. 그리고 동시에 그것이 이바지하는 바가 있기 때문에 존재한다고 본다는 점에서 그 제도가 존재하는 정당한 이유에 대한 이념적 논리를 제공한다. 기능론적 이론을 흔히 주어진 체제를 정당화하는 보수적 이론으로서 특징짓는 이유는 이 때문이다. 이제 이와 같은 기능주의적 시각이 어떻게 예와 연관성을 갖는지에 대한 설명이 필요한 것으로 여겨진다.

예와 관련된 사상은 중국 고대사회가 분열이 되고 혼란에 처하고 있

---

[55] 환경에 대한 적응, 목적 달성, 통합, 및 잠재유형 유지, 이 네 가지로서, 사회가 유지되기 위해서는 사회 구성원들이 생명체로서 생존을 유지하기 위한 자원들이 환경으로부터 취득이 되어야 하고, 사회에서 집단적으로 추구하는 목적들이 달성되어야 하며, 사회구성 요소들이 그 사회 속에서 기능적으로 통합되어 질서가 유지되어야 하며, 마지막으로 사회 구성원들이 추구하는 이념적 가치들이 어느 수준에서는 유지가 되고 실현이 되어야 한다는 것이다.

을 때, 자신들의 사회가 처한 근원적 문제에 대한 진단을 놓고 당시에
는 하나의 철학적 분파로서 활동하던 유학자들의 성찰을 통해 배태되었
다는 데서 그 역사적 배경을 찾을 수 있다. 즉 예와 관련된 이념은 당시
의 혼란에서 벗어나 왕국의 정치 질서를 회복하는 동시에 윤리적 이상
의 실현을 추구한 유학자들의 미래 사회 프로그램에서 핵심적 위치를 점
하는 사상이었다. 예의 실천을 통해서 나라가 다스려져야 하고, 또 다스
려질 수 있다는 유학자들의 낙관적인 기대는 『논어』에 실린 공자의 어록
가운데서도 여러 군데서 엿볼 수 있다.[56] 그러나 철학적 지향에 있어서
근본적으로 시각을 달리하는 법가(法家)라든지 도가(道家) 철학자들이 보
았을 때, 유학자들의 예에 대한 그와 같은 신념은 아예 비현실적이거나,
아니면 당초에 복잡해지는 문화에 의해 초래된 문제점을 더욱 더 복잡
한 문화를 통해 해결하려고 한다는 점에서 오히려 비판과 조소(嘲笑)의
대상이 되었던 것은 사실이다(송항룡, 1981; 윤무학, 2008; 이승환, 2003; 진희
권, 2004; 최진석, 1999). 다양한 이념들이 경쟁하는 사상적 풍토 속에서 유
교의 입지를 확보하려는 노력은, 따라서 예의 필요성과 정당성을 뒷받
침하는 논리의 개발을 필요로 했을 것임에 틀림이 없다. 즉 예가 사회나
개인을 위해 수행할 수 있는 긍정적 기능에 대한 논리를 제공할 필요가
있었다는 것이다. 이와 같은 과제는 그 본질적 성격에 있어서 현존하는

---

56 이와 관련하여 아마 자주 인용되는 구절 가운데 하나는 "자신의 사욕을 이겨 예(禮)에 돌아감이
인(仁)을 하는 것이니, 하루라도 사욕을 이겨 예(禮)에 돌아가면 천하(天下)가 인(仁)을 허여한
다……(克己復禮爲仁 一日克己復禮 天下歸仁焉)"는 말일 것이다〈안연(顔淵)〉: 328); 기타
〈이인(里仁)〉편의 "능히 예(禮)와 겸양(謙讓)을 한다면 나라를 다스리는 데 무슨 어려움이 있으
며, 예(禮)와 겸양(謙讓)으로써 나라를 다스리지 못한다면 예(禮)를 어찌 하겠는가(能以禮讓爲
國乎 何有 不能以禮讓爲國 如禮何)"(116)를 비롯하여 〈선진(先進)〉편의 "나라의 다스림을 예
(禮)로 해야 하는데……(爲國以禮)"(325), "일이 이루어지지 못하면 예악(禮樂)이 일어나지 못
하고 예악(禮樂)이 일어나지 못하면 형벌(刑罰)이 알맞지 못하고, 형벌(刑罰)이 알맞지 못하면
백성들이 손발을 둘 곳이 없게 된다(事不成則禮樂不興 禮樂不興則刑罰不中 刑罰不中則民
無所措手足)"(365), 〈헌문(憲問)〉편의 "위에서 예(禮)를 좋아하면 백성을 부리기 쉽다(上好禮
則民易使也)"(429) 등의 구절을 참조할 것.

사회제도가 어떤 점들에서 주어진 사회의 유지와 존속에 기여하는지를 논증함으로써 그 필요성을 옹호하려고 했던 현대 기능론자들의 관심과 별로 다르지는 않았을 것이다.

바로 이와 관련하여 『예기』는 단순히 예법이나 예제를 적어놓은 책에 그치는 것이 아니라 예의 효용성에 대한 기능론적 설명을 담고 있는 이론서이기도 하다는 점을 주목할 필요가 있다. 물론 『예기』의 성격상 그 이름이 밝혀진 또는 미상의 여러 저자들에 의해 씌어진 단편적인 기록들의 모음에서 일관되거나 체계적인 견해를 읽는다는 것은 기대하기 어려운 일이고, 실제로 그렇기도 한 것이 사실이다. 그러나 중요한 사실은 당시의 유학자들이 본 예의 기능은 사회 현상에 대한 그들 나름대로 진지한 노력과 성찰을 통해 이룩한 매우 소중한 사상적 성과로서 평가할 수 있다는 점이다. 그것이 오늘 날 일부 학자들이 기능론적 시각에서 우리 자신의 제도들을 평가하는 관점과 대비해서 어떤 유사성과 함께 본질적 차이점을 지니고 있는지 하는 것도 사상사적 관점에서 매우 흥미 있는 과제를 제공한다. 아래에 이어지는 글에서는 바로 이와 같은 관점에서 고대 중국의 유학자들이 예의 기능을 어떻게 이해하고 있었고, 또 예의 기능에 대한 그와 같은 생각들이 현대 사회학 내지는 인류학자들에 의해 이해된 기능론적 사고와 어떤 점에서 유사 또는 차이가 나는지에 관해 살펴보게 될 것이다.

1) 기복(祈福) 기능과 예(禮)

『순자(荀子)』의 〈천론(天論)〉편은 다음과 같은 문장으로 시작된다.

자연의 움직임은 일정한 법칙성을 갖는다. 요(堯)를 위해서 있는 것도 아니고 걸(桀) 때문에 없어지는 것도 아니다. 대응하여 잘 다스리면 길하고 대응하여 어지럽히면 흉하다. 농사일에 힘써서 씀씀이를 절약한다면 하늘도 가난하게 할 수 없고 의식(衣食)을 충분히 갖추어 알맞게 몸을 움직인다면 하늘도 병들게 할 수 없다. 도를 따라서 어기지 않는다면 하늘도 화를 입히지 못한다. ……그러므로 천(天)과 인(人)의 구분을 명확하게 할 줄 안다면 가히 지인(至人)이라 일컬을 수 있을 것이다(『순자』: 69).

그리고 뒷부분에서는 기우제라는 의식의 기능과 관련하여 다음과 같이 말하고 있다.

기우제를 지내고 비가 오는 까닭은 무엇인가. 말하기를, 다른 까닭이 없다. 마치 기우제를 지내지 않아도 비가 오는 것과 같다. 일식이나 월식이 일어나면 빌어서 이를 구하려고 하고 날씨가 가물면 기우제를 지내고 점을 친 연후에 매사를 결정하는 것은 원하는 바가 이루어질 수 있다고 여겨서가 아니라 꾸미기 위한 것이다. 그래서 군자는 일종의 꾸밈이라고 여기고 백성들은 신묘하다고 생각한다. 꾸밈이라 여긴다면 길하고 신묘하다고 생각한다면 흉할 것이다(『순자』: 79).

기우제 의식이 실제로 비를 내리는 효과가 있어서 거행되기보다는 다른 데 의도가 있는(예를 들어 사람들의 마음을 안정시키기 위한 효과 때문에 존재하는) 인위적 수단일 뿐이라는 순자의 견해는 원시신앙습속을 설명하는 데 현대 기능논자들이 흔히 취해왔던 설명 방식과 상당한 유사성을 갖는다는 점에서 주목을 끌어왔다(Company, 1992; Redcliff-Brown, 1952). 즉 순자의 견해는 제사를 비롯한 기복적 의식이 실제로 거둘 수 있는 기능적 효과는 그것을 통해 복을 바라는 사람들의 의도와는 전혀 다른 것이라는 주장이 요체를 이루며, 이러한 점에서 현대의 기능논자들이 원시부족의 신앙의식의 기능을 설명할 때와 매우 유사한 시각에서 기복적 의식의 기능을 파악하고 있다는 것이다. 순자의 이와 같은 견해가 현대 학문의 합리적인 사고방식에 보다 부합되고 있다는 점에서 주목을 받고 있는 것은 사실이다. 그러나 문제는 이러한 순자의 견해가 고대 중국의 유학자들 사이에 퍼져 있었던 지배적 태도를 반영하고 있었는지의 여부일 것이다. 우선 공자가 이에 대해 어떤 견해를 가지고 있었는지를 짐작할 수 있을 만한 단서는 단편적이고 직접이기보다는 다분히 시사적(示唆的)인 몇 마디의 언급으로 제한되어 있다. 하늘을 향한 기원(祈願)에 대한 공자의 태도를 간접적으로 보여주는 기록은 『논어』 〈술이(述而)〉편(216)에 나오는 다음 부분에서 찾을 수 있다.

> 공자께서 질환(疾患)이 위중하시자, 자로(子路)가 기도할 것을 청하였다. 공자(孔子)께서 "이런 이치가 있는가?" 하고 묻자, 자로(子路)가 대답하기를 "있습니다. 뢰문(誄文, 祭文)에 '너를 상하(上下)의 신기(神祇)에 기도하였다.'고 하였습니다" 하였다. 공자(孔子)께서 "나는 기도한지가 오래이다" 하셨다.

원문 자체에서 의미하는 바가 무엇인지는 분명치 않다. 단지 주자(朱子)의 주석에 따라 제문(祭文)의 내용이 지은 죄를 사죄하고 선(善)으로 돌아가기를 기원하는 내용을 담고 있고, 따라서 공자가 그런 의미에서 자신이 기도를 드린 지가 이미 오래되었다고 응답했다면, 이를 하늘의 도움을 얻어 복을 얻기를 바라는 태도를 보여주는 예로서 보기는 무리일 것이다. 공자의 의도 자체도 제문에 적힌 바와 같은 내용의 기도는 이미 오래전부터 실제로 해왔다는 의미인지, 아니면 자신의 삶이 그와 같은 노력으로 일관해 왔기 때문에 인생 자체가 하늘에 기도하는 삶이었다는 의미인지는 분명치 않다. 그러나 어느 경우이든, 초월적 존재를 향해 의식을 행하고 제물을 바침으로써 복(福)을 받거나 재앙을 피하려는 목적으로 수행되는 제의의식(祭儀儀式)의 기복적 기능에 대해 공자가 대체로 회의적이거나 유보적인 태도를 지니고 있었음을 우회적으로 나타내고 있다는 해석은 가능할 것으로 판단된다. 공자가 '천(天)' 또는 초자연적 힘에 대한 자신의 견해를 순자가 그랬던 것처럼 아주 명료하게 밝힌 적은 없다. 단지 앞의 예에서처럼 간접적인 일화를 통해서 짐작이 가능할 따름이다. 공자의 기복에 대한 태도를 보여주는 또 하나의 일화는 『논어』〈팔일(八佾)〉편에 나온다.

> 왕손가(王孫賈)가 물었다. "아랫목 신(神)에게 잘 보이기보다는 차라리 부엌 신(神)에게 잘 보이라 하니 무슨 말입니까?" 공자께서 말씀하셨다. "그렇지 않다. 하늘에 죄를 얻으면 빌 곳이 없다."[57]

적어도 기복과 관련된 맥락에서 위의 글에서 나타난 공자의 견해는 비교적 분명한 것으로 짐작된다. 일단 어떤 죄를 저지른 연후에 그에 따른 결과를 초자연적 힘에 의존하여 회피할 방법은 없다는 것이다. 이와 같은 공자의 언명은 주술적 수단을 통해 신적 존재들에게 잘 보임으로써 복을 얻거나 화를 피하려는 시도에 대해서는 다분히 부정적인 태도를 지니고 있었음을 시사한다. 단지 인간의 화복(禍福)을 최종적으로 결정짓는 어떤 인과적 원리가 세상에는 작동하고 있고, 이 원리에 거슬리지 않고 사는 것을 인간의 이상적인 모습으로 보았다는 데에는 의심의 여지가 없는 듯싶다. 그리고 그와 같은 원리가 도덕적 인과관계에 바탕을 두고 있다고 보는 점에서 기복을 통해 좌우되는 것으로 보지는 않았다는 것은

---

57 王孫賈問曰 與其媚於奧 寧媚於竈 何謂也 子曰 不然 獲罪於天 無所禱也. (91-2).

분명하다. 아울러 이와 같은 원리가 세상사를 주재하는 존재로서 하늘에 의해 주어졌다고 보고 있다는 점에서 공자는 인간에게 영향을 미치는 하늘의 도(道)가 존재하고 있다고 믿었던 것으로 여겨진다. 이런 점에서 공자는 앞에서 기술한 순자의 입장과는 차이가 나는 것으로 평가될 수 있다. 즉 순자와는 달리 공자는 인간의 도(道)와 하늘의 도가 동일한 원리에 귀속되는 것으로 보았다. 사람들이 사는 데 윤리적 원칙에 따라 사는 것이 인간의 도리라면, 그것이 종국적으로는 하늘이 모든 사물이 따르기를 원하는 도리와 부합된다는 의미에서 하늘의 도와 일치한다는 생각을 가지고 있었다는 것이다. 공자가 광(匡)땅의 사람들이 자신을 해칠지도 모른다는 소식을 접했을 때,

"……하늘이 장차 이 문(文)을 없애려 하셨다면 뒤에 죽는 사람(나 자신)이 이 문(文)에 참여하지 못하였을 것이나 하늘이 이 문(文)을 없애려 하지 않으셨으니, 광(匡)땅 사람들이 나를 어찌 하겠는가?"(『논어』〈자한(子罕)〉: 244).**58**

라고 이야기함으로써 공자는 하늘의 뜻과 자신의 도덕적 임무가 부합되고 있기 때문에 하늘이 결코 자신이 해를 입도록 버릴 리가 없다는 확신을 표명하고 있다. 이와 같은 언급은 종교적인 태도의 한 전형적인 표현으로 여겨질 수 있다. 개인의 도덕적인 행동이 초월적 존재가 뜻하는 바를 반영하는 것이며, 따라서 그 행동이 결국은 하늘의 섭리에 따라 사람을 해치는 결과를 가져오지는 않으리라는 믿음은 종교적인 태도의 한 전형적 표현이라는 것이다. 그리고 바로 이러한 점에서 공자의 태도에

---

58 天之將喪斯文也 後死者不得與於斯文也 天之未喪斯文也 匡人其如予何.

는 종교적인 일면도 엿보이고 있다고 볼 수 있다. 그러나 공자의 이와 같은 '종교적' 태도가 반드시 기복사상과 연관되어 있다고 말할 수는 없을 것이다. 귀신에게 '아첨'하여 복을 바라는 행동에 대해 공자가 부정적인 태도를 보였다는 사실은 이미 앞에서 인용된 언급 외에도 『논어』〈위정(爲政)〉편에 "그 제사지내야 할 귀신이 아닌데 제사지내는 것은 아첨이요"59(75)라고 지적한 구절을 통해서도 간접적으로 시사되고 있다. "그 제사지내야 할 대상이 아닌데 제사를 지내는" 행위를 유교에서는 통상 '음사(陰祀)'라는 명칭으로 부르는데, 이는 곧 예전(禮典)에 올라 있지 않은, 즉 유교에서 바람직하고 보는 조건을 충족하지 못한 제의 행사라는 의미를 지니고 있다. 그리고 '아첨'이란 말은 귀신의 마음을 달래서 복을 비는 행위라는 의미를 지니고 있는 말이다. 따라서 앞에 인용된 공자의 말을 뒤집어서 해석해본다면, 단지 복을 빌기 위한 행사는 곧 바람직하지 못하다는 인식을 보여준다. 바로 이러한 점에서 공자가 기복에 대해 부정적인 태도를 보여주고 있다는 것은 어느 정도 분명한 것으로 여겨진다. 반면에 공자가 제의(祭儀) 행사의 기복적 기능에 대해 긍정적인 태도를 지니고 있었음을 짐작케 하는 기록은 적어도 『논어』나 『예기』에 관련되는 한 찾아볼 수 없다. 이로써 예를 행하는 데 공자가 보였던 진지한 관심은 하늘이나 귀신 또는 조상에게 빌어서 복을 얻고자 하는 동기와는 거의 무관했던 것으로 판단된다.

　물론 이와 같이 결론을 내리는 데는 풀어야 할 한 가지 중요한 의문이 남는다. 그것은 하늘이나 귀신 또는 조상을 제사지내는 의식에서 공자가 보였던 진지한 태도는, 만약 그로 인해 복을 받기 위한 것이 아니었다면, 대체 무엇 때문이었을까 하는 의문이다. 그와 같은 의식을 수행하

59　子曰 非其鬼而祭之 諂也.

는 데 있어서 공자가 매우 진지한 태도로 임했음은 그가 "제사를 지내실 적에는 〈선조(先祖)가〉 계신 듯이 하셨으며, 신(神)을 제사 지낼 적에는 신(神)이 계신 듯이 하셨다"[60]는 『논어』의 한 구절을 통해서 충분히 짐작이 가능하다. 한 가지 분명하게 짐작되는 사실은 이미 위에서도 지적한 바 있듯이 아마 자신이 확신할 만한 지식이 없기 때문에 이야기하기를 꺼렸을 것으로[61] 여겨지는 불확실한 존재들을 향해 제사를 행하면서 구태여 그로부터 오는 복(福) 또는 이(利)를 염두에 두었던 것은 아니었으리라는 것이다. 그러나 예에 임하는 그의 진지한 태도로 미루어 어떤 종류의 긍정적인 기능에 대한 기대나 확신은 가지고 있었을 것으로 짐작된다. 우선 여기에서 결론적으로 지적하자면 공자가 예에 대해 생각하고 있었던 기능적 역할은 제례 예식들 자체 속에 작동하는 요소들이 결과적으로 사회질서에 기여하는 효과와 관련된 것이었다. 이어지는 부분에서 우리는 예의 이와 같은 기능에 대해 별도로 논의하게 될 것이다. 이 부분에서는 예 가운데서 상당한 비중을 점하는 각종의 제의의식(祭儀儀式)들이 어느 정도로 기복적 기능에 동기를 두고 있는지에 관해서만 초점을 맞추어 논의를 계속하려고 한다.

기독교라든지 불교와 같은 종교와 비교할 때 유교에서 나타나는 가장 중요한 특징 가운데 하나는 초월적 존재의 은총으로 인해 나타난 신비한 현상에 대한 믿음을 찾아보기 힘들다는 것이다. 만약 어떤 행동이 인간으로서 마땅히 이행해야 할 가장 중요한 의무라고 믿어졌을 때, 가장 모

60　祭如在 祭神如神在(『논어』〈팔일(八佾)〉: 90).

61　공자가 자신이 알지 못하는 것들에 관해 이야기하기를 꺼려하는 경향이 있었다는 사실을 짐작케 하는 근거로서는 『논어』에 실려 있는 다음 구절들을 참고할 것. 子曰 務民之義 敬鬼神而遠之 可謂知矣(〈옹야(雍也)〉: 177); 子 不語怪力亂神(〈술이(述而)〉: 205); 子 罕言利與命與仁(〈자한(子罕)〉:240); 季路問事鬼神 子曰 未能事人 焉能事鬼 敢問死 曰 未知生 焉知死(〈선진(先進)〉:303).

범적으로 이를 이행한 사람이 신의 은총과 그로 인해 나타나는 기적과 같은 축복을 경험하는 이야기들은 모든 종교의 경전에서 거의 빠짐없이 나타나는 특징적 요소 가운데 하나이다. 이런 의미에서 종교는 초월적 힘과 신비한 섭리를 보여주는 이적(異跡)과 기사(奇事)에 대한 신앙이, 만일 전부는 아니라고 하더라도, 적어도 부분적으로는 본질적 요소의 하나가 되고 있다. 이와는 대조적으로 유교에서는 예를 인간이 마땅히 따라야 의무로 강조하는 반면에 예를 성실히 이행했을 때 따르는 '무한한 복,' '기적' 또는 '구원'에 대한 신앙이 결여되고 있다. 바로 이러한 점에서 예는 그것이 설령 하늘을 향한 제사일 경우에도 철저하게 이세상─지향적인, 즉 현실 속에서 인간에게 부여된 목적을 위해 수행되는 세속적 행위일 따름이다.

　물론 공자 생존 당시는 물론이거니와 그 이후 현대에 이르기까지도 복과 기적을 목적으로 하는 실로 다양한 종류의 신앙습속이 다양한 부류의 사람들에 의해 실행이 되어왔던 것은 사실일 것이다. 가장 모범적인 유학자의 집안이라 하더라도 그 집의 어느 구석에서는 정체모를 귀신이나 대상을 향해 복을 빌고 재앙을 기피하려는 행사가 어느 누군가에 의해서 열리고 있었을 가능성을 배제하기는 어려웠을 것으로 짐작된다. 또한 조상들이나 하늘과 땅, 또는 기타의 대상들을 향해 예법에 규정된 제사들을 지내는 사람들이 그와 같은 행위를 수행하면서 실제로 가지고 있었던 동기가 반드시 기복과는 무관한 것이었다고 단정 짓기도 어려울 것이다. 복을 받기 위해 기원하는 행위는 인간 삶의 상황 자체가 어렵고 불확실한 데서 사람들이 나타내는 자연스러운 반응일 것이다. 그러나 우리가 이미 살펴보았듯이 제사 본연의 기능을 그것을 통해서 내려지는 복을 기원하는 데 있다고 보는 점에 있어서는 공자를 비롯한 유교 식자층의 생각은 대체로 부정적이었던 것으로 판단된다. 기복사상에 가장 동조적이었을 경우에서 조차도 다른 중요한 기능에 부수적인 것으로 보는 견해가 아마 보다 일반적이었을 것으로 여겨진다. 이와 관련하여『예기』에 실린 다음의 기록들을 살펴보도록 하자.

이렇기 때문에 예의 예절은 인간 생활을 원활하게 하기 위한 요건(要件)인 것이다. 인간은 예를 행함으로써 서로 신뢰와 친목을 두텁게 할 수가 있고, 단결을 튼튼하게 할 수가 있다……. 또한 예는 살아 있는 부모를 봉양해서 만족케 하고, 죽으면 장사 지내어 그 혼령을 편안케 하고, 혹은 여러 신을 제사지내어 복을 빌기 위한 중요한 수단이 되기도 하며, 사람이 천도(天道)를 존중하고 인정을 중요시함으로써 인간 생활을 원활하게 보내기 위한 중요한 방법이기도 하다(〈예운(禮運)〉: 649).

공자가 말씀하였다. "고인(古人)의 말에 '나는 싸우면 반드시 이기고 제사를 지내면 반드시 복을 받았다'고 되어 있으나, 아마 그 사람은 전쟁을 하든 제사를 지내든 정도(正道)를 행하였기 때문일 것이다." 군자가 말하기를, "제사에 있어서 복(福)을 기구(祈求)하지 않으며, 제사를 앞당기는 것을 쾌(快)하게 여기지 않으며, 제기(祭器)가 크다고 해서 기뻐하지 않으며, 관혼(冠婚) 등의 가례(嘉禮)는 잘하기 위해 따로 제사를 베풀지 않으며, 희생인 소나 양은 비대한 것을 상급으로 생각하지 않으며, 제물(祭物)은 반드시 수량이 많은 것을 좋다고 하지 않는다" 하고 했다(예기(禮器)〉: 673).

현자(현자)가 제사를 지내면 반드시 그 보답으로 복(福)을 받는다. 그것은 세상에서 말하고 있는 복이 아니다. 현자가 받는 복이라는 것은 비(備)이고, 이 비(備)란 만사가 [구비(具備)되어서] 순조로운 상태를 말하는 것이며, 모두 순조롭지 않은 곳이 없는 상태를 비(備) [구비되어 있다]라고 말하는 것이다(〈제통(祭統)〉: 1218).

위의 세 인용문 가운데 첫 글에서는 예가 존재하는 데에는 여러 중요한 목적이 있으나, 그중에 "여러 신에게 제사를 지내어 복을 빌기 위한"

것도 하나의 목적이라고 이야기하고 있다. 두 번째 글에서는 위와는 대조적으로, 제사를 지내는 것은 복을 받는 데 목적을 두기보다는 옳은 방법으로 그것을 행하는 것이 더욱 중요함을 강조하는 공자의 말과 함께 제사는 복(福)을 기구하기 위한 것이 아님을 강조하는 성명 미상의 '군자'의 말을 전하고 있다. 세 번째 글에서는 서로 상충되는 것으로 여겨질 수 있는 첫 번째 글과 두 번째 글 사이에 대립을 해소시키는 주장을 담고 있는데, 현명한 사람들은 제사를 지내면 반드시 복을 받는 것은 사실이나 그 복이 흔히 세상에서 이야기하는, 어떤 종류의 눈에 볼 수 있는 이복(利福)을 의미하는 것은 아니라는 것이다. 그보다는 올바른 방법으로 제사를 지내기 위해 기본적으로 갖추어야 할 '종순(從順)'의 태도가 곧 온전한 인격의 형성을 가져오고, 이와 같은 인격의 구비가 곧 모든 일을 순조롭게 만들어준다는 의미에서 결국은 복을 가져오는 효과를 불러오게 된다는 것이다. 필자가 보기에 이와 같은 기능론적 해석은 제의행사의 기복적 기능에 대해 유교 윤리적 입장에서 취하고 있는, 일종의 정통적 시각을 가장 가깝게 반영하고 있는 것으로 여겨진다. 즉 귀신이나 하늘과 같은 초월적 존재에 대한 제의행사가 갖는 기복적 기능을 무시할 수는 없으나, 그것이 주는 복(福)의 의미에 있어서도 그렇거니와 어떻게 복이 주어지는지를 인식하는 데 있어서도 유교 윤리적 시각에 비추어 해석이 되고 있다는 것이다. 이와 관련하여 또한 유의해야 할 사실은 전적하게 기복을 목적으로 하는 많은 종류의 신앙 행위에 대해서는 예(禮)라는 명칭이 부여되지는 않았다는 사실이다. 그렇다면 예법에 규정된 제의 행사와 바람직하지 않은 기복 행사, 소위 '음사(陰祀)'를 가르는 기준은 무엇인가? 『예기』〈곡례 하(曲禮 下)〉편에 따르면, "제사해야 할 바가 아닌데 제사하는 것을 음사(陰祀)라 한다"(171)고 쓰여 있다. 제사해야 할 대상과 그렇지 않아야 할 대상은 어떻게 구분이 되는가? 『예기』〈제법(祭法)〉편에서는 제사를 예전(禮典)에 등재하는 기준에 대해 다음과 같이 쓰고 있다.

대체로 성왕(聖王)이 어떤 신령의 제사를 제정하는 데 있어서 그 원칙은 다음과 같다. 먼저 생전에 선정양법(善政良法)을 백성에게 베푼 자를 제사지낸다. 또 죽음을 무릅쓰고 나랏일에 힘쓴 자를 제사지낸다. 노고를 아끼지 않고 국가를 안정시킨 자를 제사지낸다. 큰 재해(災害)를 예방하고 구출한 자를 제사지낸다. 큰 국난(國難)을 예방하고 물리친 자를 제사지낸다……. 이들은 모두 백성에게 있어서 공덕(功德)이 큰 사람들이다. 또한 일월(日月)을 비롯한 여러 별은 백성이 존중하는 대상이고 산림·천곡(川谷)·구릉(丘陵)은 백성이 생활하는 물자를 얻는 근원이므로 제사를 지내는 것으로써 이러한 종류의 것이 아니면 제사(祭祀)의 일을 기록하는 전적(典籍)에 실리지 않는 것이다(1162).

요약한다면 국가나 사회의 집단적인 기능과 백성들의 복지를 위해 중요한 기여를 한 바가 있거나 필요하다고 생각되는 대상에 대한 제례의식이 예전(禮典)에 실려진다는 것이다. 예전에 실린다는 것은 곧 예(禮)로서의 지위를 공식적으로 인정받는다는 것을 의미한다. 반면에 그렇지 않은 신앙 행위는 그 목적에 있어서 국가의 공적 및 윤리적 기준과는 부합되지 않은 기복 행사로서, 즉 '음사'로서 취급된다는 것을 의미한다. 바람직하지 않은 제의 행사에는 그 자체로서 음사라고 볼 수는 없으나 제사를 거행하는 주체나 방식이 규정된 예법에 벗어나는 경우 또한 포함된다. 예를 들어 천지(天地)를 제사지내는 것은 천자(天子)만이 할 수 있도록 예법은 규정하고 있다(『예기』〈곡례(曲禮)하〉: 171). 따라서 천자 또는 천자의 후손이 아닌 자가 천지의 신을 제사지내는 것은 예에 어긋나며 바람직하지 않은 일일 것이다. 이와 관련하여 공자는 다음과 같이 이야기하고 있다.

공자가 말씀 하였다. "……노(魯)나라는 주공(周公)의 후예로서 주나라의 도가 아직도 남아 있다. 내가 노나라를 버리고 어디로 가겠는가? 그러나 노나라가 행하는 교사(郊祀)와 체사(締祀)는 예에 어긋난다……. 노나라는 천자의 후손이 아닌데 천자가 지내는 제사를 거행하는 것은 예가 아니다. 이런 까닭으로 천자는 천신지기(天神地祇)를 제사지내고, 제후는 사직을 제사지내는 것이 옛날부터의 상례인 것이다(『예기』〈예운(禮運)〉: 171).

자신의 신분 또는 지위에 합당하지 않은 대상을 제사 지내는 것은 예에 어긋나기 때문에 바람직하지 않다는 공자의 주장은 조상을 제사 지내는 경우에도 마찬가지로 적용되는 원칙이다. 즉 집안의 제사는 원칙적으로 종자(宗子)에 의해 수행되어야 하기 때문에 서자(庶子)에 의해 거행되는 제사는 예법에 어긋난, 그릇된 행위로 여겨지게 된다. 이는 모든 제사에 대해 마찬가지로 적용되는 원칙이다. 즉 예법에 규정된 제사의 대상에 대해서는 그 제사의 중요성이나 제사의 대상들에 부여된 서열상의 지위에 대응하는 제주(祭主)의 신분이나 직분이 규정되어 있으며, 이와 같은 질서를 위반하는 모든 제의 행위는 예에 벗어나는 것으로 간주된다는 것이다. 이러한 예법 질서가 왜 그토록 중요한 사실로 인식이 되고, 또 아마 실제로도 강제적 규범으로 준행이 요구되고 있었는지 하는 이유에 대해서는 다음 부분에서 예의 다른 기능과 관련하여 논의가 될 것이다. 단지 여기에서 한 가지 주목을 요구하고 싶은 사실은 제의 행사를 주재하는 사람은 대체로 중국 고대 봉건사회의 공식적 지배구조상의 위치에 의해 결정된다는 점이다. 즉 제의 행사에 참여하는 사람들의 직분이나 위치는 곧 고대 중국사회의 공식적 지배구조를 그대로 투영하고 있다는 것이다. 다른 사회에 있어서 유사한 종류의 제의 행사는 통상 종교 또는 주술적 행사에 전문적으로 종사하는 사제(司祭)에 의해 거행되는 것이 보다 일반적일 것이다. 이를 기복 기능의 관점에서 본다면 유교의 제의 행사는 대체로 '기복(祈福)'을 전문으로 하는 직업과는 무관한 비전문적 외부인에 의해 수행되고 있다는 의미로 해석될 수 있다. 이와 같은 사실은 이미 누차에 걸쳐 지적된 바 있듯이 제례(祭禮)에는 '기복'을 위한 목적과는 무관한 다른 목적이 보다 큰 중요성을 점하고 있거나, 기복을 위한 동기가 실제로 작용하고 있다고 하더라도 주된 동기를 이루고 있다고 보기는 어렵다는 것을 시사한다. 여기에서 우리는 각종의 제의 행사가 기복보다는 유교에서 추구하는 사회-정치적 목적에 부응하는 기능을 지니고 있음을 짐작할 수 있으며, 이에 대해서는 바로 이어지는 부분에서 집중적으로 논의하려고 한다.

2) 정치-사회적 기능

예와 관련하여 『논어』에 소재된 공자의 어록 가운데 두드러지게 부각된 주제의 하나는 예의 정치-사회적 효용성에 관한 것이라 말할 수 있다. 군신 간의 관계나 사회적 관계가 예를 통해서 이루어지는 것이 필요함을 강조하고, 또 그것이 정치와 사회적 관계에 미치는 긍정적 기능을 강조하는 언급들은 『논어』의 전편에 걸쳐 이곳저곳에 산재한다. 일단 아래에 인용된 내용들을 일별해보자.

인도하기를 덕(德)으로써 하고 가지런 하기를 예(禮)로써 하면 (백성들이) 부끄러워함이 있고 또 선(善)에 이를 것이다(『논어』〈위정(爲政)〉: 53).
군주는 신하 부리기를 예(禮)로써 하고 신하는 군주를 섬기기를 충성으로써 해야 합니다(『논어』〈팔일(八佾)〉: 97)).
능히 예(禮)와 겸양(謙讓)을 한다면 나라를 다스림에 무슨 어려움이 있으며, 예(禮)와 겸양(謙讓)으로써 나라를 다스리지 못한다면 예(禮)를 어찌하겠는가(『논어』〈이인(里仁)〉: 117).

나라를 다스림은 예(禮)로써 해야 하는데, 그의 말이 겸손하지 않았다(『논어』〈선진(先進)〉: 325).

하루라도 사욕(私慾)을 이겨 예(禮)에 돌아가면 천하가 인(仁)을 허여한다(『논어』〈안연(顔淵)〉: 328).

자하(子夏)가 말하였다. "나(商)는 들으니, ……남과 더불어 공손하고 예(禮)가 있으면 사해(四海) 안이 다 형제니, 군자가 어찌 형제가 없음을 걱정하겠는가?"(『논어』〈안연(顔淵)〉: 336-7).

일이 이루어지지 못하면 예악(禮樂)이 일어나지 못하고, 예악(禮樂)이 일어나지 못하면 형벌(刑罰)이 알맞지 못하고, 형벌(刑罰)이 알맞지 못하면 백성들이 손발을 둘 곳이 없게 된다(『논어』〈자로(子路)〉: 365).

윗사람이 예(禮)를 좋아하면 백성들이 감히 공경하지 않은 이가 없고……(『논어』〈자로(子路)〉: 367),

위에서 예(禮)를 좋아하면 백성을 부리기가 쉽다 (『논어』〈헌문(憲問)〉: 429).

……장엄함으로써 백성에게 임하더라도 백성들을 흥동(興動)시키기를 예(禮)로써 하지 않으면 선(善)하지 못하다(『논어』〈위령공(衛靈公)〉: 459).

『논어』의 특성상 모든 내용들이 매우 압축적이고 간략하기 때문에 정확한 의미를 파악하는 것은 쉽지 않다. 주자(朱子)의 주석이 도움이 되기는 하나 이 역시 가능한 하나의 해석일 뿐 원래에 의도된 의미와 가장 부합되는 정확한 해석이라는 보장은 없을 것이다. 따라서 너무 세부적인 해석에 집착함이 없이 개괄적인 이해로써 만족한다는 전제 하에, 비교적 분명하게 드러나 보이는 주장을 읽을 수는 있다. 그것은 신하(臣下)나 백성들을 예로써 대하는 것은 그들을 주어진 통치체제에 자발적으로 참여시키고 상하 간 또는 공동체 구성원들 간의 유대를 증진시키는 가장 효과적인 방법이라는 것이다. 이와 더불어 예를 통해 다스림으로써 정

치는 곧 인간들 사이에 선(善)과 인(仁)과 같은 윤리적 가치를 실현하는
데 있어서 중요한 기능을 담당하게 된다는 점을 강조하고 있다. 다른 말
로 표현하자면 예치(禮治)를 통해 이루어지는 정치적 통합은 사회 구성
원들 간에 인간적인 존중과 사랑과 같은 윤리적 유대의 형성을 촉진시킨
다는 것이다. 윤리 공동체의 실현은 현실적인 정치적 목표가 되기에는
너무 이상적인 목표일 수도 있을 것이다. 그러나 이는 유교에서 추구했
던 목적이었고, 예를 통한 통치에 의해 그것이 이루어질 수 있다는 신념
이 유교를 특징짓는 하나의 핵심적 이념이었다는 것은 사실이다.

그렇다면 이제 이와 같은 신념의 근거는 어디에 두고 있었던 것일
까? 공자가 아무런 배경 논리도 없이 무조건 예를 실천하면 그가 지향
하는 이상적 정치의 실현이 이루어질 수 있다고 설교하는 매우 단순하
고도 순박한 도덕주의자는 아니었던 것은 분명하다. 적어도 『예기』에 기
록된 공자의 강설 내용들로 미루어 짐작건대, 예의 정치사회적 기능에
대한 공자의 신념은 역사 발전 과정에 따른 사회 통합 형태의 변화에 대
해 나름대로 그가 지니고 있었던 지식과 주의 깊은 성찰에 근거를 두고
있음을 알 수 있다. 이에 관하여 공자가 강설(講說)한 내용을 집중적으로
담고 있는 부분이 『예기』 〈예운(禮運)〉편이다. 서두에서 우선 공자는 "옛
날 큰 도가 행하여진 일과 삼대[夏, 殷, 周]의 영현(英賢)들이 도(道)를 행한
일"을 자신이 직접 볼 수는 없었으나 "기록은 있다"(〈예운(禮運)〉: 617)라
는 말로 고대의 역사적 상황에 대한 자신의 견해는 문헌적 기록에 근거
를 두고 있음을 밝힌다. 이후에 이어지는 공자의 이야기들 가운데서 우
리는 공자가 고대로부터 자신이 사는 시대에 이르기까지 중국의 역사를
대체로 다음과 같이 세 시대로 나누고 있음을 알 수 있다. 첫째는, "옛날
큰 도(大道)가 행해지던" 시기이다. 이때의 사회적 상황은 "천하가 모두
만민의 것으로(天下爲共)," 즉 재산이나 권력의 사유화가 아직 일어나지
않았던 시대이다. 이와 같은 상황을 『예기』에서는 다음과 같이 표현하고

있다.

재화(財貨)라는 것은 헛되이 낭비하는 것을 미워하였지만 반드시 자기에게
만 사사로이 독점 하지 않았으며, 힘이란 것은 사람의 몸에서 나오지 않으
면 안 되는 것이었지만 그 노력을 반드시 자신의 사리(私利)를 위해서만 쓰
지는 않았다. 모두가 이런 마음가짐이었기 때문에 [사리사욕에 따르는] 모략
이 있을 수 없었고, 절도나 폭력도 없었으며 아무도 문을 잠그는 일이 없었
다(『예기』〈예운(禮運)〉: 618).

또한 한 사람 또는 가문에 의해 재산이나 권력이 사유화(私有化)되는
일이 일어나지 않았기 때문에 세습(世襲)이 존재하지 않았고, 따라서

사람들은 현자(賢者)와 능자(能者)를 선출하여 관직에 임하게 하고, 온갖
수단을 다하여 상호간의 신뢰친목(信賴親睦)을 두텁게 하였다. 그러므로
사람들은 각자의 부모만을 부모로 여기지 않았고, 각자 자기 자식만을 자
기 자식으로 여기지 아니하여, 노인에게는 그의 생애를 편안히 마치게 하였
으며 장정에게는 충분한 일을 시켰고, 어린이에게는 마음껏 성장할 수 있
게 하였으며, 과부 · 고아 · 불구자 등에게는 고생 없는 생활을 시켰고, 성년
남자에게는 직분을 주었으며, 여자에게는 그에 합당한 남편을 갖게 하였다
(『예기』〈예운(禮運)〉:617-8).

이와 같은 사회를 "대동(大同)의 세상"[62](『예기』〈예운(禮運)〉: 618)이라고

---

[62] 기타 서지(書誌) 상에 나타난 '대동(大同)'이라는 용어의 보다 자세한 의미와 함께 이에 관한 『예
기』의 기록이 실제로 공자 자신이 진술한 바를 기록하고 있는지의 여부와 관련된 논란에 대해서
는 전세영(1991: 570 및 569의 각주 7)을 참조할 것.

칭한다는 말로써 이 시대에 대한 설명은 종결이 된다. 현대말로 표현한다면 "원시공산사회" 또는 "원시유토피아"와 대치될 수 있는 개념일 것이다. 예와 관련하여 지적되어야 할 중요한 사실은 이 시대에 대해서는 예의 존재 자체에 대해서나 필요성에 대한 언급이 전혀 없다는 점이다. 이는 구태여 예에 의해 규제되지 않더라도 원시사회 그 자체의 내재적 속성에 따라 모두 함께 일하고 서로 보살피며, 공평하게 나누는, 곧 대동의 질서가 유지되는 사회라는 생각이 배경에 깔려 있기 때문일 것이다.

이어지는 두 번째의 시대는 "천하가 가족의 것으로(天下爲家)," 즉 재산이나 권력의 사유화와 함께 세습이 이루어지는 시기이다. 이 시대에 "재화(財貨)를 사유(私有)하고 노력(勞力)은 사리(私利)를 위해서만 사용"되며, "천자와 제후들은 세습하는 것을 예(禮)로 삼으며, 성곽과 구지(溝池)를 (지어) 외적으로부터" 자신들의 권력을 방어하게 되었다. 이때부터 배타적 소유의 주체이며 사적 이익을 위한 노동의 단위로서 가족은 가장 기초적인 사회적 단위가 되었고, 정치적으로는 군신관계를 근간으로 하는 국가통치조직이 형성되었다. 공자는 따라서 "예를 기강으로 내세(운)" 것은(『예기』〈예운(禮運)〉: 619) 곧 이 시대의 근간이 되는 가족관계와 군신관계의 규제에 그 기본적 기능이 있었던 것으로 보고 있다. 즉 예는 "……임금과 신하의 분수를 바로잡으며, 부자 사이를 돈독하게 하고, 형제를 화목하게 하며, 부부 사이를 화목하게" 하는 데 목적을 두고 있었다는 것이다. 그리고 실제에 있어서, "우왕(禹王)·탕왕(湯王)·문왕(文王)·무왕(武王)·성왕(成王)·주공(周公)은 이 예도(禮道)를 써서 뛰어난 업적을 이루었다"고 지적한다. 그리고 이들의 통치방식에 대해 다음과 같이 기술하고 있다.

이 여섯 군자들은 모두 예를 삼가지 않은 사람이 없다. 즉 이들 여섯 왕은 모두 예의를 지킨 사람들이고, 예의로써 각자의 도를 헤아렸으며, 백성의 신망을 모았고, 적의 죄과를 밝혔으며, 인애(仁愛)와 겸양(謙讓)의 도를 강설(講說)하여 백성들에게 보여주었다. 만일 이 도를 따르지 않은 자가 있으면 권세의 지위에 있는 자라 할지라도 백성들로부터 배척당하여 끝내는 멸망할 것이다(『예기』〈예운(禮運)〉: 620).

예도에 의한 통치가 요구되는 세상에 대한 기술은 "이러한 세상을 소강(小康)의 세상,"[63] 즉 어느 정도까지는 안정된 삶이 보장된 세상으로 칭한다는 말로 결론을 맺고 있다. 그러나 그 내면에 포함된 의미를 헤쳐보자면, 공자가 이 시대를 서로 다른 두 상황이 교차하는 시기로 인식하고 있음을 알 수 있다. 하나는 우왕과 같은 성왕(聖王)들이 예로서 통치함으로써 백성들이 가능한 최소한의 안정된 삶을 보장받을 수 있었던 시대이다. 다른 하나는 군주들이 정치를 하는 데 예로써 하지 못하여 평안한 삶이 가능하지 못했던 시대이다. 적어도 『예기』〈예운(禮運)〉편과 기타 여러 곳에 기록된 공자의 언급을 토대로 한다면, 공자는 당시 자신이 살고 있었던 시대의 상황을 후자의 유형에 속한 것으로 판단하고 있었던 것으로 짐작된다. 먼저 당시에 왜 예가 잘 지켜지지 않은 지에 관하여 노(魯)나라 애공(哀公)에게 응답한 내용을 기록한 『예기』〈애공문(哀公問)〉의 서두 부분은(『예기』〈애공문(哀公問)〉: 1262-1263) 공자가 당시의 상황을 어떻게 평가하고 있었는지를 비교적 분명하게 보여준다. 당시의 상황에 대한 부정적 평가는 반드시 지켜져야 할 예법이 훼손되고 있는 몇 가지 실례를 지적하고 그것을 비판한 내용을 담고 있는 그의 언급을 통해 보다 구체적으로 표현되고 있다. 첫 번째의 언급은 "천자는 천신지기(天神地祇)를 제사 지내고, 제후는 사직을 제사 지내는 것이 옛날부터

---

63 "소강(小康)의 세상," 즉 예도(禮道)가 지배하는 세상에 대한 기록은 『예기』〈예운(禮運)〉: 619-620에 소재됨.

의 상례(常禮)"(『예기』〈예운(禮運)〉: 629)임에도 불구하고, 자신의 출신국 노나라에서 현재 행하는 교사(郊祀)와 체사(締祀)는 그와 같은 예에 어긋난다는 것이다. 즉 제사 지내는 대상의 서열에 비추어 천자가 제사 지내야 할 대상을 제후가 제사 지냄으로써 군신 간 서열 질서를 위반하는 참람(僭濫)한 행위를 하고 있다는 것이다. 이를 현대적인 관점에서 다른 말로 표현해보자면 예는 정통적 지배질서의 상징적 표현이며, 동시에 그것이 유지되는데 기본적 기제(機制)로서 작동하는 중요한 수단이다. 따라서 예가 규정된 바에 어긋나게 되는 것은 곧 정통적 지배질서의 훼손을 보여주는 징표이며, 또한 그와 같은 질서의 훼손을 방조하고 유발시키는 요인으로 작용하게 된다. 공자가 자신의 국가에서 행해지는 제의 행사에 대해 매우 부정적인 평가를 내리게 된 데는 바로 예의 기본적 기능에 대한 이와 같은 그의 판단이 배경이 되었던 것으로 여겨진다.

이외에도 당시에 그가 목격한 예의 훼손 사례에 관한 공자의 언급들역시 그 시사하는 의미에 있어서 대체로 앞에서 인용된 사례와 궤를 같이 한다. 예를 들어 제사에서 그 시작과 끝에 신(神)에게 고하고 주인에게 축하하는 말을 적은 축사(祝辭)나 하사(嘏辭)는 종묘(宗廟)에 보관함으로써 수정하지 못하도록 하는 것이 예로부터 지켜진 예였다. 그러나 후세에 오면서 왕실 업무나 제사, 또는 문서를 담당하는 관리들[종(宗) · 축(祝) · 무(巫) · 사(史)]의 집에 보관됨으로써 그 내용들이 고쳐지는 일이 발생하게 되었다. 공자는 이와 같은 일이 행해지는 나라를 "유암(幽暗)의 나라," 즉 예의 훼손 행위가 은밀히 저질러지는 나라라고 부르고 있다. 이는 곧 국가의 의전(儀典)을 왕이 아닌 신하들이 암암리에 수정함으로써 임금의 권위를 훼손하는 중대한 행위로서 해석되었기 때문이다. 이러한 공자의 인식에는 아마 국가적 제의의식에 쓰이는 제문(祭文)에는 주어진 왕조의 이념이나 정당성을 뒷받침하는 정치적 언사들이 담겨 있기 때문에 함부로 고쳐서는 안 될 내용을 담고 있다는 것도 한 요인이 되었을 것이다. 어쨌든 전통에 따라 예를 지킨다는 행위는 국가의 정치 질서를 확립하고 또 유지하는 데 중요한 기능을 갖는다는 것이 공자의 인식이었던 것으로 여겨진다. 공자가 지적한 다른 경우들 역시 정치와 예의 관계를 공자가 어떻게 인식하고 있었는지를 보여주는 유사한 사례다. 즉 제후에게는 허용되지 않은 종류의 술잔을(醆 또는 斝) 제사에 사용함으로써 예를 위반하는 것은 스스로 임금처럼 행동함으로써 상하의 질서를 전복시키는 행위이며, 임금의 예복이나 병기 등은 임금의 명에 의해 관리되어야 하는데도 지금은 대부(大夫)의 집에 간직되고 있는데 "이는 예가 아니며, 군주를 협박하는 행위"이고, 대부로서 임금처럼 많은 신하나 제기(祭器), 악기를 갖추고 있는 것은 "국군과 대등하려는 참람한 행동으로서 예에 어긋난다"는 것이다(『예기』 〈예운(禮運)〉: 630-1). 지적된 모든 사례를 통해 공자가 강조하고자 했던 점은 이미 지적된 바와 같다. 즉 예가 규정된 바에 어긋나게 되는 것은 곧 정통적 지배질서의 훼손을 보여주는 징표이며, 또한 그와 같은 질서의 훼손을 방조하고 유발시키는 요인으로 작용하게 된다는 것이다.

 공자는 이상적 상하질서의 확립을 통해 정치 및 사회를 안정시키는 것이 당시에 그가 목격하고 있었던 국가의 혼란 상태를 해결하는 가장 효과적 방법이었다는 것을 믿고 있었다. 그리고 그가 상하 간에 이상적 질서가 이루어질 수 있는 가장 유효하고도 올바른 수단이 곧 사람들이 예를 실천하는 데 있다고 보았다는 것은 잘 알려진 사실이다. 이와 같은 공자의 견해는 두 가지 사실에 근거를 두고 있는 것으로 여겨진다. 하나는, 앞에서 언급한 바 있듯이 과거의 역사에 대한 나름대로의 분석을 통해 공자가 얻은 결론에 근거를 두고 있다는 것이다. 즉 성공적인 통치를 이룩한 과거의 왕들을 보면 그들의 정치가 모두 예도(禮道)를 통해 이루어지고 있다는 사실을 보여준다는 것이 공자가 내린 결론이었던 것으로 보인다.

두 번째로는, 예법 자체의 특성에 의거한 설명을 들 수 있다. 이 책에서도 이미 지적한 바 있듯이 예법의 가장 중요한 속성 가운데 하나는 '차별성'이다. 즉 사회적 신분과 직위를 달리 하는 사람들에게는 모든 생활 영역과 사회적 관계에 있어서 각각 자신의 신분이나 지위에 알맞은 예법이 규정되고 있었다. 예법이란 본질적으로 차별적 신분 질서가 구체적으로 행위를 통해 표현되는 양식이라는 점에서 가장 중요한 특징을 찾을 수 있었던 것이다. 물론 이와 같은 이야기하는 것이 반드시 예에 대한 부정적 평가만을 함축하고 있는 것은 아니다. 유교에서는 사회적 관계에 있어서 예의 준수는 어느 한 일방에 대해서 만이 아니라 관계 당사자 모두에게 요구되기 때문에 낮은 지위의 사람이 지켜야 할 예가 있다면 높은 직분의 사람에게는 그 지위에 따라 또한 지킬 것이 요구되는 겸양의 예가 있다고 보았다. 물론 유교에서는 사람들 간의 지위 또는 신분적 차별성을 사회에 질서가 존재하는 가장 본질적인 요건의 하나로써 간주한다. 즉 바람직한 사회질서는 곧 신분적 차별성에 토대를 둔 질서로서 간주되었던 것이다. 그러나 이과 함께 해당하는 신분 또는 직위의 사람들은 자신의 위치에서 각자 지켜야 본분(本分)이 있고, 그에 따라 행동함으로써 비로소 바람직한 사회질서는 가능하다고 보았다. 이와 같은 논리에 따라 아랫사람들은 '충(忠)'이라든지 '효(孝)'가 자신들이 지켜야 할 본분이라면, 다스리는 자들 역시 '예양(禮讓)'[64]으로써 다스리는 것이 그들에게 부여된 본분이었다. 바로 이런 점에서 예를 실천한다는 것은 곧 사회적 상호 작용의 당사자들이 자신에게 부여된 본분에 알맞은 행동을 한다는 것을 의미한다. 사람들이 모두 자기 자리에서 규정된 예에 따

---

64 특히 『예기』〈이인(里仁)〉편에서 나오는 공자의 말, "능히 에(禮)와 겸양(謙讓)을 한다면 나라를 다스림에 무슨 어려움이 있으며, 예(禮)와 겸양(謙讓)으로써 나라는 다스리지 못한다면 예(禮)를 어찌하겠는가(能以禮讓 爲國乎何有 不能爲禮讓爲國 如禮何)"(116).

라 행동함으로써 거두어지는 사회의 통합 효과에 대해서는 『예기』의 여러 곳에서 반복적으로 강조가 되고 있다.

> 이리하여 예라는 곳은 군신의 도리를 밝히고, 부자의 정을 두텁게 하며, 형제의 사이를 화목하게 하며, 상하(上下)의 질서를 정제하며, 부부 사이를 구별한다. 이와 같이 해서 평화로운 사회가 실현되는 것을 하늘이 복을 내려 주었다고 말한다(〈예운(禮運)〉: 626).
> ……인간은 예를 행함으로써 서로 신뢰와 친목을 두텁게 할 수가 있고, 단결을 튼튼하게 할 수가 있다. 그것은 마치 개인의 몸에 있어서 피부나 근육이나 뼈 등의 연접(連接)이나 결속(結束)을 더욱 견고하게 하여 생명을 계속 강하게 하는 것과 비슷하다(〈예운(禮運)〉: 649).
> 이 예란 곧 경양(敬讓)의 도이다. 따라서 이로써 종묘(宗廟)를 받들면 곧 공경하는 것이 되는 것이요, 이로써 조정에 들어가면 곧 귀천(貴賤)의 자리가 있게 되고, 이로써 집에 거처하면 곧 부자(父子) 사이의 친함과 형제 사이의 화목이 있게 되고, 이것을 마을에서 지키면 장유(長幼)의 차례가 있게 되는 것이다. 공자가 말씀하기를, '임금을 편안하게 하고, 백성을 다스리는 것으로는 이 예보다 더 좋은 것이 없다'고 했으니, 이를 두고 한 말이다(『예기』 〈경해(經解)〉: 1257).

위의 글에서 우리는 공자를 비롯한 고대 중국의 유학자들이 예의 정치사회적 기능을 크게 두 가지로 파악하고 있음을 알 수 있다. 하나는, 예는 차별화된 지위 또는 신분 간에 구분을 명확히 해줌으로써 사람들 사이에 수직적인 상하 질서를 확립하는 데 기여한다는 것이다. 이는 물론 자연 질서든 사회질서이든지 간에 모든 정상적 질서는 본질적으로 상하 간에 위계적인 질서에 바탕을 두고 있다고 보는 고대 중국의 독특한 철학적 사고를 반영하고 있다. 두 번째는, 예는 동시에 신분이나 지위에 의해 차별화된 사람들 사이에 진정한 유대를 증진시키는 데 기여한다는 것이다. 즉 예는 곧 사람들을 차별화함으로써 질서를 정립하고, 그들 사이에 유대를 형성시켜 통합을 증진시키는 이중의 기능을 동시에 수행한다는 것이다. 이와 같은 견해가 예의 기능과 관련하여 『예기』에 표현된 입장을 어느 정도 잘 요약하고 있다고 볼 수 있는 것은 사실이다. 그러나 『예기』 전편에 걸쳐 이와 관련된 입장들이 결코 일관된 것은 아니다. 특히 주목을 끄는 견해로서는 〈악기(樂記)〉편에 나오는 예와 음악의 기능에 관한 설명을 들 수 있다. 먼저 원문을 보자.

음악은 사람들[의 마음]을 화합(和合)시키고 예의는 사람들[의 신분]의 차이를 분명하게 한다. 화합하면 서로 친하고 차별을 분별하면 존경할 줄 안다. 그러나 음악의 감화(感化)가 지나치게 강하면 화합이 무질서해지고 예의의 효과가 너무 강하면 사람들의 마음이 이반(離反)한다. 그러므로 적의(適宜)하게 사용해서 인정(人情)을 상통(相通)시켜 예법을 익히게 하는 것이 예악(禮樂)의 효용이다. 예의가 지켜지면 귀천(貴賤)의 분별이 분명해진다. 음악의 화합의 힘이 작용하면 상하(上下)가 서로 친해진다. ……폭민(暴民)이 일어나지 않고, 제후가 심복(心腹)하고, 전쟁이 없고, 형벌이 행하여지지 않고, 백성에게 근심이 없고, 천자가 성내는 일이 없는 세상이며, 이것은 음악의 감화가 널리 유통된 세상인 것이다. 부자(父子)의 친(親)함이 잘되고, 장유(長幼)의 차례가 잘 지켜져, 그 결과 천하의 사람들이 모두 천자를 공경하고 복종하는 세상이면 그것은 예의가 완전히 길들여진 세상인 것이다 (『예기』 〈악기(樂記)〉: 975-976).
우수한 음악은 천지(天地)와 마찬가지로 화합(和合) 작용을 하고, 중대한 예의는 천지와 마찬가지로 인간을 규제한다. ……예는 사물을 차별하고 사람의 마음을 한결같이 존경하게 하는 것이고, 악(樂)은 가지가지의 곡절에 의해 사람의 마음을 한결같이 친애하게 하는 것이지만 양자(兩者) 모두 [세

계에 조화(調和)를 가져오는 것이라는] 본질(本質)에 있어서 같다(『예기』 〈악기
(樂記)〉, p. 977-8).

음악은 인심(人心)의 공통되는 감정에 의해 성립되고, 예의는 인심이 모두
인정하는 도리에 의해서 제정된다. 즉 음악은 사람들의 마음을 공유(共有)
함으로써 통일되는 것임에 대해서, 예의는 사람들의 몸이 다른 것[지위나 신
분 등]에 의해 차별되는 것이다. 그러므로 예와 악을 합쳐서 설명하면, 이것
[예약]을 가지고 인정의 [공통과 차별의] 두 면이 포괄(包括)되는 셈이다(『예
기』 〈악기(樂記)〉: 1002-3).

위의 인용문들은 모두 〈악기(樂記)〉편에 실린 내용으로 적어도 이 한
편장에 관한 한 예와 음악의 기능에 관한 견해는 일관되고 있다. 즉 예
의 기능은 본질적으로 사람들을 차별화하여 상하간의 질서를 유지하는
데 있으며, 음악의 기능은 그들의 마음을 합하고 친애하는 마음을 조성
하여 하나의 공동체 속으로 통합시키는 데 있다는 것이다. 또한 두 개의
다른 기능이 각각 효능을 발휘할 수 있는 이유로서는 사람들 간에는 능
력이나 신분에 따른 차이가 존재하고 있고 그것을 토대로 정치적 및 사
회적 질서가 유지되어야 할 필요성이 있는데 예는 이를 가능케 하는 가
장 중요한 수단이라는 점이 지적된다. 반면에 사람들의 화합은 서로 간
에 감정의 공유를 통해 이루어지는데, 음악은 사회 구성원들 간에 느끼
는 일체감을 불러일으키는 가장 중요한 수단이라는 것이다. 예와 음악
을 하나로 묶어 '예약(禮樂)'으로서 자주 표현하고 있는 것은 사회의 질서
유지와 통합에 필수적인, 두 가지의 상호보완적인 기능을 각기 수행한
다고 본다는 점에서 이해가 가능하다. 예(禮)와 음악(音樂)의 상호보완적
기능을 강조하는 이와 같은 견해는 예를 신분 또는 지위 집단 간의 차별
화와 동시에 사회 구성원들 간의 정서적 유대를 증진시키기 위한 가장
중요한 수단이 될 수 있다고 보는, 즉 질서와 통합을 가져오는 예의 이

중적 기능을 동시에 강조하는 견해와는 차이를 보인다. 이와 같은 두 개의 다른 견해에 대해 당시의 유학자들이 그 상이함을 인식하고 있었는지, 또 인식하고 있었다면 이에 대해 어떤 의견을 가지고 있었는지는 분명치 않다. 단지 『예기』라든지 『논어』와 같은 문헌을 통해 우리가 알 수 있는 것은 특히 '악(樂)'의 기능을 주제로서 다룬 부분을 제외하고는 차별적 질서와 통합을 위해 예가 기여하는 바를 강조하는 입장이 대체로 지배적이라는 것이다.

예의 정치사회적 기능에 관한 논의를 마치기 전에, 기능과는 직접적인 관련은 없으나 예의 정치사회학적 함의와 관련하여 언급하고 싶은 사실이 하나 있다. 그것은 예가 갖는 정당성의 근거에 관한 것이다. 『예기』를 보면 "이 법에 따르지 않은 자가 있으면 권세의 자리에 있는 자라 할지라도 백성들로부터 배척당하여 끝내는 멸망할 것이다."(『예기』〈예운(禮運)〉: 620)라는 공자의 말을 기록한 부분이 있다. 그렇다면 공자는 예가 반드시 그와 같이 지켜져야 할 이유를 어디에서 찾고 있는가? 물론 하나의 가능한 대답은 그것을 지키게 됨으로써 오는 결과, 즉 기능에서 찾는 것이다. 그것을 통해 국가의 질서 유지와 통합이 가능하기 때문에 그것을 지키는 것이 좋다는 대답이다. 그러나 어떤 제도의 '순기능'에 의한 정당성 논리는 그다지 완벽하거나 강력한 방어논리가 될 수는 없다. 왜냐하면 예를 들어 장례의 경우 그 순기능보다는 번잡한 모든 절차가 갖는 역기능이 보는 사람의 관점에 따라서는 오히려 클 수도 있을 것이다. 따라서 순기능에 의거해서 전통적 질서를 방어하려는 시도는 사람들이 실제로 경험하는 역기능이 반박을 위한 논리로 전환됨으로써 오히려 기존 질서에 대한 변역(變易)의 명분을 제공할 수도 있기 때문이다. 아마 공자 당시에도 도가라든지 법가의 관점에서 보았을 때는 예는 실제로 순기능보다는 역기능이 훨씬 큰 것으로 평가되었을 것이다. 따라서 예의 정당성의 논리로서 우리에게 요구되는 것은 소크라테스가 결과에 관계없이 법은 지켜져야 할 정당한 이유가 있다고 생각한, 그와 같은 종류의 정당성에 대한 논리일 것이다. 이와 관련하여 소크라테스는 악법이라도 그가 법을 지켜야 한다고 보는 이유로서 일종의 사회계약이론을 지적한다. 즉 그가 아테네의 법을 준수했던 이유는 그가 아테네에 남아 있기로 결정한 이상 그와 아테네 사이에는 아테네의 법을 준수하기로 한 암묵적인 계약이 효력을 발휘한다고 보았기 때문이다. 그리고 이 계약은 소크라테스 자신의 선택에 의한 것이기 때문에 그는 스스로 선택한 계약을 준수할 의무를 지게 된다는 것이다(Friend, 2004).

국가 권력의 정당성에 관한 논의는 서구 정치학 및 사회학에 있어서 매우 중요한 주제가 되어왔던 사안이다. 따라서 이 문제를 중심으로 한 논의에는 왕권은 신으로부터 내려진 것이기 때문에 절대성을 갖는다는 주장으로부터 홉스를 비롯한 사회계약론자들 그리고 다른 한 극단에 선 무정부주의자들에 이르기까지 매우 다양한 시각들의 스펙트럼이 존재한다. 이와 같은 관점에서, 유학자들이 예치(禮治)를 주장해 왔다는 사실과 함께 그 정당성의 근거를 어떻게 이해하고 있었는지를 살펴보는 것은 비교 정치학 내지는 사회학적인 관점에서 매우 흥미를 끄는 일로서 여겨진다. 먼저 특히 이와 관련하여 공자를 비롯한 당시의 유학자들이 예의 정당성을 이해했던 시각은 단편적이고, 때로는 상충되기조차 하는 기록들을 통해 대체적 윤곽만을 그릴 수 있을 따름이다. 이와 같은 한계를 전제한 상태에서『예기』를 통해 나타난 예의 정당성에 대한 논리는 대체로 두 가지로 정리해볼 수 있다. 첫째는, 천리설(天理說)이라고 부를 수 있는 주장이다, 즉 예는 천지자연의 이치를 반영하고 있고, 인간세계 역시 그 일부이기 때문에 그에 따르는 것이 순리라는 것이다.『예기』〈예운(禮運)〉편에 나오는 다음 구절을 보자.

그런 까닭에 예는 그 근거를 태일(太一: 천지의 근원)에 두고 태일이 천지를 갈라놓아 음양이 생기고 사시(四時)를 나타내며 여러 신령이 감추어 있는 것처럼, 예에 상하나 길흉의 구별과 기일 기한 등의 규정이 있으며, 또 천지인(天地人) 여러 신령에 대한 제례가 있다. 그리고 이와 같이 천도(天道)가 인간 사회에서 거행되는 것을 천명(天命)의 유행이라고 말하며, 예의나 도덕 등은 [이 유행의 소산이고] 천도를 모범으로 하는 것이다. 예는 반드시 천도를 기본으로 발전하여 땅의 도(道)를 취하였으며, 백 가지 사물의 성질을 참조하여, 시기에 응하여 의식에 변화를 준다(648–9).[65]

마치 하늘과 땅이 상하로 갈라져 있는 것처럼 사람들도 남녀 또는 상하로 갈라져 있으며, 일 년이 사시로 나뉘고 계절의 변화가 있는 것처럼 때에 따른 제의행사와 길흉례(吉凶禮)들이 열린다는 것이다. 그리고 그와 같은 천지자연의 변화 뒤에는 그것들을 주관하는 하늘과 땅, 귀신과 같은 신령이 각기 존재하고 있고, 이에 따라 그들을 위한 제례가 열린다고 보고 있다. 따라서 예는 인간사회의 규범이기는 하지만 하늘이 움직이는 원리에 그 근본을 두고 있기 때문에 곧 "하늘의 뜻"이라는 의미에서 '명(命)'이라고 불린다고("其降曰命") 지적하고 있다. 예가 천지자연의 원리에 그 근원을 두고 있다는 이러한 인식은 예에 대해 함부로 침해하기 어려운 당위성을 부여하게 된다. 그러나 여기에서 피해가기 어려운 한 가지 의문은 그 '천리(天理)'를 누가 어떻게 알아내서 인간 규범인 예 가운데 반영하게 되었느냐 하는 것이다. 『구약성서(舊約聖書)』에 따르면, 십계명은 하나님이 직접 모세를 통해 내린 것으로 기록되어 있다. 이와 같이 신과 인간이 직접적으로 대면하여 예법을 내리는 초자연적 기적은 적어도 유교의 경우에는 기록되어 있지 않다.

---

65 김선민(2009) 역시 이와 동일한 구절을 인용하여 예(禮)와 천(天)과의 관계를 필자와 유사한 관점에서 설명한 바 있다.

이 의문에 대한 유학자들의 해답이 곧 성인기원설(聖人起源說)으로 불릴 수 있는 설명, 즉 예는 중국 고대 문명의 건설에 이바지한, 과거의 몇몇 명철한 인물들을 통해 축적된 문화적 업적이라는 설명이다. 예가 우왕(禹王)·탕왕(湯王)·문왕(文王)·무왕(武王)·성왕(成王)·주공(周公) 등과 같은 성인들에 의해 제정되었다는 주장은 『예기』〈예운(禮運)〉편의 여러 군데에 기술되어 있으나 그 가장 전형적인 표현으로서는 다음의 두 구절을 살펴보는 것이 적절할 것으로 여겨진다.

그런 까닭에 정치는 원래가 성인(聖人)의 사업이어야 하는데, 성인이 하늘과 땅의 중간에 서서 여러 신령들과 어깨를 나란히 하고 인류의 교도에 힘쓰는 것, 그것이 바로 정치이다. 성인이 천지 귀신의 도를 터득하여 그것을 기초로 예의 체계가 만들어지는 것이며, 성인이 만백성의 기쁨과 즐거움을 충분히 고찰(考察)한 다음에 행하는 것이 정치인 것이다(635).
……그래서 성인(聖人)은 여러 종류의 법을 설정할 때 천지의 도리를 기반으로 하여 음양의 이치를 근본으로 했으며, 사시(四時)의 추이(推移), 해와 별과의 운행, 달의 영허(盈虛), 여러 신령(神靈)의 작용, 오행의 기능 등을 근거로 한 것이다. 그리고 제정한 여러 법칙 중에서 특히 예의와 예절을 중요시하여 교육의 수단으로 하고 이것으로 인간의 성격을 개발 도야(陶冶)하려고 한 것이다(642).

예는 천지자연의 도리를 기반으로 하고 있는데, 성인들이야말로 곧 그와 같은 도리를 터득하여 예를 제정한 사람들이라는 것이 주된 주장이다. 여기에 강조되어야 할 한 가지 중요한 사실은 유교에서는 기독교나 불교에서와 같은 인격화된 신에 대한 믿음은 존재하지 않았으며, 따라서 신의 명을 수탁하여 활동하는 성직자도 존재하기 않았다. 대신에 "천지의 도(道)," 즉 세상의 근본적 이치를 깨달고 그에 기초하여 예를 제정할 수 있을 만큼 현명했던 왕들이나 선각자들은 실제 역사 속에서 존재하고 있었다고 보고, 이들을 '성인(聖人)' 또는 '성왕(聖王)'이라는 이름으로 불러왔다. 이들 성인들은 공자 당시에서 보았을 때 곧 중국의 행복했던 과거 시대를 이끌었던 정치적 지도자들이며 또한 문화 창조자들로서 간주되었다. 주목을 요하는 한 가지 중요한 사실은 그들에게 부여된 그와 같은 위상에 의거하여 그들이 제정했다고 믿어지는 예 문화 또한 도전하기 어려운 권위를 부여받게 된다는 점이다. 상호연관성을 갖는 두 요소 간의 상호 강화는 흔히 관찰되는 현상이다. 즉 이 예(例)에서처럼 업적에 의해 비범함을 인정받은 사람이 인정된 개인의 그 비범함으로 해서 다시 업적 자체의 비범함에 대한 인식을 강화하는 순환적 효과를 낳게 된다는 것이다. 일단 이와 같은 상호 강화의 고리가 형성되면 그 업적과 그 업적의 주인공은 서로 간에 후광효과로서 작용하게 되고, 따라서 각기 깨뜨리기 어려운 권위를 지니게 될 것이다. 예가 성인들에 의해 제정되었다는 주장 역시 이와 같은 효과를 갖게 된다는 점에서 예를 정당화하는 매우 강력한 논리를 제공하는 것으로 여겨진다.

결과적으로 유학자들의 시각에서 보았을 때 예는 다른 종교에서 강조하는 규범과 마찬가지의 신성성(神聖性)을, 또는 이 세상의 어떤 권위로서도 도전할 수 없는 절대적 지위를 지니게 된다. 그것은 곧 천리(天理)의 일부분이요, 그 도리를 깨달은 성인(聖人)들에 의해 제정된 것이었다. 이와 같은 인식은 그 결과와는 관계없이 예는 사는 가운데서 사람다운 도리를 다 하기 위해서 이행해야 의무라는 도덕적 사명감으로 이어지게 된다. 이에 따라 예의 이념은 두 가지 측면에서 그 정당성을 뒷받침하는 논리를 구비하게 된다. 우선 하나는, 예는 그것이 있음으로써 비로소 거둘 수 있다고 주장되는 정치-사회적 순기능에 의해 그 필요성이 강조된다는 점이다. 사회학적인 관점에서 본다면, 이는 기능론적인 설명에 의거한 정당성 논리이다. 다른 하나는, 의사(擬似)-종교적 논리이다. 즉 유교의 예 이념은 종교적은 아니라고 하더라도 종교에 유사한 신념에 의해 그 정당성이 뒷받침되고 있으며, 이를 통해 그 현실적 결과에 관계없이 예가 준수되어야 할 이유를 설명하고 있다는 것이다.

3) 인성 형성 및 감정 조절 기능

대체로 예란 어떤 종류의 윤리적 가치, 예를 들어 타인에 대한 사랑이라든지 존경과 같은 마음을 표현하기 위한 행태적 형식으로서 이해되고 있는 것은 사실이다. 그것은 곧 사회적 상호 작용 속에서 개인들 상호 간에 지녀야 할 윤리적 감정을 표현하고 교환하기 위한 행태적 기호로서 정의되고 있다는 것이다. 이러한 점에서 예는 인간의 내면적 태도를 본질적 요소로서 함축하며, 그것이 결여된 예는 '허례(虛禮),' 즉 본질적 내용이 빠진 가식적(假飾的) 행동으로서 간주된다. 이에 관해서는 이미 예의 본질적 특성을 논의하는 부분에서 비교적 상세하게 다루어진 바 있다. 그러나 『예기』에 소재된 기록들 가운데 예의 기능을 다룬 내용들을 자세히 들여다보면 예가 단순히 어떤 의미의 지시수단으로서의 제한된 역할을 넘어서 더욱 적극적인 기능을 수행한다고 보는 견해들을 이곳저곳에서 읽을 수 있다. 예는 그것이 상징하는 윤리적 동기를 매개로 해서 사람들 간의 바람직한 상호 작용을 촉진시키는 작용을 한다는 데는 유학자들 사이에 아마 이견은 없을 것으로 여겨진다. 그러나 이와 같은 견해로부터 제기될 수 있는 까다로운 하나의 문제는 우리의 윤리적 품성 자체가 어디에서 왔느냐 하는 의문일 것이다. 더욱이 유교적 인간관의 맥락에서 보았을 때 인간은 "기뻐하고, 성내고, 슬퍼하고, 두려워하고, 사랑하고, 미워하고, 욕심내고 하는 심정(喜怒愛懼哀惡欲)"(『예기』 〈예운(禮運)〉: 638)을 본연의 속성으로서 가지고 태어난 존재이다. 그렇다면 예는 이와 같은 인간 본연의 감정과는 어떤 연관성을 지니고 있는가? 만약 그것이 예를 통해 표현되는 윤리적 동기와는 대체로 상충되는 것으로 인식되어온 인성의 동물적 측면이라고 보았을 때, 그것들에 대해 예가 사회적 규범으로서 수행하는 역할은 무엇일까?

이와 같은 질문들은 곧 예라는 행위 형식과 윤리적 동기와 인간의 동물적 감정, 이 세 요소들 사이에 존재하는 관계에 대한 관심을 반영하고 있다. 공자를 비롯한 당시의 유학자들이 그 관계를 어떻게 이해하고 있었는지를 『예기』에 실린 (또는 필요한 경우에 『논어』에 적혀진) 기록들을 통해 살펴보기 전에 사회학자로서 필자가 이해하는 관점에서 이 문제가 지닌 의의에 관해 먼저 이야기해보는 것이 좋을 것으로 여겨진다. 우선 결론적으로 인간의 감정과 행동 그리고 의식 사이에 존재하는 관계의 맥락에서 예, 즉 행동의 기능을 살펴본다는 것은 현대 사회과학적 관점에서 상당히 흥미로운 과제로서 판단된다. 우리는 흔히 행동은 행위자가 내면적으로 지니고 있는 의도나 동기를 표현하거나 또는 그에 따라서 행해지는 것이 인간 행위의 한 특징이라고 생각하고 있다. 이렇게 본다면 인간 행위의 한 유형으로서 예 역시 이와 같은 시각에서 설명될 수 있다. 즉 행위자의 윤리적 의도 또는 내면적 동기를 그 의미로서 수반하는 행동이 곧 예라고 볼 수 있다는 것이다. 그러나 예는 그것을 실행하는 사람이 태어나기 훨씬 오래전부터 전통으로서 이어져 온 행동양식이며, 따라서 행위자 자신은 막상 그와 같은 행동이 수행되는 이유에 대해서 실제로는 별로 분명한 인식을 가지고 있지 못하는 경우가 많을 것이다. 실제로 장례의 그 복잡한 절차가 갖는 모든 의미들에 대해 자세히 아는 사람이 얼마나 될 것인가? 따라서 예에 대한 우리의 경험은 외면적으로 나타나는 행위 양식을 일단 배워서 실행하는 단계로부터 시작되며, 그 의미를 실제로 안다는 것은 아마 차후의 문제일 것이다. 이는 가장 단순한 예의 경우도 마찬가지일 것이다. 대부분의 아동들, 또는 그것이 장례이건 혼례이건 간에 처음 그것을 경험하는 사람들은 일단 보고 따라하는 과정부터 시작하여 예를 배우게 된다. 대체로 사람들은 존경심을 배우고 그리고 그 마음을 표현하기 위해 예를 배우는 것은 아닐 것이다. 그보다는 행동을 보고 배운 다음에 그것이 존경심을 표현하는 방법임을 알게 된다든지, 또는 심지어는 존경심이라는 것 자체가 그와 같이 행동을 취하는 것과 동일한 의미를 지닌다는 사실을 인식하게 될 것이다. 이렇게 보았을 때 예가 학습되고 유지되는 기제(機制)는 현대 행태주의 심리학에서 주장하는 행동학습의 원리와 유사할 것으로 짐작된다. 즉 일단 어떤 동기에 의해서든 예를 실행한 다음에 거기에 나타나는 결과에 의해 우리는 예를 배우게 되고, 또한 예에 대한 우리의 태도가 그로부터 형성된다는 것이다. 또한 약간 다른 관점에서, 이는 역할놀이(role-playing)가 교육이나 훈련에서 개인의 능력이나 태도의 함양을 위해 효과를 발휘하는 원리와 유사한 기제가 작동하는 현상으로서 이해될 수도 있다.[66] 어쨌든 이와 같은 시각은 두 가지 측면에서 예의 기능을 이해하는 데 중요한 의미를 갖는 것으로 평가된다. 첫째는, 예가 그 행동적인 측면과 동기적인 측면의, 두 측면으로 구성되었다고 보았을 때, 동기적인 측면을 본질로서 파악하고 행동적인 측면을 전자를 표현하기 위한 수단으로서 보는 시각과는 전혀 다른 관점에서 예의 작용 또는 기능을 이해할 필요가 있다는 것이다. 즉 예의 작용은 행동의 실행과 학습에서 출발하여 그것이 결과적으로 행위자의 행태나 태도에 영향을 미치는 방향으로 이루어진다고 보아야 할 것이다. 이러한 시각은 예가 존립하는 이유를 그 동기적 측면에서보다는 예라는 행동 자체

---

66 행동을 선행변수로 하여 그것이 태도에 미치는 영향에 대한 연구는 태도가 행동에 미치는 영향에 관한 연구와 함께 심리학과 사회학의 중요한 연구관심사의 하나가 되어왔다(Liska, Allen E., et. al., 1984; Sarbin, Theodore R.,& Allen, Vernon L., 1964; Kidron, Arye G., 1977).

와 그것이 미치는 결과 즉 기능에서 찾아야 한다는 주장에 설득력을 부여한다.

두 번째는, 앞에서 지적한 사실의 연장선상에서, 우리는 개인들의 인격 형성과 관련하여 예는 종속변수라기보다는 태도를 형성시키고 조절함으로써 성격 형성에 기여하는 중요한 독립변수일 수 있다는 주장을 제기할 수 있다. 이러한 주장과 관련하여 고찰을 요하는 한 가지 중요한 사실이 있다. 그것은 맹자(孟子)로부터 주자(朱子)를 거쳐 조선의 성리학자들에 이르기까지 유학자들이 인간이 가지고 태어난 성품이라고 보았던 소위 '칠정(七情)'과 예와의 관계이다. 유교적 전통 속에서 "기뻐하고, 성내고, 슬퍼하고, 두려워하고, 사랑하고, 미워하고, 욕심내고 하는 심정"은 인간들에게 보편적으로 구유된 육체적 속성으로서 이해가 되어 왔다. 그러나 이와 같은 감정이 개인들이 처한 특수한 상황 가운데서 얼마나 적절하게 표현되고 절제(節制)가 되느냐 하는 것은 인간 행동에 차별을 가져오는 중요한 요소로서 파악이 되고 있다. 즉 어떤 마땅한 원리에 의해 그것이 표현되고 절제되느냐의 여부가 소위 사람다운 사람, 즉 '군자(君子)'를 결정하는 중요한 기준으로서 간주된다. 필자가 판단하건대 이러한 시각이 곧 맹자(孟子)로부터 주자(朱子)를 거쳐 조선의 성리학자들 사이에 '사단칠정설(四端七情說),' 또는 '이기론(理氣論)'을 중심으로 전개된 일련의 이론적 논의들에[67] 대한 발단(發端)을 제공한다. 그러나

---

[67] 필자가 판단하기에 유학자들이 '사단(四端)'과 '칠정(七情),' 또는 '이(理)'와 ;기(氣),; 즉 인간의 본연적 성품을 구성하는 두 기본적 요소로서 그들이 인식하였던 윤리적 심성과 감성적 요소 간의 관계에 대해 큰 관심을 보였던 것은 이 문제가 인격 형성과 매우 깊은 연관성을 가지고 있었기 때문이다. 다시 말해 인간들이 지니고 태어난 원시적 감정을 어떤 윤리적 원칙에 의해 통제하고 표현함으로써 이상적 인격을 달성하고자 하는 욕구가 이 문제에 대한 관심을 유발시킨 동기가 되었다는 것이다. '사단(四端)'과 '칠정(七情)'을 '대칭적 관계'로 파악하는 퇴계의 관점이, 즉 '대설(對說)'이 보다 유력한 견해로 받아들여졌던 것은 바로 여기에 기인하는 것으로 판단된다. 사단칠정설의 내용과 함께 그 의의에 대한 보다 자세한 논의는 필자의 졸고(拙稿)(정창수, 1990)에 소재된 관련 논문들을 참조할 것.

구태여 사단칠정설이나 이기론의 맥락에서가 아니라고 하더라도, '참된' 인간이 되기 위해 인간 본연의 감정이나 욕망을 적절한 원칙이나 방법을 통해 통제해야 할 필요성은 이미 공자를 비롯한 유학자들에 의해 매우 중요한 철학적 과제로 인식되었던 것은 분명하다. 바로 여기에서 예는 가장 핵심적 역할을 부여받게 된다. 즉 예는 자연의 일부로서의 인간을 다른 사람과 공존하는 윤리적 존재로 형성시키는 가장 유효한 문화적 수단으로 간주되고 있다는 것이다. 그러면 먼저 이 문제와 관련하여『예기』〈예운〉편에 나오는 다음의 구절을 살펴보자.

도대체 사람의 심정이란 어떤 것일까. 그것은 기뻐하고, 성내고, 슬퍼하고, 두려워하고, 사랑하고, 미워하고, 욕심내고 하는 심정으로서 이들 일곱 가지는 사람들이 태어날 때부터의 능력이다. 다음으로 사람의 도리는 무엇일까. 그것은 어버이의 자애(慈愛), 자식의 효(孝), 형의 어짊, 아우의 공경, 남편의 의(義)로움, 아내의 순종, 어른의 은혜, 어린이의 유순, 임금의 인애(仁愛), 신하의 충성 등, 이 열 가지를 사람의 도의라고 한다. 또 서로 신뢰할 수 있도록 힘쓰고 친목을 두터이 하는 것이 만인의 이익이며, 서로 탈취하고 죽이고 하는 것은 만인의 재해인 것이다. 그렇기 때문에 성인(聖人)은 일곱 가지 정(情)이 알맞게 표현되고, 열 가지의 도의가 바르게 실천됨으로써 사람들의 신뢰가 두터워지고 서로 예양(禮讓)을 존중하며 쟁탈이 일어나지 않도록 교도하는 것인데, 그러기 위해서는 예라는 것이 없이는 다스릴 수 없을 것이다. 식욕(食慾)과 성역(性慾), 이 두 가지는 인간의 중대한 욕망이고, 사망과 빈고(貧苦)는 사람이 가장 싫어하는 바이며, 욕망과 염오(厭惡)는 인정의 기본이 되는 것이다. 사람은 모두 그 심정을 숨기고 있는 일이 많으며, 그것을 알아내기는 어려운 일이다. 사람의 행위의 선악은 모두 그 심정에서 일어나는 것이지만, 즉시 외부에 나타나지 않으므로 무언가 한 가지 방법에 의해 사람들의 심정을 알아내려고 한다면 예(禮)를 두고 또 무엇이 있겠는가(『예기』〈예운(禮運)〉: 638-9).

　　다소 긴 위의 인용문에서 강조하는 사실은 간단히 요약될 수 있다. 즉 인간이 자신의 감정을 통제하고 바르게 행동하려고 한다면 필요한 것은 곧 예의 실천이라는 것이다. 마지막 부분은 번역이 약간 난삽하기는 하지만 조금 쉽게 설명하자면, 사람에게 어떤 감정이 어떻게 작용하고 있는지는 마음속에 숨겨져 있는 현상이기 때문에 직접적으로 알 수는 없다고 지적한다. 그러나 사람이 예를 지키는 것을 본다면, 오직 그것을 통해서 우리는 적어도 그 감정들이 적절하게 표현되고 통제되고 있다는 사실을 알 수 있다는 점을 강조하고 있다. 결론적으로 예는 우리의 인격과 행동에 본질적 차이를 가져오는 중요한 기능을 수행한다는 것이다. 필자의 개인적인 입장에서 돌이켜 보자면, 예의 실행을 통해 달성될 수 있는 것으로 강조되는 인격도야 및 감정 통제의 기능에 대한 이해는 필자로서는 이해하는 데 상당한 어려움을 느꼈던 『논어』의 몇 구절에 대해 매우 중요한 해석의 단서를 제공한다는 점에서 큰 의의를 지니고 있다. 『논어』에는 예와 관련하여 각기 다른 곳에서 반복해서 언급된, 따라서 매우 중요한 것으로 여겨지는 두 가지의 표현이 나온다. "입어례(立於禮) 또는 불학례무이립(不學禮無以立)"(『논어』〈태백(泰伯)〉: 227; 〈계씨(季氏)〉: 481)과 "약아이례(約我以禮) 또는 약지이례(約之以禮)"(『논어』〈자한(子罕)〉: 249; 『논어』〈안연(顔淵)〉: 349)의 구절 속에 나오는 "선다(立)"와 "묶는다(約)"가 그것이다. 이 두 용어를 접했을 때 그 의미에 대한 필자의 이해는 그다지 명료하지 않았다는 것이 솔직한 고백이다. 그리고 중국의 고전들이 가지고 있는 은유적 특성으로 보더라도 앞으로도 계속 그러한 한계에서 벗어나기는 힘들 것으로 여겨진다. 그러나 만약 앞에서 지적한 바와 같이 예의 기능에 대한 이해가 이루어졌을 때, 바로 그와 같은 맥락에서 '선다'와 '묶는다'는 말이 갖는 의미가 비교적 선명하게 다가온다는 점에서 인성 형성 과정에서 예가 수행하는 적극적 기능에 대한 이해는 필자에게는 매우 유용하고 타당하게 여겨지는 시각을 제공하였다. 즉 그 말들을 통해 공자가 강조하고자 했던 점은 예의 기능은 사람들을 행동과 감정의 표현이 절제되어 있고 윤리적 원칙에 부합하는 모범적 행위자로 길러내는 데 있다는 것이었다. 이와 같은 기능에 대해서는 이미 〈예운(禮運)〉편에서 인용된 구절 외에도 『예기』 여러 군데에서 언급이 되고 있다. 예로서 다음의 몇 구절을 살펴보자.

가슴을 치고 뛰는 것은 애통함이 지극하기 때문이다. 가슴을 치고 뛰는 회수를 계산하는 것은 애통을 절제하기 위한 절문(節文)이다. 웃옷을 벗어 어깨를 드러내고 갓을 벗고 머리털을 삼으로 묶는 것은 형모(形貌)를 바꾸는 것이고, 성내어 원망하는 것은 슬픈 마음의 변한 형태이다. ……어깨를 드러내는 때도 있고, 옷을 입을 때도 있는 것은 슬픔을 절제하는 것이다(『예기』 〈단궁(檀弓) 하〉: 303).

자유가 말하기를, "예는 애통하는 정을 쇠미하게 만드는 것이 있고, 일부로 최질(衰絰) 같은 것을 만들어 슬픈 마음을 흥기시키는 것이 있다. ……원래 사람의 마음은 기쁘면 도연(陶然)해져서 즐거우며, 즐거우면 노래 부르고, 노래 부르면 몸이 움직이고, 몸이 움직이면 춤추게 되고, 춤추면 마음이 앙양되고, ……가슴을 두드리면 춤춘다는 식으로 변한다. 그러므로 이를 조절하는 것을 예(禮)라고 한다(『예기』 〈단궁(檀弓) 하〉: 322).

사람들을 서로 친하게 하고 근심이나 슬픔을 잊게 하는 것이 음악의 성능이고, 사람을 즐겁게 하는 것이 음악의 작용이다. 또 사람의 마음을 공정선량(公正善良)하게 하는 것이 예의 성능이고, 태도를 장중하게 하고 공손하게 하는 것이 예의 작용이다. ……또 음악을 즐겨서 정도를 지나치면 [실제 생활에 지장을 초래하여] 우환(憂患)을 만나게 될 것이고, 예의를 소홀히 하면 사람들이 모두 그 호오(好惡)에 따라 편파적(偏頗的)으로 기울어지게 될 것이다. 그러므로 음악을 바로 즐겨서 우환에 걸리는 일이 없게 하고 예의를 잘 알아서 편파적으로 기울어지게 하지 않으면 그것은 대현(大賢)일 것이다(『예기』〈악기(樂記)〉: 980-1).

첫 번째로 인용된 구절에서는 우선 장례에서 곡을 하고 뛰는 것은 죽은 사람에 대해 산자들이 느끼는 슬픈 감정을 표현하고 있음을 지적한다. 즉 그러한 행동들은 우리가 죽음 앞에서 본연적으로 느끼는 슬픔의 표현이라는 것이다. 그러나 다른 한편으로 장례의 예법에는 "가슴을 치고 뛰는 회수를 계산"한다든지 "웃옷을 벗어 어깨를 드러냈다가 다시 옷을 입기도 하는" 등의 행동을 통해 오로지 슬픔에 빠져 정상을 상실하는 것을 방지하는 절제의 수단이 마련되어 있다고 지적한다. 즉 예는 슬픔과 이성적 자기통제의 균형을 유지하는 기제(機制)로서의 기능을 수행한다는 것이다. 두 번째의 글 역시 예는 주어진 상황 하에서 적절한 감정의 균형이 유지되도록 돕는 기능을 수행한다는 점을 강조하고 있다. 즉 거친 상복(喪服)은 상례에 임하는 유족이 느끼는 슬픔을 더욱 흥기시키는 반면에 오히려 그것을 진정시키는 의식(儀式)을 또한 포함하고 있다. 따라서 크게 못 미치지도 또는 지나치지도 않은, 즉 주어진 상황에 비추어 적절하면서도 절제된 감정을 유지한 상태에서 상례를 치르도록 도와주는 기능을 수행한다는 것이다. 세 번째 글에서는 음악의 기능과 예의 기능을 비교하고 있다. 우선 음악의 기능은 사람의 감정을 즐겁게 하고 근심을 진정시켜 서로 간에 친밀감을 조성함으로써 사회의 통합에 일조한다는 점에서 없어서는 안 될 기능을 수행한다고 보고 있다. 그러나 그 즐거움에 지나치게 탐닉하게 되면 실제 생활을 소홀히 하게 될 우려가 있다는 점에서 주의를 요한다. 반면에 예는 마음을 어떤 한 감정에 치우치지 않고 선량하게 하는 데 기여하고, 결과적으로 타인에 대한 행동이 절제되고 겸손하게 된다는 점에서 긍정적 기능을 수행한다고 강조한다.

따라서 사람들이 예를 실행하는 데 소홀해지면 개인들은 싫어하고 좋아하는 감정에서 균형을 잃게 되고 어느 한편으로 지나치게 치우치는 경향을 보이게 된다. 현명한 사람은 곧 예를 실천하여 중용을 유지하는 사람이며, 예는 곧 이러한 점에서 사람을 현명하게 만드는 기능을 수행한다는 것이다.

필자가 이미 지적한 바 있듯이 위에서 표현된 생각에는 인성과 학습이론의 관점에서 매우 흥미롭고 주목할 만한 시각을 담고 있다. 사람들이 바람직하지 않은 행동을 했을 때 그것을 교정하기 위해 우리는 흔히 그 사람의 생각을 고치려는 시도부터 시작한다. 인간의 행동은 감정과 생각, 즉 내면적 동기로부터 유발된다고 보기 때문이다. 위에 인용된 구절들에서 우리는 이와는 전혀 반대의 발상(發想)을 읽게 된다: 바른 행동의 실천이 곧 바른 감정과 바른 생각의 형성에 기여한다는 것이다. 이는 인성 형성이나 도덕 교육에 있어서 매우 중요한 시사를 담고 있는 것으로 판단되며, 심각한 논의를 요하는 문제라는 것이 필자의 평가이다.

4) 실용적 기능

도덕적 논리와 실용적 논리는 흔히 상치되는 의미를 담고 있는 것으로 인식되고 있다. 이에 따라 우리가 실용적 가치의 추구를 가시적(可視的)으로 나타나는 '이익'을 목적으로 하는 행동의 한 특성으로 본다면, 윤리적 행동을 핵심적 가치로 추구하는 유교에서는 이익을 강조하는 실용적 가치에 대해서는 대체로 거부감을 가지고 있을 것으로 짐작해볼 수 있다. 실제로 『논어』에 나오는 공자의 어록을 보면 '이(利)'라는 용어로 표현되는 인간 욕구에 대해서는 대체로 부정적인 태도를 보이고 있는 것은 사실이다. 이를 가장 직접적으로 언급한 부분은 〈이인(里仁)〉편에 나오는데, "이익에 따라 행동하면 원망이 많다"[68]고 지적한 공자의 언급이 그것이다. 이를 통해 우리는 그가 많은 사회적 갈등의 원인을 곧 이익을 추구하는 인간의 욕망에서 찾고 있음을 알 수 있다. 동일한 편의 다른 구절에서는 "군자(君子)는 의(義)에 깨닫고 소인(小人)은 이익(利益)에 깨닫는다"[69]고 이야기하고 있는데, 공자가 이익을 헤아리는 문제에 있어서 어떤 부류의 사람들이 지혜롭다는(즉, 합리적이라는) 사실에 대해 오히려 부정적인 견해를 가지고 있음을 보여준다. 이에 반해 『논어』 전편에 걸쳐 많은 부분들은 대체로 인의(仁義)을 비롯한 도덕적 가치의 실현에 관한 이야기로서 채워져 있다. 바로 이 점을 감안해본다면 예(禮)와 관련해서 유교의 기본적 관심은 실용성과는 거리를 두고 있다는 평가를 내릴 수 있을 것이다. 그러나 아무리 윤리적 가치에 경도된 인간이라 하더라도 현실 속에서 우리의 육체적 생존을 위해 필요한 이득을 얻는 데 무관심하다는 것이, 다시 말해 실용성에 무관심하다는 것이 과연 가능한 일일 수 있겠는가? 이는 너무도 당연한 의문일 것이다. 흥미로운 사실은 공자 역시 반드시 이익이라는 것 자체가 싫었기 때문에 이(利)를 멀리 했던 것은 아니라는 것을 시사하는 공자 자신의 발언이 바로 『논어』에 실려 있다는 것이다.

> 공자께서 말씀하셨다. "부(富)를 만일 구해서 될 수 있다면 말채찍을 잡는 자의 일이라도 내 또한 하겠다. 그러나 만일 구하여 될 수 없다면 내가 좋아하는 바를 따르겠다"(〈술이(述而)〉: 197).

위의 언급은 공자 역시 물질적 부에 대해 관심이 없는 것은 아니나 부

---

[68] 放於利而行 多怨(116).
[69] 君子喩於義 小人喩於利(120.

는 상황이나 능력이 허용할 때 가능한 것이므로 자신은 차라리 좋아하
는 학문에 종사하겠다는 뜻을 솔직히 밝힌 것으로 해석된다. 이는 곧 공
자 역시 이익에 대해 완전히 부정적인 것은 아니었고, 윤리지상주의자
는 아니었음을 시사한다. 또한 백성을 통치하고 국가를 유지하는 데는
백성들의 물질적 욕구가 충족되어야 하고 군사력이 구비되어야 한다는
점을 잘 인식하고 있었던 현실적 안목을 갖춘 사람이기도 하였던 것이
다.[70] 이로 미루어본다면 공자를 비롯한 당시의 유학자들의 이익이라든
지 실용성에 대한 태도는 경우에 따라 선별적이거나, 아니면 현재까지
도 일반적으로 가난한 지식인들이 부에 대해 보이는 애증(愛憎)의 감정
과 같은 복잡한 것일 수 있다. 그러나 대체로 예속(禮俗)은 공자 비롯한
당시의 유학자들에 의해 만들어졌다기보다는 이미 기존하는 제도 또는
규범으로서 거기에 존재하고 있었던 현상이었다. 이는 곧 그 현상에 대
한 그들의 인식과 철학 또는 태도와는 관계없이 예(禮)란 어떤 주어진 특
성들을 지니고 있었고, 따라서 어떤 주어진 기능들을 함축하고 발휘하
고 있었던 현상으로서 이미 작동하고 있었다는 것을 의미한다.

이런 시각에서 보았을 때 예 역시 실용성, 즉 사람들의 실생활에 주는
물질적 이득이나 편의성에 기여하는 기능을 발휘하는 측면이 없지 않았
다고 하더라도 공자를 비롯한 당시의 유학자들이 실제로 이를 인식하고
있었는지는 의문이다. 그리고 적어도 『예기』를 근거로 놓고 본다면, 예
의 이러한 기능에 관해 직접적으로 언급한 기록들은 찾기 어렵다는 것
이 필자의 소견이다. 예의 가능한 기능과 관련하여 가장 많이 눈에 띄
는 언급은 대체로, 우리가 이미 앞에서 살펴본 바와 같이 국가의 질서유
지, 사회통합 및 인성 형성, 감정 통제에 기여하는 바들을 강조하는 내

---

70 참조: 子貢問政 子曰 足食足兵 民信之矣 『논어』〈안연(顔淵)〉: 339).

용에 집중이 되고 있다. 그러나 우리는 물질적 이익의 관점에서 판단된 실용적 행동이라고 하더라도 서구의 그것과 중국 고대의 유교에서 본 그것 사이에는 어떤 본질적인 차이가 존재한다는 점에 주목할 필요가 있다. 이 차이를 이해하기 위해 우선 우리는 독일의 사회학자 막스 베버 Max Weber가 깊은 관심을 가지고 규명하려고 노력했던 인간 행위에 있어서 '합리성(rationality)'의 문제에 관해 잠시 살펴보는 것이 도움이 되리라고 생각된다. 칼버그Kalberg(1980)는 베버의 저술에 대한 광범위한 검토를 수행한 결과 사람들의 행동에 어떤 일관된 유형의 질서를 부여하는 원리 또는 기준으로서 네 가지 유형의 합리성을 추출해낼 수 있었다고 지적한다. 실용적 합리성(practical rationality), 이론적 합리성(theoretical rationality), 내용적 합리성(substantive rationality), 그리고 형식적 합리성(formal rationality)이 그것들이다. 일단 그 용어의 유사성으로 미루어 현재 우리가 다루고자 하는 예(禮)의 '실용성'은 위의 네 가지 유형의 합리성 가운데 '실용적 합리성'과 주로 관련되어 있는 것으로 짐작할 수 있다. 즉 사람들의 실생활에 주는 물질적 이득이나 편의성 때문에 제정되었거나 준수되고 있는 예법 또는 제도들이 갖는 기능적 특성을 지칭하는 것으로 짐작될 수 있다는 것이다. 베버의 견해를 토대로 칼버그(1980:1151)가 표현한 바를 따르자면, "개인들이 전적으로 실용적이며 이기적인 관심을 가지고 세속적인 활동을 이해하고 평가하는 모든 생활양식을 실용적-합리적이라고 특징짓는다." 이어서 위에 인용된 칼버그(1980:1152)의 논문에서 실용적 합리성을 설명하는 단원은 다음과 같은 언급과 함께 종결된다.

실용적 합리적 행위 유형에서 나타나는 현실주의적이며 이세상 지향적인 지향이 의미하는 바는 개인들을 기존하는 현실 속에 종속시키고, 동시에 일상적 생활이 갖는 초월적 속성에 토대를 둔 모든 행위지향에 대해서는 거부

하려는 성향을 갖게 된다는 것이다. 그와 같은 사람들은 흔히 종교적 유토
피아든 세속적인 유토피아든지 간에 '저세상'의 비현실적 가치를 추구하는
대해서는 물론이거니와 모든 지식인 계층이 보이는 추상적 이론적 합리성
에 대해서도 신뢰를 보내지 않는다.

아주 쉽게 표현하자면 행위를 선택하고 평가하는 기준을 실용적 합리
성에서 찾는 사람들의 성향은 철저하게 현실 지향적이기 때문에 저 세상
에 속하는 초월적 가치를 신봉하는 것도 아니며 지식인이 이론적인 성찰
을 통해 도출한 추상적 이론이나 도덕적 원리에 따라 행동하는 것도 아
니라는 것이다. 이들은 실생활 속에서 일어나는 문제를 가장 효과적으
로 해결하는 데 주로 관심을 보인다는 점에서 현실주의자 또는 실용주의
자이라고 흔히 일컬어지는 사람들이다. 이제 의문은 예에도 전형적으로
이와 같은 현실주의적 지향이 주된 동기가 되고 있다고 평가될 수 있는
측면이 존재하고 있느냐 하는 것이다. 이 의문에 대한 대답은 적어도 부
분적으로는 그렇게 이해될 수 있는 측면이 존재하고 있음은 분명하다는
것이다. 그러면 이에 관하여 조금 자세히 살펴보기로 하자.

예법은 자연 및 인간상황이 지니고 있는 의미들에 대한 '이론적 신념'
과 윤리적 가치가 핵심적 요소를 이루고 있는 것은 부인할 수 없는 사실
이다. 가령 아주 사소한 예를 들어 『예기』 〈곡례(曲禮)상〉편을 보면 "새
[禽]를 바치는 자는 새의 머리를 왼쪽으로 하여 바친다"(102)라고 되어 있
다. 이상옥이 이 구절에 붙인 해설에 의하면 이 예법은 새를 바칠 때에
는 받는 사람, 즉 높은 지위의 사람이 왼쪽(높은 위치로 간주됨)에 서 있게
되고, 새의 몸 가운데 머리가 또한 가장 높은 부분으로 간주되기 때문에
그 높은 부분을 왼쪽을 향하여 바쳐야 하기 때문이다. 모든 관련된 사물
이 수직적 위계구조 속에서 각기 차별적 지위를 점유하고 있다고 보는
시각, 즉 위계적 세계관은(이상은, 1676: 242-246; 정창수, 1984: 75-76) 유교

적 사고방식을 특징짓는 하나의 중요한 신념 요소임은 틀림이 없다. 위에서 예로 든 새 바치는 예절에는 위계적 세계관과 함께 인간 사회에서도 그와 같은 위계적 질서가 우리의 행동을 통해 적절하게 표현되어야 한다는 보는 믿음이 반영되어 있다. 바로 이러한 점에서 위에서 인용된, 새를 바칠 때 지켜야 하는 예절은 베버가 지적한 "이론적 합리성"과 함께 "내용적 합리성"(Kalberg, 1980)을[71] 동시에 반영하는 하나의 예(例)로서 간주될 수 있다. 그리고 이 예에서 나타나는 이와 같은 특징은 대체로 예(禮)가 갖는 일반적인 특징으로서 이해될 수 있다. 즉, 새를 바치는 조그만 예절에도 세계의 질서를 보는 시각과 그 질서 속에서 인간이 지켜야 할 가치에 대한 신념이 함축되어 있다는 것이다.

그러나 위에 인용된 예(例)와는 대조가 되는 다음의 예를 보자.

장마가 지면 물고기나 자라를 남에게 바치지 않는다. [잡기 어려워 귀중한 것이기 때문이다] 야생의 새를 남에게 바치는 자는 그 머리를 비틀어 놓으나, 집에서 기르는 새를 바치는 자는 그 머리를 비틀어 놓지 않는다. [야생조는 부리로 사람을 쫄 우려가 있으나 집에서 기르는 새는 그럴 염려가 없기 때문이다] 수레나 말을 남에게 바치는 자는 말채찍과 수레 고삐를 가져다 올린다. [수레나 말을 마루 위까지 가져갈 수 없기 때문이다] 갑옷을 바치는 자가 [가벼운] 투구를 바친다. [작고 들기 쉬운 것을 바치어 큰 것을 표시한다] 남에게 지팡이

---

71 "이론적 합리성(theoretical rationality)"이란 "행동보다는 차츰 더 정밀한 추상적 개념을 구축하고 의식적으로 그것들을 활용함으로써 현실을 통제하려는" 노력을 통해 나타나는 합리성의 한 유형을 지칭한다. "보다 일반적으로, 이론적 합리성이란 현실 속에서 적극적인 형태로 표현되는 모든 추상적 사고 과정을 포함하고 있다"(p. 1152). 이에 비해 "내용합리성(substantive rationality)"이란 "실용적 합리성과 마찬가지로 그러나 이론적 합리성과는 다르게, 직접적으로 행동에 어떤 유형화된 형태의 질서를 부여한다. 그러나 일상적 문제들에 대해 순수하게 가장 유용한 도구적 수단이 되는 해결책을 찾아내는 것과는 다르게, 내용적 합리성은 과거의, 현재의, 또는 가능한 '가치 원리(value postulate)'를 토대로" 행동을 "선택하고 파악하고 평가한다"는 데서 특징을 갖는다(p. 1153). 조금 쉽게 표현하자면 내용적 합리성을 추구하는 경우에 가치야말로 사람들이 행동하는 가장 직접적이며 기본적 원칙이 된다는 것이다.

를 바치는 자는 지팡이의 끝이 자신을 향하게 잡고 올린다. [지팡이의 끝이 더럽기 때문이다] 포로로 잡아온 노비를 바치는 자는 그들의 오른편 소매를 잡는다. [그들의 이심(異心)을 경계하기 때문이다] 서속을 바치는 자는 할부(割符)의 오른편 조각을 올리고, 쌀을 바치는 자는 양고(量鼓)를 올리며, 익은 음식을 바치는 자는 장제(醬齊)를 올린다. [서속은 저장할 것이므로 소유를 넘기는 증서를 올리고, 쌀은 곧 식량으로 사용할 수 있으므로 양기(量器)를 올리며, 익은 음식을 올리는 사람은 장을 올려 그 뜻을 표시하는 것이다] 전지나, 가사(家舍)를 바치는 자는 [그에 대한] 명세서를 가져가야 한다(『예기』〈곡례(曲禮) 상〉: 98-9).

위에 인용된 내용에서는 서술된 예법이 준수되는 이유에 관한 설명이 제시되고 있다. 첫째로, 장마철에는 물고기나 자라를 바치는 것은 예가 아닌데, 그 이유는 그것들을 잡기가 어려워지고 따라서 선물로 쓰기에는 너무 귀한 물건이 되기 때문이라고 설명하고 있다. 두 번째는 야생조류와 가금류(家禽類)를 바치는 예절의 차이에 관해 이야기하고, 그 이유로서 야생조류는 사나워서 사람을 쫄 위험이 있는 반면에 가금류는 상대적으로 온순하여 그럴 위험이 없다는 사실을 들어 설명하고 있다. 유사한 이유를 지닌 예절로서는 전쟁에서 포로로 잡아온 노예를 선물로 줄 때의 예절이 있다. 즉 노예의 오른손 소매를 잡아 바치는 것이 예절인데, 여기에 대해서는 잡아온 노예 역시 사람을 오른손을 사용해서 공격할 위험성이 있고, 따라서 오른손을 제압한 상태에서 선물로 증정하는 것이 안전하기 때문이라는 이유를 들고 있다. 다음으로 여러 종류의 선물을 바치는 예절에 관하여 설명하고 있는데, 이 또한 각기 그 선물이 가진 특성에 따라 적절한 방식의 예절이 규정되고 있음을 지적하고 있다. 분명한 사실은 이와 같은 종류의 예절은 우리가 앞에서 살펴본 것과 같은 종류의 '이론적' 내지는 '추상적' 논리와는 분명히 다른 이유에 그 적절성 또는 정당성의 근거를 두고 있다는 것이다. 이를 한마디로 표현하자면 '실용적' 이유라고 지적할 수 있을 것이다. 즉 사람들이 일상생활 속에서 가지고 있는 통상적 관심사에 비추어 실질적이고도 구체적인 영향을 미칠 수 있는 결과가 바로 그와 같은 예절이 시행되는 이유로서 지적되고 있다는 것이다. 인용된 예(例)의 경우를 들어 부연(敷衍)해보자면, 야생조를 선물로 바칠 때 머리를 비튼 다음에 바치는 예절에는 어떤 추상적 신념이나 가치관이 작용하고 있는 것은 아닐 것이다. 단지 그렇지 않을 경우에 사나운 야생조가 선물을 받는 사람을 쪼아 상해를 입힐 가능성이 있어서 그것을 조심해야 하기 때문에 그와 같은 예법이 준수되고 있다고 『예기』는 분명히 설명하고 있다.

위의 예(例)를 통해 우리는 예(禮) 가운데는 순수하게 실용적인 효과에 의해 제정되었고 또 실천이 강조되는 사례도 많음을 짐작할 수 있다. 물론 실용적인 동기가 추정이 될 수 있다고 하더라도 그것을 실천하는 사람들이 그 배경이 되는 동기에 대해서 실제로 어떤 인식을 가지고 있었는지를 단정하기 어려운 사례들 역시 많이 눈에 띄기도 한다. 가령 예를 들어 〈월령(月令)〉편에는 다음과 구절이 나온다.

이 달에는 생물이 성장하여 높고 크게 된다. 마땅히 이를 보호 양식하여 더욱더 그 성장을 계속시키고 그 크고 높음을 늘리도록 해야 한다. 성곽이나 궁실을 헐거나 무너뜨리는 일이 있어서도 안 되고, 토목공사를 일으켜서도 안 되며 대중을 동원해도 안 되고 큰 나무를 베어서도 안 된다(476).

여기에서 "이 달"이란 "맹하(孟夏)," 즉 이른 여름이다. 따라서 이 달에는 모든 동식물이 성장하는 달이기 때문에 그것을 방해하는 일은 하지 않는 것이 좋다고 쓰고 있다. 계절의 변화에 따른 사람들의 이와 같은 적응 방식은 장기적인 관점에서 결과적으로 그들에게 가져다주는 물질적 혜택을 늘려주기 때문에 실용적인 관심을 반영하고 있다고 볼 수 있다. 그러나 여기에서 제기되는 의문이 있다. 왜 이 계절에는 "성곽이나 궁실을 헐거나 무너뜨리는 일이 있어서도 안 되고, 토목공사를 일으켜서도 안 되며 대중을 동원해도 안 되(는)"가 하는 의문이다. 만일 이것이 순수하게 실용적인 관심을 반영하고 있다면, 이 계절의 절후적(節侯的) 특성에 따라 농사에 전념해야 할 시기라는 이유 때문일 가능성이 크다. 실제로 앞에 인용된 구절에 이어 나오는 구절에서 이 계절에는 "야우(野虞)에게 명하여 전원(田園)으로 돌아다니며 천자를 대신해서 농민을 위로하고 농사를 권장하여 혹시나 때를 잃어버리는 일이 없도록" 독려한다고 쓰고 있는 점으로 미루어 그와 같은 관심을 반영하고 있을 가능성이 크다고 여겨진다. 그러나 왜 "성곽이나 궁실을 헐거나 무너뜨리는 일이 있어서도 안 되고, 토목공사를 일으켜서도 안 되며 대중을 동원해도 안 되(는)"지에 대해 〈월령(月令)〉편의 저자는 '실용적'이라기보다는 다분히 '이론적'이라고 판단되는 이유를 오히려 염두에 두고 있었던 것으로 여겨진다. 이를 뒷받침하는 근거로서 다음의 구절을 보도록 하자.

맹하(孟夏)에 가을의 정령(政令)을 행하면 금기(金氣)가 와서 화기(火氣)를 싸워서 이기게 되므로 서리 따위가 자주 내리고, 오곡이 무성해지지 않는다. 또 전란이 있게 되므로 사비(四鄙)의 백성이 성채에 들어가 이를 피하게 된다. 동령(冬令)을 행하면 수기가 와서 화기와 싸워 이것이 이기게 되므로 초목이 빨리 시들고, 그런 후 홍수가 나며 그 성곽을 상하게 만든다. 춘령(春令)을 행하면 대기(大氣)가 와서 화기(火氣)와 싸워 이것을 이기게 되므로 메뚜기가 번식하여 오곡을 해치고 폭풍이 불어서 곡초(穀草)가 열매를 맺지 않을 것이다(479).

위의 글을 내용을 조금 부연해서 설명해보자. 국가에는 시기마다 국

가에서 실행해야 할 정령들, 즉 국가에서 주도하는 공식적 행사들이 있
다. 그런데 제도적으로 규정된 이러한 일정들은 그것이 시행되는 계절
이 각기 가지고 있는 음양오행(陰陽五行)상의 어떤 특성과 조화되는 특
징을 함축하고 있는 것으로 설명되어 왔다. 예를 들어 맹하(孟夏)를 주재
(主宰)하는 신(神)은 화덕(火德)으로 왕이 되었던 염제(炎帝) 즉 신농씨(神
農氏)이다. 따라서 화기(火氣)로 가득 찬 계절이기 때문에 이러한 불의 기
운과 조화를 이루는 성격의 정사(政事)나 의식들이 행해져야 한다. 반면
에 다른 계절에 시행되어야 할 성격의 사업들 즉 이 시기의 특성에 맞지
않은 정사나 의식이 행해지게 되면 여러 종류의 상서롭지 않은 자연적
징후나 재앙들을 초래하게 된다. 즉 위의 예에서와 같이 "맹하(孟夏)에
가을의 정령(政令)을 행하면 금기(金氣)가 와서 화기(火氣)를 싸워서 이기
게 되므로 서리 따위가 자주 내리고, 오곡이 무성해지지 않(게)" 되는 등
의 재앙을 초래하게 된다는 것이다. 이와 같은 논리는 인간의 행위와 자
연현상 간의 관계에 대한 '이론적'인 이해(理解)를 반영하고 있다는 점에
서 실생활에서 일어나는 문제의 효과적 해결에 초점을 두는 '실용적 합
리성'과는 그 차원을 달리하고 있다는 것은 분명하다. 물론 〈월령(月令)〉
편에 기술된 많은 정령(政令)들은 원래 그 기원에 있어서는 어떤 실용적
인 이유에 따라 시작된 것들이었을 가능성이 크다. 가령 예를 들어 계춘
(季春), 즉 늦봄에는 "……전렵(田獵)용의 짐승 그물이나 새 그물이나 예
(翳) 및 짐승에게 먹이는 독약 따위가 구문(九門)을 나가지 않도록"(468)
하는 정령이 시행된다. 이와 같은 조치는 이 계절이 짐승들이 번식을 하
는 계절이기 때문에 그것들을 보호하여 번식을 촉진시키려는 매우 현실
적인 고려를 반영하는 것으로 여겨진다. 대조적으로 이른 여름에는 "대
대적인 사냥은 하지는 않는" 반면에 "짐승을 구제(驅除)하여 오곡을 해치
는 일이 없게"(477) 해야 한다. 왜냐하면 이 계절에는 보리가 익고 농사
가 본격적으로 시행되는 달이기 때문에 자라나는 새싹을 짐승의 피해로

부터 보호할 필요성이 있기 때문일 것이다. 따라서 이전 계절에 행했던 정령 즉 짐승의 번식을 위해 취해지던 전면적인 금렵(禁獵) 조치는 오히려 피해만 증가시킬 우려가 있을 것이다. 이와 같은 이유들이 실제로 위의 예(例)에서 기술된 정령들을 애초에 시행하게 된 이유가 되었다면, 많은 예(禮)가 제정된 역사적 배경에는 사람들의 실용적 의도가 작용하고 있었다고 볼 수 있다. 짐작건대 아마 음양오행의 원리에 비추어 계절이 갖는 특성과 주어진 계절에 시행되는 정사나 의식의 특성이 조화를 이루지 않는다면 불행한 결과를 초래한다는 믿음은 이미 기존하고 있었던 예제 또는 예법이 반드시 지켜져야 할 이유가 있기 때문에 존재하고 있고, 따라서 그것들이 반드시 준수되어야 한다는 것을 강조하기 위해 꾸며진 하나의 사후적 이론일 가능성이 크다. 그러나 그 선후야 어떻든지 간에 일단 이론이 만들어지고 그 이론에 권위가 부여되면 그 이론은 사람들의 인식을 틀 지우고 제도와 행동을 선택하고 평가하는 데 기준으로써 작용하게 된다. 다시 말해서 주어진 제도나 행동의 '합리성' 내지는 정당성을 평가하는 이념적 잣대를 제공한다는 것이다.

결과적으로 어떤 예법이 존재하는 이유가 그 실용적 기능에 있었으리라는 짐작이 적어도 지금의 우리에게는 더욱 그럴듯한 설명으로 여겨지는 경우가 많은 것이 사실이다. 그런데도 불구하고 『예기』에서는 위에 인용된 사례에서와 같이 그것들이 준수되어야 할 당위성을 주로 음양오행설과 같은 이론적인 논리에 의거해 강조하는 경우를 목격하게 된다. 물론 사람들이 그것을 의식하고 있었든 없었든지 간에 주어진 제도나 예법이 준수되는 실제 이유는 이론적 신념보다는 그 실질적 효용성에 있었을 가능성이 더 클 수도 있을 것이다. 그러나 우리가 여기에서 주목하고자 하는 사실은 적어도 예(禮)의 경우에 실용적 합리성과 이론적 합리성, 또는 내용적 합리성 사이에 경계를 짓는다는 것이 가능치 않은 경우들이 많다는 점이다. 아마 이는 고대 중국의 유학자들의 사고방식에 있어서 중요한 특징을 반영하는 것일 수 있다. 서구에서 흔히 말하는 실용적이란 어떤 행동이 일상생활 가운데서 제기되는 필요성을 충족시키는 결과를 실제로 가져오는 경우에 그 행동이 갖는 효용성을 지칭하는 말이다. 유학자들이라고 해서 이와 같은 의미에서의 실용적 행동이 지닌 의의에 대해 전적으로 부정적인 태도를 가졌을 것으로 여겨지지는 않는다. 다만 유학자들은 그들이 가진 도덕적 원칙에 비추어 정당화될 수 없는 인간의 탐욕과 방종한 행동들이 참다운 인간 또는 인간 공동체의 실현을 가로막고 있다고 보았고, 예(禮)는 곧 사람들을 도덕적 타락으로부터 "막아주는(坊)"[72] 기능을 수행한다고 보았다. 이와 같은 관점에서 보았을 때 '실용적' 행동 역시 예(禮)로서의 속성을 보유하기 위해서는 도덕적 원칙에 위배되어서는 안 되는 것으로 기대된다. 다른 말로 표현하자면, 실용적인 것이라고 하더라도 유교의 윤리적 논리에 의거해 그 합리성에 대한 설명이 가능했을 때 비로소 예가 된다는 것이다. 바로 이러한 맥락에서 예의 경우에 '실용적 합리성,' '이론적 합리성,' 또는 '내용적 합리성'은 불가분의 관계를 형성하게 될 것이고, 따라서 서로를 따로 분리해서 보는 것은 어려운 일일 수밖에 없을 것이다. 아주 간단한 예를 들어 이러한 주장이 갖는 의미를 설명해보려고 한다. 필자가 판단하기에 공자는 어느 일면에서는 매우 실용적인 태도를 지니고 있었던 인물이었다. 『논어』에 따르면, 공자는 젊은 시절에 가난하여 낚시질과 주살질(비단실을 단 화살로 쏘아 새를 잡는 것)로 물고기나 새를 잡아 부모를 봉양하고 조상의 제사에 사용하였다. 그러나 그물을 사용하여 물고기를 떼로 잡지는 않았고, 나무 위에 잠자는 새를 쏘지도 않았다고 적고 있다(〈술이(述而)〉:209

---

[72] 『예기』 〈방기(坊記)〉의 요지는 다음과 같은 공자의 언급 가운데서 요약되고 있다; "소인(小人)은 가난하면 구차해지고, 부자되면 교만해진다. 구차하면 도둑질하게 되고, 교만하면 어지러워진다. 예란 사람의 정으로 인해서 절문(節文)을 삼아서 백성의 막는 바를 삼는다"(小人 貧斯約 富斯驕 約斯盜驕斯亂 禮者 因人之情而爲節文 以爲民坊者也)(1304-1305).

본문 및 역주 참조). 공자의 이러한 일화는 생활에 필요하다면 살생은 필요한 일일 수도 있으나, 거기에도 지켜야 할 윤리적 원칙이 있음을 시사하는 것으로 해석된다. 이는 '실용적' 규범이 예법이 되기 위해 충족해야 할 하나의 중요한 조건을 시사하고 있다. 즉 이미 위에서 지적하고 있듯이 윤리적 원칙에 위배됨이 없어야 한다는 것이다.

5) 문화적 기능

고대 중국에서 개인들이 예를 배운다는 것은 가장 일차적으로는 곧 그 사회에서 적절한 것으로 여겨지는 의사표현 양식을 습득한다는 것과 마찬가지 의미를 갖는 것으로 여겨진다. 사람이나 사물을 부르는 명칭들에 관하여 상호 합의가 이루어진다는 것은 그들 간의 상호 작용을 통한 유대의식을 형성하는 데 있어서 매우 중요한 조건들 가운데 하나일 것이다. 개인들은 그들이 흔히 사용하는 말과 다른 말을 상대방으로부터 들었을 때 당혹스러움을 느낄 것이다. 말에는 언술자(言述者) 자신을 포함하여 타인에 대한 태도는 물론 사건과 사물을 보는 시각이 함축되고 있다. 이 때문에 생소한 언어적 표현은 상대방이 내게는 익숙지 않은 세계에 속한, 다른 부류의 사람이라는 느낌을 갖게 할 것이다. 이러한 이질적 느낌이 사람들 간의 상호 작용을 꺼리게 만드는 중요한 요인이 되는 것은 분명하다. 필자가 세대 간에 흔히 발견되는 괴리감 역시 서로 다른 언어사용이 그것에 기여하는 한 요인일 가능성이 있다고 보는 것은 이 때문이다.

이와 같은 시각에서 보았을 때, 예법(禮法)은 곧 어법(語法)을 포함하고 있다는 것은 매우 당연한 일이라고 여겨진다. 예의 중요한 기능이 사회적 통합에 있다고 보았을 때 그것은 곧 공동체 내에 최선의 것으로써 지켜왔고 존중되고 있는 언어규범의 준수를 강조하는 일부터 출발한다는 것은 당연한 일이기 때문이다. 이를 조금 다르게 표현해본다면 사회의 통합은 언어 사용과 같은 문화의 통합과 불가분의 관계에 있기 때문에 예 규범에는 어법과 같은 문화 규범들이 반드시 포함되게 마련이라고 말할 수 있을 것이다. 실제로 『예기』에 기록된 예법에는 어떤 누구에게는 어떤 호칭을 사용할 것인지, 어떻게 이야기하는 것이 예에 부합되는지에 관한 매우 상세한 규정이 포함되어 있다. 이와 관련하여 『예기』에 실린 다음과 같은 예들을 살펴보자.

국군(國君)은 경노(卿老)와 세부(世婦)의 이름을 부르지 않으며, 대부는 세신(世臣)과 처질(妻姪)과 처제(妻弟)의 이름을 부르지 않으며, 사(士)는 가상(家相)과 장첩(長妾)의 이름을 부르지 아니한다. 제후와 대부의 아들이 감히 '나 소자(余小子)'라고 일컫지 못하며, 대부와 사(士)의 아들이 감히 자신을 '사자(嗣子) 아무개'라고 일컫지 못하며, 감히 세자(世子)와 같은 이름을 쓰지 못한다(〈곡례(曲禮) 하〉: 140).

오관의 장을 백(佰)이라고 한다. 이들은 지방을 맡아 다스린다. 그를 맞이하여 천자에게 인도할 때 접대하는 일을 맡은 자는 천자에게 대하여 백을 '천자지리(天子之吏) 아무개'라 부르며, 천자는 백이 왕실과 동성이면 백부(伯父)라 부르며, 이성이면 백구(伯舅)라 부른다. 백 자신은 제후에 대하여 '천자지로(天子之老)'라 칭하고, 또 타국에 있어서는 공(公)이라 불리며, 그 나라 안에 있어서는 군(君)이라 불린다. 구주(九州)의 장이 천자의 나라에 들어가서는 목(牧)이라 일컫는다. 천자는 그가 동성이면 숙부(叔父)라 칭하고, 이성이면 숙구(叔舅)라 칭한다. 그들은 외국에 나가서는 후(侯)하 칭하고, 그 나라 안에서는 군(君)이라 칭한다(〈곡례(曲禮) 하〉: 160).

천자가 죽는 것을 붕(崩)이라 말하고, 제후는 훙(薨)이라 하며, 대부는 졸(卒)이라 하고, 사(士)는 불록(不祿)이라 말하며, 서인(庶人)은 사(死)라고

한다. 상(牀)에 있는 것을 시(尸:시체)라 하고, 관(棺)에 있는 것을 구(柩)
라고 한다 ……왕부(王父)를 제사할 때는 황고조(皇祖考)라 하고, 왕모(王
母)는 황조비(皇祖妣)라 하며, 아버지는 황고(皇考)라 하고, 어머니는 황비
(皇妣)라 하며, 남편은 황벽(皇辟)이라고 한다. 생존한 때에는 부(父)·모
(母)·처(妻)라 하고, 죽으면 고(考)·비(妣)·빈(嬪)이라고 한다. 수고(壽考)
하면 졸(卒)이라고 하고, 요절(夭折)하면 불록(不祿)이라고 한다(〈곡례(曲
禮) 하〉: 174-5).

적절한 언어의 사용이 예(禮)의 필수적인 한 요소라는 사실을 보여주
는 예(例)는 이상에 인용된 예들 외에도 『예기』의 이곳저곳에서 산견(散
見)된다. 이로부터 우리가 주목할 사실은 언어를 인간들 간에 이루어지
는 의사소통의 수단이라고 보는 것은 언어의 기능에 대한 너무도 단순하
고 피상적 이해라는 것이다. 위의 예에서 임금은 높은 지위에 있는 신하
와 자신의 처첩이라고 하더라도 역시 높은 품계의 여인에 대해서는 그
들의 이름을 불러 하대(下待)해서는 안 된다고 적고 있다. 또한, 천자가
아닌 제후와 대부의 아들, 또는 대부와 사(士)의 아들이 자신을 자칭할
할 때 적절치 않은 명칭을 사용하는 것은 예가 아니라고 적고 있다. 자
신 또는 타인을 칭할 때 사용되거나 금지된 명칭들과 관련하여 『예기』에
적혀 있는 예(例)들은 선별된 극히 일부의 사례에 불과할 것으로 짐작된
다. 다시 말해서 호칭에 관한 예절이나 금기는 다양한 사회적 상황 하에
서 사회의 모든 계층의 사람들에 의해 광범위하게 실행되었던 예법임에
틀림이 없었으리라는 것이다. 호칭과 관련된 이와 같은 언어 규범은 단
순히 누구 또는 무엇을 부르기 위해 이름을 정하는 데 그 목적이 있었던
것이 아님은 분명하다. 즉 단순히 어떤 부류의 사람들 또는 사건에 대해
그것들을 지칭하는 단어를 규정함으로써 의사소통의 효율성을 기하려는
데 그 기능이 있었던 것만은 아니라는 것이다. 가령 위에서 인용된 예에

서, 사람의 생물학적인 죽음은 사(死)로서 불리어진다. 그러나 이러한 경우에 있어서도 사(死)는 서구에서 이야기하는 소위 가치중립적인 용어는 아니다. 왜냐하면 위의 예에서 볼 수 있듯이 사(死)란 사회에서 가장 낮은 계층인 서민의 죽음을 단순한 생물학적인 죽음으로써 표현하기 위해 사용하는 용어이기 때문이다. 이에 비교하여 "천자가 죽는 것을 붕(崩)이라 말하고, 제후는 홍(薨)이라 하며, 대부는 졸(卒)이라 하고, 사(士)는 불록(不祿)이라 말"한다고 『예기』는 적고 있다. 이로써 우리는 죽음이 사람의 신분에 따라 차별화됨으로써 그것을 지칭하는 용어 자체에 차등화된 신분질서와 부합하는 서열질서가 형성되어 있음을 알 수 있다. 말에는 곧 그것이 표현하는 대상이나 사건에 대한 우리의 태도나 가치판단을 또한 함축하고 있기 때문에 지칭된 사실과 그에 대한 우리의 태도가 혼입되어 있는 경우가 많다. 즉 말을 통해 지칭하고 있는 사실과 그에 대한 우리의 태도를 분리한다는 것은 어려운 경우가 많다는 것이다. 이러한 언어의 특징은 한문(漢文)을 제외한 다른 언어들 가운데서도 흔히 나타나는 현상이다. 그러나 한문을 사용하는 문화권에서 특히 두드러지게 나타나는 특징의 하나일 것이다. 아마 이러한 언어적 특징은 뜻글자(表意文字)로서 한자의 특성과 고대 중국의 철저하게 위계화된 신분사회의 특성이 결합되어 산출된 결과일 것으로 여겨진다. 그런데 현재 진행 중인 논의 맥락에서 다시 한번 강조되어야 할 중요한 사실은 언어는 단순히 사람들 간의 의사를 소통하는 데 필요한 수단만은 아니라는 사실이다. 미국의 사회학자 시라이트 밀즈 C. Wright Mills(1967: 470)는 "사회는 언어를 통하여 매우 효과적인 방식으로 우리들의 지적인 기능에 영향력을 행사한다"고 지적한 바 있다. 즉, 언어는 "개개인들이 지적인 활동을 하기 이전부터 사회의 의해 만들어져 존재하고 있었고, 그리고 개개인들의 지적인 활동보다는 긴 생명을 가지고 생존하는 현상"이며, 따라서 우리의 지적 기능이 언어에 의해 영향을 받는다는 것은 결과적으로는 그것이 곧 사회에 의해 영향을 받고 있음을 의미한다는 것이다. 이러한 시각은 그대로 예법에서 규정하고 있는 언어규범이 갖는 기능에 관해서도 그대로 적용되는 것으로 여겨진다. 어떤 부류의 사람들에 대해 각기 사용되는 차별화된 언어는 그들을 실제로 차별적으로 대하는 사회적 관행의 산물일 것이다. 그리고 그와 같은 언어의 사용은 위계적 세계관 속에 우리의 인식을 틀 지움으로써 우리 인식 자체가 차별적 사회구조에 의해 생산되고 재생산되는 결과를 가져오게 된다. 예(禮)에서 누구를, 어떤 대상을, 또는 사건을 어떤 이름으로 부르는가와 관련된 어법의 중요성은 바로 여기에 연유하고 있을 것이다. 호명(呼名), 즉 어떤 이름으로 부르는 것은 주어진 사회구조나 문화의 "재생(再生, reproduction)"(Bourdieu & Passeron, 1970) 과정에 개입되는 가장 기본적 기제의 하나이며, 또 그것이 결과적으로 남기는 산물이라고 볼 수가 있다는 것이다.

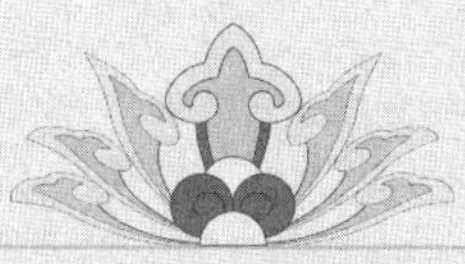

5. 결론: 예와 관련된 세 가지 논의 사항

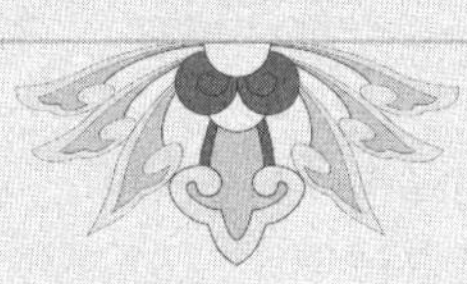

　이제까지 우리는 예법 또는 예제의 본질적 속성과 그 기능들에 관하여 살펴보았다. 논의된 사실에 근거하여 우리는 이제 예에 대하여 아주 간결하면서도 포괄적인 정의를 내릴 수 있을 것으로 여겨진다. 가장 간단하게 형식적인 정의를 내린다면, 예란 유교적 세계관 및 윤리적 기준에 부합되는 행동 규범과 제도를 일컫는 용어라고 보면 될 것이다. 여기에는 기존하는 전통적 규범들이나 제도는 물론이거니와 가능한 대안 가운데 위에서 지적한 조건을 충족시키는 것으로 간주되는 예법 및 예제들이 포함될 것이다. 필자가 이 책에서 기본 전적(典籍)으로 사용한『예기』는 당시 유학자들의 안목에 비추어 그와 같은 평가를 통과한 것으로 인정된 예법과 예제(禮制)를 수록한 책으로 특징지을 수 있다. 이와 관련하여『예기』의 저자들이 예의 여부를 평가할 수 있는 일반적 기준에 대해 이론적 인식을 가지고 있었던 것은 분명하다. 이를 뒷받침하는 기록들은『예기』의 곳곳에 소재되어 있다.『예기』의 첫 구절은 "무불경(毋不敬)," 즉 "공경하지 않은 것이 없다"라는 말로서 시작된다. 풀어서 이야기하자면 예를 관통하는 기본적인 정신은 '존경'이라는 것이다. 다시 이를 뒤집어 해석해보자면 우리가 존경하는 마음으로써 대해야 할 상하의 또는 동료 인간을 비롯하여 조상, 천하 만물을 대할 때 우리의 행동에 그들에 대한 존경의 마음이 실려 있지 않다면 예가 아니라는 것이다. 물론 예에 담겨 있는 것으로 주장되는 윤리적 가치는 경(敬)에만 국한되는 것은 아니다.『예기』에는 경(敬) 외에도 인(仁), 의(義), 성(誠), 중용(中庸) 등과 같은 유교적 덕목 역시 예의 내재적 본질로서 보는 견해들이 이곳저곳에서 산견(散見)된다. 따라서 요약하자면 예와 비례(非禮)를 구분하는 가장 중요한 기준은 주어진 행동 규범 또는 제도가 유교적 윤리관에 부합되느냐의 여부에 달려 있었다고 볼 수 있다. 『예기』의 모든 편장들 가운데 가장 이론적인 내용을 집중적으로 다루고 있는 〈예운(禮運)〉편을 보면 다음과 같은 주장이 예의 본질과 기능과 관련하여 특히 우리의 주목을 끄는 내용을 담고 있다.

그러므로 예라는 것은 의(義)의 열매인 것이다. 의를 제도(制度)로서 결실하게 한 것이 바로 예이기 때문이다. 의에 맞추어보아 화합하면 그것이 곧 예인 것이다. 비록 선왕(先王)의 예법에 그러한 예가 없을지라도 의에 참작하여 적절한 것이면 새로 일으킬 수 있는 것이다. 그래서 도의는 사람의 신분에 적합한 규범이고, 인애(仁愛)의 절도를 나타내는 것이므로 도의를 바르게 행위로 나타내고 동시에 인애를 적당히 베풀 수 있는 예의 예절을 터득한 사람은 만인을 다스릴 능력을 갖고 있다고 해도 될 것이다(651).

위 인용문에서 〈예운(禮運)〉편의 저자는 사람들이 신분에 따라 적합하게 행동함과 동시에 '인애(仁愛)'를 적절하게 나타내는 것이 곧 '도의(道義)'인데, 이를 사람들이 행동을 통해 실천하고 따를 수 있는 규범으로써 제도화한 것이 곧 예라고 지적하고 있다. 따라서 과거의 전례가 없다 하더라도 예의 정신에 부합된다면, 즉 사회의 신분질서에 비추어 적합하고 타인에 대한 사랑을 적절하게 표현하는 행동이라면 그것도 역시 예가 될 수 있다는 주장을 펴고 있다. 예의 본질에 대한 이와 같은 견해는 이 장의 서두에서 제시되었던 예에 대한 정의와 대체로 일치하고 있다. 즉 예란 중국 고대의 유교 형성기부터 공자를 위시한 유학자들이 가지고 있었던 세계관 및 윤리적 기준에 부합된 것으로 판단되었던 행동 규범과 제도를 일컫는다는 것이다.

주목을 요하는 점은 예는 유학자들의 규범적 정치사회학, 또는 정치공학에 있어서 가장 중요한 전략적 위치를 점유하고 있다는 사실이다. 유학자들의 가장 중요한 관심사는 좋은 인간과 바른 정치를 토대로 바람직한 사회를 실현하기 위한 실천적 지식을 얻는 것이었다. 그 실천적 지식의 중심에 있는 것이 유교 윤리였고, 유교 윤리의 실천을 위한 가장 중요한 수단이 곧 예였다. 다시 말해 현실 가운데 유교 윤리의 구현을 위해서는 윤리적 원칙을 구체화된 행위규범과 제도로서 표현한 예의 실천이 필수적인 수단으로써 요구된다고 보았다. 바로 이러한 점에서 예는 유학자들의 정치철학 내지는 사회철학에서 핵심적 위치를 점유한다.[73]

이제 예를 중심으로 한 이와 같은 유교철학적 관점과 관련하여 이 결론 부분에서는 가장 핵심적 주제로서 우리는 다음과 같은 세 가지 문제를 다루데 될 것이다. 첫째는, 중국 철학 분야에서 이미 익숙한 주제가 되어온 사항이다. 즉 유가(儒家)의 예 사상에 대해 공자 당시는 물론 그 이후에도 중국의 여러 유파의 철학자들이 어떤 반응을 보여왔으며, 이에 대응하는 유학자들의 논리는 어떤 내용의 것이었느냐 하는 것이다. 이 문제는 동양사상의 전체적인 맥락에서 예 사상이 지닌 위상을 점검할 수 있는 기회를 제공한다는 점에서 매우 중요한 의의를 지닌 것으로

---

73 '좋은' 사회의 조건을 규명하고 그것을 실현하는 데 유용하게 쓰일 수 있는 지식을 추구해온 '철학자들'의 노력은 서양에서는 플라톤과 아리스토텔레스 등으로부터, 동양에서는 공자를 위시하여 당시의 거의 모든 유파의 철학자들로부터 시작되어 현대에까지 이르는, 인류 역사상 매우 오랜 학문적 전통으로 이어져 왔다. 학문에 있어서 이와 같은 '규범적' 또는 인문학적 지향은 근대에 들어와서 발전하기 시작하여 지금에 와서는 지배적인 조류로 자리 잡게 된, '사실적 지식'의 취득을 지향하는 소위 '사회과학'의 그것과는 흔히 크게 배치되는 성격의 것으로 간주되고 있다 (Gerring & Yesnowitz, 2006). 이와 같은 전제 하에 정치학에서는 통상 전자와 같은 지향의 정치학에 대해서는 '정치철학(political philosophy)' 또는 '규범적 정치이론(normative political theory)'이라는 다소 유파적 의미의 명칭으로 부르는 한편, 후자에 대해서는 보다 일반적인 의미의 '정치(과)학(political science)'이라는 명칭이 부여되고 있다.

판단된다. 두 번째는, 『예기』에 수록된 기록들이 씌어졌던 당시의 유학자 자신들도 인식하고 있었던 것으로 여겨지거니와 현재에 와서도 예를 다루는 학자들에 의해서 가장 중요한 문제점으로 인식되고 있는 사항이 지적될 수 있다. 그것은 예를 구성하는 두 측면, 즉 개인의 내면적 태도와 외적으로 관찰되는 행동 가운데 어떤 측면을 예의 원리 또는 기능에 비추어 보다 본질적인 것으로 판단할 수 있는 것인가 하는 문제이다. 이 문제는 현대철학이나 심리학에서도 중요한 쟁점으로 다루어지는 행동과 의미의 문제와 연관성을 지니고 있다는 점에서 특별한 의의를 지니고 있는 것으로 판단된다. 세 번째는, 지금 우리가 살고 있는 현 시대에서 단순히 과거사에 대한 회고와 관심을 넘어서 예법 자체 또는 예를 통해 이루고자 했던 유학자들의 윤리적 사회에 대한 열망과 구상이 현대 사회에 있어서도 심각하게 고려해볼 만한 어떤 의의를 지니고 있는가 하는 것이다. 간단히 말해서 예를 통해 바람직한 사회질서를 구축하고자 했던 공자의 열망이 현대 사회에서도 어떤 측면에서든지 수용될 수 있는 가능성을 지니고 있는가 하는 것이다.

위에 거론된 세 가지 문제점에 대한 논의 가운데 두 번째와 세 번째 문제점에 대한 논의는 필자의 주관적인 선호와 판단을 매우 강하게 반영하고 있다. 즉 논의되는 문제점에 대해 여러 가능한 견해를 단순히 소개하고 있다기보다는 어떤 한 편의 견해를 지지하는 필자 자신의 판단을 주로 반영하고 있다는 것이다. 물론 그것을 뒷받침하는 논리가 제시가 되어야 한다는 것은 당연하다. 그러나 읽는 사람의 입장에 따라서는 동의하기 어려운 견해를 담고 있을지도 모른다는 점에서 상당한 논란의 여지를 안고 있을 수도 있다. 따라서 어떤 결론에 이르고자 하는 시도라기보다는 앞으로 심각한 검토를 요하는 문제를 제기한다는 점에서 보다 중요한 의의를 갖는다는 점을 미리 지적을 해두고 싶다.

1) 동양 철학에서 유교 예론의 위상

중국 철학을 대표하는 또 다른 두 진영인 도가(道家)와 법가(法家)에서는 유교의 예론에 대해 매우 냉소적인 평가를 내리고 있었다는 것은 널리 알려진 사실이다. 예가 천리(天理) 그 자체와 부합되는 인간사의 준칙(準則)이라는 유가의 견해와는 달리 도가에서는 예란 사람들이 그들의 자연적 본성에 벗어나는 행동을 하게 됨에 따라 필요하게 된, 오히려 자연의 이치와는 어긋나는 인위적이며 억압적인 수단에 불과할 따름이라고 보았다. 즉 예는 인간들을 원래 있어야 할 가장 최선의 상태로 복귀시키기보다는 이미 혼란과 갈등에 빠져 있는 사회 가운데서 최소한의 질서를 유지하기 위한 극히 제한적인 기능을 갖는 수단일 뿐이라는 것이다(윤무학, 2007; 최진석, 1999). 다른 한편으로 법가에서는 유가에서 강조하는 윤리적 덕목들은 인구가 희소하고 문명은 미개(未開)했고, 따라서 사람들 간에 다툼이 일어날 만큼 의미 있는 규모의 권력 구조나 사유재산이 채 형성되지 않았던 원시공동사회에서나 유효했을지 모르는, 이미 지나간 사회의 유물로서 평가한다. 우선 유가에서 이상사회로서 평가하는 소위 요순(堯舜) 시대는 법가의 역사적 관점에서 보았을 때, 그 시대를 지도했던 왕들의 완벽한 도덕성 때문에 평화스러운 사회가 유지되었던 것은 아니었다. 그보다는 요순시대라 불리는 선사시대는 인간들 본연의 이기적 욕구를 촉발할 만한 권력구조나 부(富) 자체가 아직 형성되지 않은 상태에 있었던 미개사회였다. 인구는 상대적으로 희소했기 때문에 자연 속에 부존하는 생존 자원 역시 넉넉한 편이었다. 이 때문에 권력의 승계는 양위(讓位)를 통해 이루어질 수 있었고, 재산을 놓고 저질러지는 싸움이나 범죄는 드물었다는 것이다. 그러나 인구가 기하급수적으로 증가함에 따라 생존 자원은 부족하게 되었다. 그리고 생존을 위한 경쟁이 극심해진 상황 하에서 태생적으로 이기적인 인간의 마음을 인의(仁義)라든지 호양(互讓)의 덕에 의해 다스린다는 것은 사실상 불가능하게 되었다. 사람들이 해야 할 행동과 하지 말아야 할 행동을 법으로써 규정하고 그것들을 얼마나 충실히 준수하느냐에 따라 상과 벌을 엄격히 실시하는 통치의 기법이 이미 지나간 시대의 윤리적 가치를 대치하는 것은 바로 그와 같은 시대의 변화에 부응하는 당연한 결과라고 보는 것이 법가의 핵심적 논리이다.[74] 이와 같은 논리에 따라 예치(禮治), 즉 예에 의한 통치는 이미 변한 사회적 현실 속에서는 성공을 기대하기 어려운 시대착오적 발상일 따름이라는 것이 법가에서 내린 결론이었다.

예에 대한 이와 같은 법가의 견해와 대비해보았을 때 예의 중요성 및 그 필요성을 강조하는 유가의 견해는 일단 원론적인 면에서부터 법가의 견해에 대해 동의하지 않는다. 즉 순수하게 이익을 위한 또는 형벌을 피하기 위한 도구적 목적으로 이루어지는 인간 행동이 우선 원론적이며 당위적 입장에서 인간들이 인간답기 위해 마땅히 지켜야할 윤리적 원칙과 부합되지 않는다는 것이다. 그러나 인간의 본질적 존재 양식과 관련된 그와 같은 당위적 입장을 떠나서라도 유가에서는 개인들이 저마다 이익만을 염두에 두고 행동할 때 가져올 현실적 효과에 대해서도 역시 부정적인 평가를 내리고 있다. 즉 현실적인 관점에서도 법가의 입장과는 중요한 차이를 보이고 있다. 이기적 행동의 현실적 효과에 대한 유가의 부정적 평가는 유교 경전의 곳곳에서 목격이 된다. 그러나 이와 같은 유가의 평가를 가장 요약적으로 표현한 두 구절을 지적한다면, 『논어』〈이인(里仁)〉편에 기록된 "이익에 따라 행동하면 원망이 많다"(116)라는 공자의 언급과 함께 『맹자』〈양혜왕장구상(梁惠王章句上)〉편의 서두에 실린 맹자의 언급을 들 수 있다. "왕(王)은 하필 이(利)를 말하십니까? 또한 인

---

74 여기에 기술된 법가의 견해는 주로 『한비자』〈오두(五蠹)〉편: 885–911에 쓰인 내용에 근거를 두고 있다. 유교 윤리 전반에 대한 한비자의 비판에 대해서는 이승훈(2003)을 참조할 것.

의(仁義)가 있을 뿐입니다"라는, 해당 편장의 주제를 이루는 언급에 이어 맹자는 그가 이(利)를 인의(仁義)에 비해 그다지 중요하다고 보지 않은 이유에 관하여 다음과 같이 설명하고 있다.

> 왕(王)께서 어떻게 하면 내 나라를 이롭게 할까 하시면 대부(大夫)들은 어떻게 하면 내 집안을 이롭게 할까 하며, 사·서인(士·庶人)들은 어떻게 하면 내 몸을 이롭게 할까 하여, 윗사람과 아랫사람이 서로 이(利)를 취한다면 나라가 위태로울 것입니다(26).

요약해서 이야기한다면 사람들이 인의와 같은 윤리적 가치에 따라 행동하기보다는 눈앞의 이익을 위해 행동한다면 결과적으로 사회 구성원들 간에 갈등이 만연하게 되고, 사회는 혼란에 빠지게 되리라는 것이다. 일방적으로 이익만을 좇아 행동하는 경우에 발생하는 사회적 갈등과 그것이 사회적 통합에 미치는 부정적 영향에 대한 우려는 오히려 극히 상식적일 정도로 진부한 견해일 수도 있다. 그리고 개인들이 추구하는 이익이 반드시 해로운 결과를 가져온다는 믿음은 극히 단순하고 순박한 사고에서 나온 잘못된 믿음일 수도 있을 것이다. 물론 현대에 이르기까지도 위대한 스승으로 일컬어지고 있는 공자라든지 맹자와 같은 인물들이 이익과 윤리적 원칙을 양립할 수 없는 두 개의 대립적 가치로 인식하는, 단순한 사고를 지니고 있었다고 평가한다는 것은 매우 무리한 결론일 것이다. 유가의 입장에서 본 이익과 윤리적 가치, 또는 그것의 행위적 표현으로서의 예와의 관계는 반드시 대립된다고 규정하기는 어려울 것으로 여겨진다. 그보다는 개인들에 의한 욕구의 충족을 생존을 위해 요구되는 하나의 조건으로서 인정하되 예(禮)를 이익을 충족하는 방식과 관련하여 반드시 요구되는 자기 조절적(自己調節的) 또는 사회적 규제의 원리로서 보고, 그 필요성을 강조하고 있다고 특징짓는 것이 훨씬 적절할 것으로 여겨진다. 우리는 이익의 충족과 그 통제의 원리로서 윤리적 가치와의 관계와 관련하여 유가의 입장을 아주 단적으로 표현한 다음과 같은 매우 흥미로운 기록을 『맹자』의 한 부분에서 읽을 수 있다.

임(任)나라 사람이 옥로자(屋廬子)에게 물었다. "예(禮)와 밥은 어떤 것이 중(重)한가?" 옥로자(屋廬子)가 대답하였다. "예(禮)가 중(重)하다."
(임[任]나라 사람이 말하였다.) "색(色)과 예(禮)는 어느 것이 중(重)한가?"
옥로자(屋廬子)가 말하였다. "예(禮)가 중(重)하다." 임(任)나라 사람이 말하였다. "예(禮)대로 먹으면 굶어 죽고 예(禮)대로 먹지 않으면 밥을 얻을 수 있더라도 반드시 예(禮)대로 해야 하는가? 친영(親迎)을 하면 아내를 얻지 못하고 친영(親迎)을 하지 않으면 아내를 얻을 수 있더라도 반드시 친영을 해야 하는가?"
옥로자(屋廬子)가 대답하지 못하고는 다음날 추(鄒)나라에 가서 맹자(孟子)께 아뢰자, 맹자(孟子)께서 말씀하셨다. "이것을 답함에 무슨 어려움이 있겠는가?
……가서 대답하기를 '형의 팔을 비틀고 밥을 빼앗아 먹으면 밥을 먹을 수 있고, 형의 팔을 비틀지 않으면 밥을 먹을 수 없더라도 장차 비틀겠는가? 동쪽 집의 담장을 뛰어넘어 처자(妻子)를 끌어오면 아내를 얻고, 끌어오지 않으면 아내를 얻을 수 없더라도 장차 끌어오겠는가?'라고 하라"(〈고자장구하(告子章句下)〉: 486-489).

앞에서의 옥로자와 임나라 사람과의 대화는 이(利)와 예(禮)를 대립적 관계로 보는 매우 단순한 식견을 가지고 서로를 대하는 유학자와, 아마 법가의 영향을 받은 현실주의자 간의 대화를 기록하고 있는 것으로 여겨진다. 뒤에 나타나는 맹자의 견해는 그것이 바로 맹자의 견해를 옮기고 있다는 사실에 의거해서 유가의 입장을 보다 정확하게 표현하고 있다고 판단된다. 맹자가 먹는 것과 성적 욕구를 충족시키는 것이, 즉 인간의 가장 기본적인 욕구를 충족시키는 일이 중요함을 부정하지 않는다는 것은 분명하다. 그러나 거기에는 같이 삶을 이루어가는 동료 인간에 대한 책임을 또한 짊어진 도덕적이며 사회적 존재로서 개인들이 지켜야 할 규범적 의무와 한계가 존재하며, 그것들이 지켜질 때 비로소 인간 사회에서의 바람직한 질서와 진정한 통합은 가능하다고 보고 있다.

이와 같은 맹자의 입장과 관련하여 특히 주목을 요하는 한 가지 사실은 인간의 본성에 관한 그의 성선설(性善說)이다. 그의 성선설을 예(禮)에 국한해서만 이야기해보자면, 인간은 태어날 때부터 예를 알고 태어나는 것은 아니나 예를 배우고 실천하는 데 기본적 동기로 작용할 수 있는 도덕적 품성을 그 인성 가운데 지니고 태어난 존재라는 것이다. 이를 맹자는 "(자신의 이익을) 남에게 사양하고자 하는 마음이야말로 예의 실마리이다(辭讓之心 禮之端也)"(〈공손축장구상(公孫丑章句上)〉: 151)라고 표현하고 있다. 즉, 인간은 남에게 양보하는 마음을 하나의 본연적 심성으로서 가지고 태어나는데, 이와 같은 인간의 심성이 곧 개인들이 인간 사회 제도로서의 예(禮)를 배우고 실천하는 출발점이자 토대를 제공한다는 것이다. 이와 같은 관점에서 맹자의 견해는 인간 심성과 사회제도 사이에 연속성(continuity)을 주장하고 있다고 특징지을 수 있을 것이다.[75]

인간의 본질에 관하여 맹자와는 정반대의 관점으로부터 출발하여 예

---

[75] 이 점과 관련하여 당장 제기되는 문제점이 있다. 그것은 사람을 사랑하는 마음이라든지 사양하는 마음에 있어서 사람들 간에 현실적으로 나타나는 차이를 어떻게 설명할 수 있는가 하는 것이다. 이에 관하여, 맹자는 다음과 같은 비유를 들어 그러한 차이가 대체로 개인들이 처한 환경의 차이에서 기인함을 주장하고 있다. 즉, 화살을 만드는 사람은 행여 사람을 상하지 못할까 두려워하고, 방패를 만드는 사람은 행여 사람이 상할까 두려워 한다는 것이다(〈공손축장구상(公孫丑章句上)〉: 153). 직업의 차이가 가져오는 이와 같은 관심의 차이를 지적함으로써 맹자가 강조하고자 하는 것은 분명하다. 즉 개인들의 선한 인성과 그 온전한 실현을 가로막는 정치적 현실이 외부에 존재하고 있고, 그 점을 바로 자신이 처한 시대의 가장 큰 문제점으로서 인식하고 있다는 것이다.

에 관해서는 유사한 결론에 이른 다른 한 사람으로서는 순자를 꼽을 수 있을 것이다. 순자는 인간을 그들이 문명에 의해 순치되기 이전까지 자연의 상태에 방치된 상태에서는 순수하게 육체적 욕망의 해소를 추구하는 존재, 즉 도덕적으로 선한 본성을 가지고 있다기보다는 육체적 욕구에 의해 지배되는 존재로 본다. 바로 이러한 점에서 인간 본성에 대한 그의 관점은 흔히 '성악설(性惡說)'로 불려진다. 그렇다면 이와 같은 인간관의 시각에서 예(禮)가 갖는 의의 또는 기능을 순자는 어떻게 평가하고 있는가? 『순자』〈예론(禮論)〉편은 인간의 욕망과 예 사이의 관계를 매우 간결하게 정리한 다음과 같은 구절로 시작된다.

> 예(禮)는 어디서 기원하는가? 말하기를 사람은 나면서 욕망을 갖는다. 욕망을 가지고 얻지 못하면 구하지 않을 수 없다. 구하면서 기준과 한계가 없으면 다투지 않을 수 없다. 다투면 어지러워지고 어지러우면 궁해진다. 선왕은 그 어지러움을 싫어한다. 그래서 예의를 제정하여 구분을 짓고 그렇게 함으로써 사람의 욕망을 기르고 사람의 욕구를 채우며 욕망으로 반드시 사물을 궁하지 않게 하고 사물의 욕망에 굴하지도 않게 하여 양자가 서로 버티며 자라게 하려는 것이다. 바로 이것이 예가 일어나게 되는 바 기원인 것이다.[76]

위의 인용문에서 순자가 말한 (욕망을) '기른다(養)'라는 표현은 이 구절의 핵심적인 주제를 전달하고 있다고 여겨진다. 이어지는 부분의 내용

---

[76] 禮起於何也, 曰, 人生而有欲, 欲而不得, 則不能無求, 求而無度量分界, 則不能不爭, 爭則亂, 亂則窮, 先王惡其亂也, 故制禮義以分之, 以養人之欲, 給人之求, 使欲必不窮乎物, 物必不屈於欲, 兩者相持而長, 是禮之所起也(순자b 〈예론(禮論)〉: 117-118). 이와 동일한 구절에 근거하여 순자의 인간관과 예론에 관해 유사한 해설을 제시한 박원재(2002)의 논문을 또한 비교 참조할 것.

들에[77] 근거하건대 여기에서 사용된 의미에서 '기른다'는 가장 적정한 상태로 형성시킴을 뜻하는 것으로 해석된다. 즉 욕망의 충족에 탐닉하여 결과적으로 재앙을 초래하기보다는 어떤 적정한 수준에서 욕구를 표현하고 절제함으로써 궁극적으로는 개인이나 사회를 위해 최선의 결과는 거둘 수 있도록 사람의 성정(性情)을 도야시키는 것을 의미한다. 그렇게 보았을 때, 위의 인용문에서 순자는 예(禮)는 인간들이 욕구를 충족하는 과정에서 과도한 욕심을 부림으로써 결과적으로는 그 욕구 자체를 충족시키는 데도 실패할 뿐만 아니라 사람들이 욕망의 노예로 전락하는 상황을 예방하는 데 그 기능이 있음을 강조하고 있다. 즉 예는 욕구 충족을 위한 인간 행동을 합리적으로 조절하고, 인간들이 순수하게 타고난 성정에 따라 무분별하게 행동하는 상황을 예방함으로써 보다 나은 인간 사회를 이루는 데 기여한다는 것이다. 결론적으로 순자는 인간 사회에서 안정된 질서를 유지하고 통합을 이루는 데 있어서 예가 필수적임을 강조한다. 바로 이 점에서 다른 모든 유학자들과 마찬가지로 순자 역시 맹자와 견해를 같이하고 있다. 그러나 순자는 인간의 본성과 예를 불연속적인 관계로 봄으로써 맹자의 입장과는 차이를 보인다. 즉 자연의 일부로서 인간이 태어나면서부터 가지고 있는 성정과는 달리 예를 '위(僞),' 그 소이(所以)가 인간의 작위적 행위에 귀착되는 인위적 산물로 본다. 즉 그것은 인간에 의해 "꾸며진 제도(文飾)"인 것이다. 따라서 인간 본성과 예의 관계를 연속적이라기보다는 이원론적이며 상호 작용적인 관계로 본

---

77 "……그래서 수레 끄는 말은 반드시 믿음이 가고 길들여진 후에 타는 것이 몸의 편안함을 기르기 위한 것이다. 저 목숨 바쳐 지조를 지키는 일이 이 내 생을 기르기 위한 것임을 충분히 알고 저 비용을 내놓는 일이 내 재산을 기르기 위한 것임을 충분히 알며 저 공경하고 사양하는 일이 내 안전을 기르기 위한 것임을 충분히 알고 저 예의 질서를 따르는 일이 내 성정을 기르기 위한 것임을 충분히 알아야 할 것이다(故大路之馬, 必信至敎順, 然後乘之, 所以養安也, 孰知夫出死要節之所以養生也, 孰知夫出費用之所以養財也, 孰知夫恭敬辭讓之所以養安也, 孰知夫禮義文理之所以養情也)『순자』〈예론(禮論)〉: 118–119).

다는 점에서 특징을 지을 수 있다. 순자는 그의 이와 같은 관점을 다음
과 같이 서술하고 있다.

> 성이 없다면 위가 가해야 할 데가 없고 위가 없다면 성이 스스로 아름다워
> 질 수도 없다. 성과 위가 합해진 연후에 성인이란 이름이 이루어지고 천하
> 를 하나되게 하는 공적도 여기서 성취하는 것이다……. 하늘은 능히 만물을
> 내더라도 만물을 분별해낼 수 없고 땅은 능히 사람을 그 위에 태우더라도
> 사람을 다스릴 수 없다. 우주 안의 만물과 사람이라는 족속 모두가 성인을
> 기다리고 그런 뒤에야 분별이 가능한 것이다.[78]

위 인용문에서 순자는 위(僞), 즉 예는 성인(聖人)들에 의해 만들어진
것이며, 그것들이 만들어지고 인간 본성이 그것을 통해 표현됨으로써
비로소 사람들 사이의 지위의 분별과 통합이 가능하게 되었음을 강조하
고 있다. 그리고 예를 만들어 인간들로 하여금 자연 상태로부터 벗어나
문화적 및 사회적 삶을 가능하도록 하는 데 중요한 기여를 한 위대한 사
람들은 그로부터 비로소 성인(聖人)이라는 명칭을 부여받게 되었다는 것
이다.

이렇듯 이 세상을 향한 실천적 철학으로서 유학이 지향하는 세계
의 실현을 위한 전략의 중심에는 예가 자리하고 있다는 사실에는 의
문의 여지가 없을 것이다. 이를 사회학의 한 이론적 분파인 민속방법
론(ethnomethodology)의 시각을 빌려 표현해보자면, 유학자들은 그들이
지향하는 세계를 만드는 가장 구체적이면서도 동시에 이상적인 '방법

---

78 無性則僞之無所加, 無僞則性不能自美, 性僞合, 然後成聖人之名, 一天下之功, 於是就
也… 天能生物, 不能辨物也, 地能載人, 不能治人也, 宇中萬物生人之屬, 待聖人, 然後分
也(『순자』 〈예론(禮論)〉: 135).

(method)'을 예의 실천에서 찾고 있는 것이다. 이 방법, 즉 예가 지닌 특징과 기능에 대해서는, 『예기』에서 보여주는 바와 같이 유학자 자신들 역시 매우 분명한 이론적 인식을 갖고 있었던 것으로 판단된다. 그렇다면 이제 의문은 현재 가능한 학문적 관점에서 세상을 만드는 방법으로서 법가에서 주장하는 그것에 비해 유가의 예가 갖는 특징과 그 가능한 기능적 효력은 어디에서 찾을 수 있는가 하는 것이다. 법가의 전략은 현대 사회의 여러 문제점들을 극복하기 위한 전략을 놓고 스키너Skinner 가 제안한 그것과 본질적으로 별로 다르지 않은 것으로 여겨진다. "문화의 설계에 있어서 강화 조건(Contingencies of Reinforcement in the Design of a Culture)"(Skinner, 1965)이라는 제목으로 행해진 한 강의에서 스키너는 개인들에 대한 강화의 효율적 실행을 통한 과학적 행동학습 방식을 현대 문명을 새롭게 설계하기 위한 가장 효과적인 방법으로서 제안한 바 있다. 인간의 이기심을 기본 가정으로 하는 이와 같은 스키너의 행동통제 전략에 대한 유학자들의 반응은 어떠했을 것인가? 아마 보상과 형벌을 통해 학습되는 행동이 그들이 보기에 예법에 맞는 것들이라고 가정했을 경우에 우선 큰 이견을 드러내지는 않았을 것으로 여겨진다. 그러나 이견(異見)은 보다 본질적인 측면에서 제기되었을 것이다. 우리가 인간 행위의 본질을 인간이란 기본적으로 동물적 욕구의 충족을 추구하는 동물이라는 단순한 가정 위에서 파악하는 경우에 이는 유교에서 파악하는 인간 품성의 또 다른 차원, 즉 인간의 도덕적이며 이성적인 본질을 부정하는 수밖에 없을 것이다. 그리고 그에 따라 유교에서 예의 의의와 기능을 보는 관점에 대해서도 부정적인 입장을 취할 수밖에 없을 것이다. 이에 따라 스키너의 새 사회 전략에 대한 대부분의 유학자들의 반응은 그들이 법가의 비판에 대해 보였던 그것과 별로 다르지 않았으리라고 생각된다. 즉 도덕적 원칙과 적절한 행위적 규범에 의해 절제되지 않은 이익의 추구는 인간의 윤리적 본질로부터 벗어나는 행위일 뿐더러 종국에

가서는 사회적 갈등과 혼란을 야기할 뿐이라는 것이다. 그리고 예를 통해 표현되는 인간의 도덕적 품성과 행동이야말로 "문화의 설계(design of culture)"에 있어서 중심적 기능을 맡을 수밖에 없다는 것이다.

2) 예의 본질: 행동과 내면적 의미

우리는 이제 예의 본질과 효용성에 대한 유학자들의 주장에서 핵심적 중요성을 차지하는 문제에 관하여 보다 심층적으로 살펴보려고 한다. 우선 예를 행한다는 사실이 갖는 구체적 의미, 또는 어떤 행위가 예가 되기 위해 충족해야 할 조건과 관련해서는 본문의 몇 군데에서 예를 정의하는 문제라든지 그 본질적 성격을 논의하는 과정에서 이미 논의가 이루어진 바 있다. 논의의 핵심은 한 가지 쟁점으로 귀결된다. 그것은 예의 본질을 격식화된 외적 행동 그 자체에 있다고 볼 것인지 아니면 외적 행동을 추동시키는 인간 내면의 윤리적 심성에서 찾을 것인지 하는 것이다. 개인의 윤리적 심성이 동기로서 작용하지 않는 행동은 가식(假飾)에 불과하기 때문에 진정한 예가 아니라는, 즉 허례(虛禮)일 뿐이라는 주장은 인간이란 자신의 이득을 위해 진정한 의도가 없더라도 외면적으로는 마치 그런 듯이 꾸미는 일이 가능한 존재라는 점에서 직관적으로 설득력을 갖는 주장이다. 예를 들어 장례는 남아 있는 자들의 지극한 슬픔을 표현하기 위한 행사이나 사람들은 그렇지 않은 경우에도 마치 슬픈 듯이 가식적 행동을 함으로써 장사의 예는 그럴 듯하게 치러질 수 있을 것이다. 이런 경우에 내면의 윤리적 본질이 결여되고 있다는 점에서 그와 같은 가식적 행위는 예가 될 수 없다는 주장은 반박하기 어려운 면이 있다. 따라서 예의 본질을 예를 실행하는 자들의 내면적 도덕성에서 찾고자 하는 견해는 설득력 있는 것으로 평가된다. 반면에 이러한 견해가 안고 있는 한 가지 문제점은 예의 동기로서 작용하는 '인의(仁義)'와 같은 개인의 도덕적 품성은 어디서 오느냐 하는 것이다. 여기에는 다양한 견해가 있을 수 있다. 그러나 적어도 현대 학문의 관점에서 보았을 때 가장 수긍할 수 있는 설명은 그것은 개인들이 가지고 태어나기보다는 사회화 과정을 통해 후천적으로 습득하게 된, 따라서 한 사회 내의 구성원들 간에 어느 수준에서는 공유되는 동시에 개인마다 차이가 있을 수 있는 품성이라는 대답이 가장 정답에 가까울 것이다. 문제는 개인들이 내면에 지니고 있는 그와 같은 도덕적 품성들이 구체적으로 어떤 과정을 통해 학습 및 형성되느냐 하는 것이다. 여기에 대해서는 우선 개인들이 주변으로부터 스스로 보고 체험하거나 타인들이 가르치는 방법을 통해 형성된다는 것이 아마 가장 당연한 응답일 것이다. 그러나 이와 같이 당연히 여겨질 수 있는 응답은 한 가지 중요한 문제점을 안고 있다. 그것은 타인의 내면에 존재하는 윤리적 가치들은 배우는 사람들이 객관적 관찰을 통해 접근할 수 있는 사실이 아니기 때문에 그 내면의 품성을 보거나 체험함으로써 과연 학습이 가능한지와 관련하여 매우 까다로운 의문이 제기될 수 있다는 것이다.

여기에서 저자에게 익숙한 문제를 하나 예로 들어 위에서 지적된 문제와 대비해본다면 (양쪽에 공통된) 이 문제의 성격을 이해하는 데 도움이 될 것이다. 독일의 사회학자 막스 베버Max Weber(1968: 20)에 의해 씌어진 다음의 글을 읽어보자.

행위하는 개인들이 자신들의 행동에 주관적 의미를 부여하고 또 그렇게 의미를 부여하는 경우에 한하여, 그러한 모든 행동들은 '행위'로서의 조건을 갖추게 된다. ……행위는 행위하는 개인(또는 개인들)이 그것에 주관적 의미를 부여하고 있다는 사실에 의거하여 타인의 행동을 이해하고 또 그와 같은

이해에 기초하여 행위를 수행하게 될 때 사회적 성격을 갖게 된다.[79]

위의 글에서 우리는 상호연관된 두 가지의 주장을 읽을 수 있다. 하나는, 인간의 행동은 그 행동에 부여된 주관적 의미를 수반하는 경우에 의도된 의미(meant meaning)를 수반하는 행동이라는 의미에서 행위(action)라고 불릴 수 있다는 것이다. 다른 하나의 주장은 개인들 간에 어떤 행동에 대해 의도된 의미가 이해되고 그것을 토대로 상호 작용이 이루어질 경우에 우리는 그와 같은 행위를 사회적 행위(social action)라고 특징지을 수 있다는 것이다. 이와 같은 베버의 견해는 인간의 사회적 행위에 대한 이해가 이루어지기 위해서는 사회적 상호 작용을 가능케 하는 본질적 요소로서 주어진 행위에 부여된 주관적 의미(subjective meaning)에 대한 이해(understanding)가 요구된다는 주장으로 이어진다. 아주 단순하게 표현한다면 인간 행동은 개인들이 주관적으로 지니고 있는 생각을 표현하고 있기 때문에 그 생각을 이해하지 못한다면 주어진 행동이 취해진 이유에 대한 이해는 가능치 않다는 것이다. 예를 들어 손을 내밀어 악수를 청하는 것은 개인이 상대에 대해 느끼는 친밀감을 표시하는 행동이며, 악수가 친밀감을 표시하는 행동이라는 것을 이해한다는 것은 악수라는 행위가 교환되는 사회적 상황을 이해하는 데 가장 선결적인 과제가 된다. 이와 같은 시각은 자본주의의 발달과 같은 중요한 역사적 현상을 이 세계에 대해 어떤 부류의 사람들이 지니고 있는 주관적인 생각, 즉 이념에 의해 추동되는 행위의 결과로서 설명하고자 하는 해석적 사회학(interpretive sociology)의 토대가 되었다.

그런데 지금 진행되는 있는 논의의 맥락에서 제기되는 중요한 한 가

---

[79] 번역은 정창수(1996: 126)에서 전재.

지 의문은 개인들이 주관적으로 지니고 있는 생각이 어떤 과정을 통해 형성되느냐 하는 것이다. 이와 관련하여 일단 한 가지 분명한 사실은 적어도 인간의 경우에 개인들이 주관적으로 지니고 있는 도덕적 가치가 행동을 추동 또는 규제하는 하나의, 매우 중요한 요인으로 작용한다는 것은 분명하다는 것이다. 그러나 인성 발달 과정의 측면에서 보았을 때 도덕적 가치의 학습이 구체적 행동의 학습에 선행해서 이루어진다고 보기는 어려울 것이다. 생각이 행동에 선행한다는 관점이 갖는 문제점을 부각시키는 하나의 방법은 행동에 앞서서 '인(仁)'이라든지 '정의(正義)'와 같은 도덕적 가치의 의미를 설명을 통해 먼저 학습을 시킨 다음에 그와 같은 가치에 따라 행동하도록 한다는 것이 과연 가능한 일인지 의문을 제기해보는 것이다. 아주 단순하게 표현해서, 어떤 도덕적 가치의 의미를 이해하고 그것을 자라나는 사람들에게 가르친다는 것이 대부분의 경우에 과연 가능한 일인 것인지? 이는 마치 '옳다는 것'의 의미가 무엇인지 모르는 사람에게 실제로 '옳은 행동'의 실례를 보여주지 않고서 '옳다는 것'의 의미를 설명하려는 것과 마찬가지로 어려운 일일 것이다. 이 경우에 옳은 행동의 사례를 실제로 보여주고 그것들이 바로 '옳은' 행동이며, 어떤 점에서 '옳게' 생각되는지를 알려주는 방법이 아마 가장 간단하고도 효과적인 방법일 것이다. 물론 개인들이 의미가 결여된 행동을 한다는 것은 드문 일이라는 점에서, 그리고 사람들 간의 상호 작용에서 서로의 행동 또는 행동이 이루어지는 상황이 갖는 의미에 대한 이해가 전제되어야 한다는 점에서 의미가 행동의 선행 조건이 되는 것은 분명하다. 그러나 습득된 의미 자체는 다음과 같은 두 가지 점에서 오히려 행동의 학습을 통해서 형성된다고 보는 것이 옳을 것으로 여겨진다. 첫째는, 주어진 행동이라든지 사물이 갖는 의미는 그것을 학습하는 사람이 그 행동 또는 사물에 대한 경험과 동시에 그것의 의미를 표현하는 말을 배우는 과정을 통해서 배우게 된다는 것이다. 예를 들어 타인을 구타하는 행위가 '폭력,' 즉 바람직하지 않은 행동이라는 것을 알게 되는 것은 타인을 구타하는 행위를 보는 사람에게 그것이 바람직하지 않은 행동이 며, '폭력'이라는 말로 불린다는 사실을 가르쳐주는 데서부터 시작될 것 이다. 둘째로, 바로 위에 지적된 이유에 의거해서, 행위 또는 사물에 대 해 우리가 가지고 있는 의미는 고착되어 있거나 명료하기보다는 매우 불 분명하거나 혼란스럽고, 또는 끊임없이 변화하는 속성을 지니게 되는 것으로 여겨진다. 왜냐하면 행위나 사물에 대한 우리의 경험이 축적되 고 다양하게 바뀌면서, 또 그러한 경험을 접하는 개인의 위치와 관점에 따라 그 의미는 대체로 느슨하고 다의적(多義的)인 구조와 함께 상황 특 수적인 유동성을 지닐 수밖에 없을 것이기 때문이다. 간단한 예를 들어 설명하자면 '옳은' 행동이 지닌 의미는 우리가 그 '옳다는' 행동의 의미를 구체적으로 어떤 상황을 통해 배우게 되었는지에 따라 달라질 수 있을 것이다. 따라서 사람들은 대체로 '옳은' 행동의 의미를 분명하고 일관되 기보다는 상황에 따라 다르게 사용하기 때문에 '옳은' 행동이 갖는 어떤 합의된 의미를 토대로 그 기준에 부합되는 행동을 선택하고 평가한다고 보기는 사실상 어려울 것이다.

위에서 필자가 지적하는 사실은 심리학에서 행태주의 이론이라든지 사회학에서는 상징적 상호 작용론, 철학에서는 미국 실용주의 등에서 제기하여왔던 주장,[80] 즉 인성 형성 또는 언어학습 과정에서 행동을 통

---

[80] 사회학에서 상징적 상호 작용론은 미국 철학에서의 실용주의, 심리학에서는 행태주의가 그 이론 의 근간을 이루고 있다는 점에서 미국적 사상의 두 큰 줄기를 하나로 종합하고 있고 있다고 말 할 수 있다. 상징적 상호 작용론은 "상징"이라는 용어가 시사하듯이 사회적 상호 작용에 있어서 의미의 합의를 중요시하는 이론이라는 점은 틀림이 없다. 그러나 개인들이 행동이라든지 행동 의 상황에 대해 부여하는 의미가 형성되는 과정에서 행동과 개인들이 실제로 체험하는 행동의 결과를 가장 핵심적 요인으로서 상정하고 있다는 점에서 행태주의나 실용주의와 시각을 공유하 고 있다. 이와 관련하여 가장 중요한 문헌으로서는 미드Mead(1934)를 참조할 것. 이 외에도 현 대 철학사에서 매우 중요한 학자로서 꼽히는 콰인Quine(1993)의 논문 "The Nature of Natural Knowledge"는 필자의 이러한 견해에 대해 매우 중요한 근거를 제공하고 있다.

한 체험 학습의 중요성을 강조하는 입장을 반영하고 있다. 그렇다면 이제 필자가 위에서 지적한 사실이 예(禮)에 관한 논의에 있어서 어떤 의의와 연관성을 갖는 것일까? 이내 짐작될 수 있듯이 예(禮)는 대체로 행위의 외형적 형식에 대한 규범이라는 점에서 그 내적 본질을 이루는 것으로 흔히 주장되는 인간의 도덕적 심성과는 구분이 되는 개념이다. 현대 사회학적 개념으로 대치해본다면 어떤 외형적 형식으로 표현되는 관찰 가능한 인간 행동이 예에 해당된다면 그러한 행동을 통해 표현하고자 하는 인간의 도덕적 심성은 예라는 표현 수단에 내포된 의미를 구성한다고 볼 수 있다. 바로 이러한 관점에서 유학자들 사이에서도 개인들의 행동에서 준수가 요구되는 외형적 형식 즉 예와, 그에 내포된 도덕적 심성 간의 관계를 적절히 인식 내지는 정립하는 일이 까다로운 문제로 남겨져 왔다. 이는 곧 본질적인 면에서 예를 정의하는 데 제기되는 문제로 연결이 된다. 즉 예의 밖과 안, 양 측면 가운데 어떤 측면이 진정한 의미에서 참다운 인간 내지는 인간관계를 완성시키는 보다 본질적 속성으로 규정할 수 있는지와 관련하여 유학자들의 해석이 일관되거나 또는 어느 한 편으로 집약된 것은 아니라는 것이다. 이 문제는 현대에 이르러서도 예를 정의하는 문제를 놓고 학자들 사이에 합의가 이루지지 않고 있다는 데서 그 해결은 용이치 않다는 것을 짐작할 수 있다. 예의 본질을 논의한 부분에서 이미 지적한 바 있듯이 예의 본질과 관련하여 학자들의 해석은 크게 두 입장으로 갈리고 있다. 첫째는, 예의 본질을 규정된 규범에 따른 행동의 수행 그 자체에 귀착시키는 것이다. 두 번째는, 첫 번째 견해와는 대조적으로 예의 본질을 주어진 행위를 통해 표현하고자 하는 윤리적 동기에 있다고 보고 윤리적 동기가 결여된 행동은 예의 본질에서 벗어난, 가식적 행위에 불과하다고 본다. 간단히 표현하자면 예로서 지칭되는 행동 양식과 그 내재적 의미 가운데 어떤 측면을 더욱 본질적인 것으로 보느냐에 따라 예에 대한 해석이 갈리고 있다는 것이다. 그러나 필자의 입장에서 보았을 때, 이 두 대립된 입장 사이에 어느 편이 공자를 비롯한 유학자들이 원래 가지고 있었던 입장과 더욱 부합된 것인지를 판별하려고 하는 시도는 확실한 해결이 기대되는 접근 방법은 아니라는 생각이 든다. 행동과 의미 간의 관계에 대한 까다로운 문제의 특성상 그리고 그들이 남긴 문헌을 뒤진다 하더라도, 그들 자신도 확실한 해답을 가지고 있지 못했던 문제에 대해 지금의 우리가 확실한 답을 내리기는 어렵기 때문이다.

이를 감안한 상태에서 필자는 우선 본인의 이론적 성향에 따른 편파적 선택일 수도 있는 한 가지 의견을 제시하고자 한다. 그것은 앞에서 말한 두 입장 가운데 첫 번째 입장이 학술적인 타당성의 면에서뿐만 아니라 인간 품성의 발달과 인간관계의 증진에 기여하는 실천적 측면에서 보다 흥미를 끌고, 또한 생산적인 시각을 함축하고 있는 것으로 평가된다는 것이다. 그렇다면 필자는 후자의 입장, 즉 개인들이 내면적으로 가지고 있는 도덕적 동기가 예의 본질을 구성한다는 견해에 대해 흥미와 의의를 느끼지 못하는가? 첫 번째 중요한 이유로서는, 도덕적 동기를 예의 본질로서 본다는 것은 결과적으로는 예를 인간 내면에 형성된 도덕적 심성을 표현하기 위한 단순한 수단으로 간주하게 된다는 것이다. 그리고 이에 따라 적어도 그 본래의 목적인 도덕적 동기에 위배되지 않는다고 판단되는 한 개인들에게 자신의 상황에 따라 변형된 예법을 만들고 실행할 수 있는 여지를 허용하게 된다. 필자가 보기에 이는 공자를 비롯하여 『논어』라든지 『예기』에 기록을 남긴 유학자들이 용인할 수 있었던 결론은 아닌 것으로 여겨진다. 몇 군데의 예외적인 부분을 제외하고는 이에 대한 전통적인 입장은 예법을 전례에 따라 있는 그대로 지켜지는 것이 바람직하다고 보았다는 것이 정확한 평가일 것이다. 두 번째의 중요한 이유로서는, 예를 그 안에 담겨 있는 마음가짐의 상태를 내면의 의미로 담고 있는 외형적 수단으로서 파악하는 경우에 개인의 마음속에 존재하는 윤리적 심성의 실체가 과연 무엇인지 하는, 매우 까다로운 의문과 부딪치게 된다는 것이다. 이 문제를 예를 들어 설명해보자. 동양 사회의 전통적 예법의 하나인 절은 상대방에 대한 존중을 표현하는 데 그 의미가 있고, 따라서 존경하는 마음이 담기지 않은 채 형식적으로 절만 하는 것은 예로서의 의미를 상실한다고 볼 수 있다. 여기에서 제기되는 한 가지 의문은 존경한다는 것이 과연 마음속에서 구체적으로 어떤 내용으로 존재하는가이다. 마음속에 상대방을 "존경한다"라는 심정의 상태는 구체적으로 어떤 내용으로 우리에게 주관적으로 경험이 되고 있는가? 간단히 표현해서 존경의 의미는 무엇인가? 이에 대한 대답은 사람들에게 존경한다는 말이 갖는 의미가 그들이 이해하기에 구체적으로 무엇인지를 물어봄으로써 찾을 수 있을 것으로 여겨진다. 대답하는 사람이 표현력이 있다면, 제시되는 최선의 정의는 아마 사전에 나오는 말뜻과 유사한 어떤 것으로 짐작된다. 즉 "높이 여긴다" 또는 그와 유사한 내용일 것이다. 그러나 상대방을 "높이 여긴다"는 말 자체가 무슨 의미인지 애매하기 때문에 "무엇이, 또는 어떻게 하는 것이 높이 여기는 것인가?"라고 추가적으로 추궁한다면 결국에 가서는 "만났을 때 절을 한다든지 존댓말을 씀으로써 높이 대우하는" 것이라는 대답으로 귀결이 될 가능성이 크다. 개인의 어떤 내적 상태를 설명하는 일은 그러한 상태에 있을 때 외부적으로 표출되는 증상 또는 행동을 기술함으로써 보다 객관적이고 따라서 명료한 이해를 가능케 하기 때문이다. 주어진 행동에 부여된 내재적 의미 또는 그 동기를 설명하려고 했을 때 그것이 다시 행동 자체에 대한 서술로 회귀하는, 즉 "동의어반복(tautology)의 사슬"에 빠지게 되는 것은 행동과 그것에 부여된 주관적 의미 간의 관계를 일종의 인과적 관계로 이해하는 우리의 일반적 인식 자체에 어떤 혼란이라든가 문제가 있음을 시사한다. 즉, 개인의 생각이 동기가 되어 행동으로 표현되어 나오는 것으로 보고, 행동을 개인의 주관적 생각의 결과로서 설명하는 상식적 사고에 어떤 한계가 있음을 보여준다는 것이다. 그리고 여기에서 지적되어야 할 중요한 사실은, 이미 앞에서 지적된 바 있거니와, 행동과 그 내재적 의미의 관계와 관련된 필자의 이와 같은 평가는 예의 본질과 기능을 해석하는 데 있어서 매우 중요한 함의를 갖는 것으로 판단된다는 것이다. 그렇다면 이제 아래 이어지는 부분에서는 보다 구체적으로 이 문제와 관련하여 필자가 가지고 있는 견해를 설명해보려고 한다.

우리가 흔히 외형적 행동의 본질을 그것을 통해 표현되는 내재적 의미에서 찾곤 하는 것은, 비유적으로 이야기해서, 행동을 과자를 싼 포장지와 같은 것으로 여기기 때문이다. 즉 포장지가 중요한 것은 그것에 포장된 내용물에 대한 안내 역할을 한다는 데 있는 것이며, 사람들 사이의 거래는 그 포장에 표시된 바에 따라 이루어진다. 그러나 포장은 거래를 매개하는 수단일 뿐 사람들 간의 거래의 종국적 동기는 그 내용물인 과자라는 것이다. 이와 같은 소박한 비유를 예의 경우에 그대로 적용한다면, 행동의 외피적 양식으로서의 예라는 행동은 그것이 표현하는 실질적인 내용물인 도덕적 동기에서 그 본질적 의미를 찾을 수 있다는 설명으로 귀결된다. 행위자의 도덕적 동기가 결여된 상태에서 단지 형식적으로 치러지는 예를 '허례,' 즉 예로서의 진정한 의미가 결여된 의례적(儀禮的) 행위에 불과하다고 보는 것은 바로 이와 같은 관점에 근거를 두고 있다.

이와 같은 견해는 언어철학 분야에서 언사(言辭)가 갖는 의미는 그것이 지시하는 사물 또는 사실에 의해 규정된다고 보는 지시이론(referential theory of meaning)의 견해와 매우 흡사한 시각을 공유한 것으로 평가될 수 있다. 왜냐하면 지시이론에서 다루는 언사의 의미와 마찬가지로 예로서 지칭되는 행동 역시 어떤 도덕적 메시지를 의미로서 함축하는 상징으로서 간주되고 있으며, 따라서 지시이론가들의 견해와 예와 관련하여 앞에서 설명한 견해 사이에는 유사성이 있는 것으로 판단되기 때문이다. 지시이론의 경우에 언사의 의미를 그것이 "지시하는(refers to)" 사물이나 사실들에서 찾을 수 있다는 견해에 대해서는 여러 가지 문제점들이 제기되어 왔다.[81] 예의 본질과 관련하여 위에서 지적한 바와 같은 견해에 대해서도 반드시 지시이론에 있어서의 그것과 맥락을 같이 하는 것은 아니나, 몇 가지 매우 중요한 한계점들이 발견된다는 것이 필자의 견해이다.

첫째로, 이미 조금 앞에서 지적한 바 있듯이 예의 의미를 개인들이 그 행위를 통해 표현하고자 하는 도덕적 가치로 보았을 때 이 도덕적 가치가 개인들의 의식 가운데 어떤 내용으로 존재하는지 분명하게 규정하기 어렵다는 점이 지적될 수 있다. 가장 유력한 가능성 가운데 하나는 개인의 마음속에 존재하는 도덕적 가치의 개념은 그가 살아오는 동안에 목격한 바 있는 '효도하는' 행동들에 대한 기억이거나 그러한 행동들이 공통적으로 지니고 있다고 개인들이 생각하는 어떤 일반적 특성일 가능성이 크다는 것이다. 예를 들어 부모에게 제사를 드리거나 정중하게 장사를 지내는 것은 흔히 '효심'의 표현으로 개인들은 배워왔다. 이에 따라 개인들에게 효도의 의미란 대체로 곧 그러한 행동들에 대한 기억일 뿐이라는 가능성을 상정할 수 있다. 다른 말로 표현해서 '효심'이란 개인이 배워서 기억 속에 담고 있는 행동을 적절한 상황 속에서 다시 반복할 심리적 성향을 가지고 있다는 것 외에 다른 어떤 의미도 가지지 않을 수 있다는 것이다. 이렇게 본다면 예는 개인의 도덕적 심성을 본질로서 함축

---

81 이와 관련하여 많은 논문이나 해설서들에서 다루고 있는 문제점들은 대부분 이 책의 논의 내용에 비추어 아주 중요하게 언급되어야 할 연관성을 가지고 있지 않기 때문에 여기에서 일일이 소개할 필요는 없을 것으로 여겨진다. 그러나 필자가 그와 같은 문제점들을 앨스톤 Alston(1964:10-49)의 언어철학 개설서를 읽는 과정에서 처음으로 이해하게 되었음을 알려두는 것은 당연한 도리일 것으로 생각한다.

하고 있다기보다는 오히려 예의 학습과 실행이야말로 개인들의 도덕적 심성이 형성되는 데 반드시 필요한 선행적 상황으로 작용하고 있다고 보는 것이 옳을 것이다. 의미에 대한 이러한 행태주의적(behavioral) 설명은 그 나름대로 개인들이 주관적으로 지니고 있는 의미의 현상을 설명하기에는 또 다른 한계를 갖는다(Alston, 1964:25-31). 그러나 예의 의미를 단순히 그것을 통해 표현되는 개인의 도덕적 심성에서 찾으려는 시도에 대해 비판적 관점을 취할 수 있는 하나의 중요한 근거를 제공하는 것은 사실이다.

둘째로, 사람들이 상례(喪禮)의 하나로서 거친 상복을 입는 것은 사자(死者)를 여읜 슬픔과 생전에 잘 모시지 못한 죄의식을 표현하기 위한 것이라는 견해에는 별다른 문제는 없는 것으로 여겨진다. 즉 상복의 의미는 바로 거기에서 찾을 수 있다는 것이다. 그러나 전체적으로 상례는 상복을 입는 그것으로 그치는 것이 아니다. 그것은 죽은 자에 대한 애도의 예로부터 시작하여 시체를 묶어 관에 넣고, 상여(喪輿)로 운반하여 땅에 묻기에 이르기까지 길고 복잡한 과정으로 이루어진다. 여기에 우리가 유의해야 할 한 가지 중요한 사실은 장례의 가장 핵심적인 기능은 산 사람들이 죽은 자의 시체를 처리하고 다시 평상의 생활로 복귀한다는 것이다. 장례는 그 근본에 있어서는 사람들이 사는 과정에서 발생하는 사건을 처리하는 데 필요한 중요한 과업을 수행하는, 즉 실용적인 목적을 달성하기 위해 필요로 하는 일련의 '일'로 구성된 행사라는 것이다. 그런데 강조되어야 할 사실은 이와 같은 일의 경우에 그 의미(들)는 객관적으로 관찰이 가능한 과정 그 자체 또는 그 결과를 통해 이해될 수 있다는 것이다. 죽은 시신을 묻는다는 것은 바로 시신을 묻는 행위 자체로서 그 의미가 이해될 수 있는 사실로서, 여기에 반드시 행위자 자신이 그 행위에 부여하는 주관적 의미의 이해가 요구되는 것은 아니다. 이는 곧 예의 한 본질적 측면을 그에 대해 개인들이 부여하고 있는 윤리적 의미에

서 찾을 수 있다 하더라도, 또 다른 한 측면에서 예는 행동 그 자체 또는
그것의 객관적 효과에 의해 그 의미가 규정될 것이다. 이를 다른 말로
표현하자면 어떤 측면에서 예는 개인들이 그것에 내면적으로 부여하는
의미와는 관계없이 어떤 일을 하는 데 관습적으로 규정된 행동을 규정
된 바에 따라 한다는 것 자체로서도 충분한 의의와 기능을 갖는다는 것
이다.

　행동이 개인들이 그것에 부여하는 내면적 의미와 관계없이 그 자체로
서 예의 핵심적 요소를 구성한다고 보는 세 번째 이유는 예의 본질적 기
능에 대해 공자가 "원래 가지고 있었다고" 보는 견해를 현대의 한 철학
적 관점에서 부각시킨 핑가렛Fingarette(1972)의 시도와 관련된다. 예를
주제로 한 논의들에서 비교적 자주 인용되곤 하는 그의 책『Confucius
– the Secular as Sacred』는 핑가렛이 공자의 어록『논어』에 기록된 공자
의 예에 대한 '원래의' 입장을 현대적인 관점에서 가장 적절하게 설명하
기 위한 목적으로 씌어진 책이다. 여기에서 그는 기본적인 관점에 있어
서 공자가 예의 본질적 속성과 기능을 보는 시각은 현대 언어철학에서
최근에 발달하고 있는 한 유력한 시각과 부합하고 있다고 주장한다. 그
리고 그가 주목하는 최근의 언어철학의 시각에 대해 다음과 같이 요약해
서 설명하고 있다.

　우리가 단지 행위에 관하여 이야기하거나 또는 간접적으로 행위를 촉발하
　기 위하여 말을 사용한다는 생각은 서구의 현대 철학을 지배해온 사고방식
　이다. 반면에 철학에서 근래 대두된 "언어학적" 분석은 의례적 용어(ritual
　word)가 행위에 대한 서술이거나 또는 행위를 촉발하는 자극에 그치기보
　다는 그 자체로서 명실공히 행위라는 점을 더욱 더 분명하게 밝혀주고 있
　다. 작고한 제이 엘 오스틴 J. L. Austin 교수는 이러한 현상의 실재성과 보
　편성을 "수행적 발언(performative utterance)"이라고 자신이 명명한 현상에

대한 그의 분석을 통해 집중적으로 조명한 학자 중 한 사람이었다. 수행적 발언이란 우리가 수없이 자주 사용하는 진술문으로서 법률 문건에서 "발효(operative)" 조항과도 유사한 기능을 발휘하는 그러한 종류의 진술문들이다. 이것들이 진술문이라는 것은 틀림없다. 그러나 진술문이되 어떤 행위에 관하여 진술하고 있거나 어떤 행동을 유발하는 그러한 진술문들은 아니다. 그보다는 이러한 진술문의 경우에 있어서는 말한다는 것 자체가 곧 행위의 실행인 것이다 (11–12).

핑가렛 자신이 제시한 수행적 발언의 한 예를 들자면, "나는 내 동생에게 내 시계를 유산으로 물려준다"라는 말을 적절한 형식으로 이야기하거나 글로 쓰는 것은 내가 이미 한 어떤 사실에 대한 서술이라기보다는 그 말이 바로 유증이라는 사실 자체를 성립시키는 행동이라는 것이다 (12). 핑가렛은 『논어』의 분석을 통해 다소 애매하게 이해되어 왔던 공자의 예에 관한 언급들이 이와 같은 수행적 언술 이론의 토대 위에서 비로소 보다 선명한 의미를 드러내게 된다는 주장을 제시한다. "예는 그 자체로서 (그것에 부여된 개인들의 주관적인 의미로) 환원불가능한 (효능을 지닌) 가장 본원적인 사실"[82]이라는 핑가렛의 언급은 공자가 예를 어떻게 보고 있느냐에 대해 그가 내린 결론을 매우 간결하게 요약한 것으로 판단된다. 부연 설명을 위해 주어진 행동이 반영하는 도덕적 가치에 의해 비로소 그 행동이 진정한 의의를 갖는다고 일단 가정해보자. 그렇다면 우리는 그 행동의 본질이 그 행동이라는 형식을 통해 표현된 도덕적 가치에 있다고 말할 수 있을 것이다. 다른 말로 표현해서 가장 '본원적(primary)' 사실은 개인이 그 행동에 부여한 주관적 의미이며, 행동은 단지 그와 같

---

[82] (　)안은 이해를 돕기 위해 필자에 의해 삽입되었음. 원문은 다음과 같음: "The ceremonial act is the primary, irreducible event"(14).

은 본원적 사실을 담고 있는 외형적 수단에 불과하다고 말할 수 있다. 반면에 핑가렛은 행동 자체가 가장 본연적 사실이며, 그것이 갖는 본질과 효능을 개인들이 거기에 부여하는 내재적 의미에 의거해서, 즉 '환원(reduce)'시켜 설명하려는 것은 잘못된 견해임을 주장하고 있다. 다른 말로 표현하자면 말이나 예식 행동은 그 자체로서 어떤 실질적 효능을 발생시키는 행위라는 것이다. 이를 필자가 적절하다고 생각하는 예를 들어 설명해보자. 우리가 상대방에게 절을 할 때 절이라는 행동은 존경을 표시하기 때문에 의미를 갖는다는 사실을 이해하고 있고, 바로 그렇기 때문에 상호간에 주고 받는 절은 의의를 갖는다는 것이 일반적인 생각이다. 이에 비해 핑가렛에 따르면, 절과 같은 예절은 학습을 통해 체득된 행동으로서 주어진 전통 속에서 숙련된 행위자에 의해 그것이 '수행(perform)'되었을 때 실제로 발생하는 결과를 통해 그 효능이 관찰될 수 있는 행동이라는 데서 특징을 찾을 수 있다. 예를 들어 절이라는 것은 우리가 상대방에 대해 내면적으로 느끼는 존경 또는 우호감에 대한 단순한 '보고(report)'라기보다는 절을 하는 것 자체가 행위자들 상호 간에 마땅한 관계를 형성시키고 유지하는 데 적극적 효능을 발휘하는 행위라는 것이다.

그렇다면 그와 같은 행위가 개인들 간의 상호 작용에서 실제로 발휘하는 효과는 어디에서 연유하는가 하는 의문이 제기될 것이다. 개인들이 내면에 지닌 도덕적 심성을 예의 본질로서 강조하는 사람들의 입장에서 본다면, 그와 같은 행동의 효능은 결국 개인의 심성에 귀속된다고 보아야 할 것이다. 그리고 이런 의미에서 예의 가장 "본원적 사실"은 개인들의 도덕적 심성에 있다고 주장할 수 있을 것이다. 반면에 핑가렛의 주장의 핵심은, "어떤 행동의 수행"이 주어진 공동체 내에서 그 자체로서 어떤 종류의 효력을 발생시키는 인정된 관습 또는 전통이 존재하고 있는 경우에, 그와 같은 행동의 수행이 결과적으로 유발하는 효과는 (그 행동에 대해 개인들이 가지고 있는 주관적인 의미와는 독립적으로) 그 행위 자체에 귀속이 된다는 것이다. 물론 핑가렛이 그의 책에서 아주 명료하게 지적하고 있는 것은 아니지만 이곳저곳에서 시사하고 있는 바에 따라 비교적 분명하게 짐작될 수 있는 입장을 따른다면, 행위의 수행이 예기된 효과를 발생시키는 데는 두 가지의 조건이 충족되어야 한다. 하나는, 주어진 행위의 수행에 의해 발생하는 효력을 규정한 규약이라든지 관습을 유지하고 있고 또한 그와 같은 규범이 실질적으로 작동하고 있는 공동체의 존재이다. 다른 하나는, 그와 같은 공동체 내에서 성공적인 사회화 과정을 통해서 그와 같은 규범을 학습하고 체득하여 실행에 옮기고 있는 행위자들의 존재이다.[83] 그런데 이러한 두 가지 조건과 관련하여 우리가 유의해야 할 한 가지 사실은 지적된 이 두 가지 조건이야말로 정도의 차이는 있겠으나 모든 인간 공동체가 정상적인 질서를 유지하기 위해 필요한 요건을 구성한다는 것이다. 이와 같은 관점에서 핑가렛이 지적한 예의 본질은 곧 성공적으로 작동하는 모든 행위규범의 본질적 속성과 부합되고 있다는 점에서 그 의의를 찾을 수 있을 것으로 여겨진다. 그리고 바로 이런 점에서 예의 수행적 효과에 대한 핑가렛의 견해는 행동적 측면을

---

83 공동체 구성원들에 의해 공유되는 관습체계의 역할을 강조하는 핑가렛의 이와 같은 입장과 관련하여 특히 다음에 인용되는 구절을 참고할 것: "인간은 단순히 본능이라든지 체험을 통한 학습에 의존하기보다는 관습화된 규범을 지능적으로 활용함으로써 행동할 수 있는 능력을 가지고 있다. 바로 이를 통해 인간은 특수한 능력과 존엄성을 발휘하는 존재이다. (이러한 주장은 오늘날 다수의 가장 영향력 있는 철학적 분석가들이 우리에게 통상 설명하는 사실이다). 인간 삶의 형태는, 우리가 배워 활용하고 있는 관습의 체계라는 점을 감안한다 하더라도, 어느 한 순간에 한꺼번에 만들어져 우리가 받아들이게 된 것은 아니다; 그것들은 각각의 시대가 이전 세대로부터 엄청난 규모의 관습화된 언어와 행위체계를 이어받아 이룩한 토대 위에서 구축된 산물이다. 우리들은 전통 속에 몸이 완전히 담긴 상태에서 온전한 사회화가 이루어짐으로써 비로소 인간으로 성장하는 것이다; 새로운 환경에 의해 그와 같은 전통들이 무용해진 상황 하에서도 우리는 그 전통을 다시 되살려 활용함으로써 비로소 우리의 존재는 질서와 방향을 유지할 수 있을 것이다. 공유된 전통은 사람들을 통합시키며, 그들을 인간다운 존재로 만들어내는 것이다. 전통을 버리는 행위는 그 하나하나가 곧 사람들 간의 분열을 가져오며, 진정한 의의를 지닌 전통의 부활은 곧 사람들을 재결합시키게 된다"(1972: 69).

예의 본질적 요소로서 강조하는 견해에 대해 매우 강력한 근거를 제공하게 된다. 물론 필자가 보았을 때 핑가렛의 이와 같은 관점에 의거해 예의 모든 기능이라든지 속성에 대한 설명이 가능하다고 보는 것은 무리일 것으로 여겨진다.[84] 왜냐하면 문화로서 예(禮) 현상은 예법이라든지 다양한 문화적 양식에 내재된 정신적 요소들에 대한 이해가 없이는 설명하기 어려운 측면들을 또한 내포하고 있기 때문이다. 여기서 강조하고자 하는 사실은 단지 인간의 사유적 측면에 대한 이해가 예를 이해하는 데 중요한 하나의 접근 방법이 되어야 하는 것은 인정할 수 있다고 하더라도 동시에 행태적 측면에서 예가 갖는 효능에 대해 심각한 관심이 요구된다는 사실 역시 분명한 것으로 여겨진다.

예를 단순히 우리가 내면적으로 가지고 있는 도덕적 가치를 표현하기 위한 형식적 수단에 불과하다고 보는 데 대한 네 번째의 반론을 살펴보기 위해 유교에서 중요한 가치로서 강조하는 중용(中庸)과 예법과의 관계에 관해 검토해볼 필요가 있다. 이를 위해 우선 『예기』에 나오는 다음의 기록을 검토해보도록 하자.

공자가 말씀하셨다. "공경하면서도 예에 맞지 않으면 이를 야(野)라 하고, 공손하면서 예에 맞지 않으면 이를 급(給)이라 하고, 용감하면서도 예에 맞지 않으면 이를 역(逆)이라 하는 것이다……. 자공이 자리를 넘어서 말했다. "감히 묻자옵거니와 장차 무엇을 가지고 중정(中正)인 것을 할 수 있겠습니까?" 공자가 말씀하였다. "그것은 예가 아니겠느냐. 그것은 곧 예이다. 대체로 예란 절제(節制)로써 중정(中正)을 이루는 것이다"(〈중니연거(仲尼燕

---

84 핑가렛의 해석과 같은 '일의적(一義的)' 해석은 그 명료성에서 장점을 갖는다. 그러나 분명한 사실은 예와 관련하여 『논어』나 『예기』에 나타난 다의적이며 중층적 의미 가운데서 연구자의 관심에 비추어 선택된 한 단면만을 주목하는 것은 예에 관해 사실상 편향된 해석의 유도하고 있는 것으로 여겨진다(cf. Schwartz, 1996: 137-153).

居)〉: 1276).

가슴을 치고 뛰는 것은 애통함이 지극하기 때문이다. 가슴치고 뛰는 횟수를 계산하는 것은 애통을 절제하기 위한 절문(節文)이다……. 어깨를 드러내는 때도 있고, 옷을 입는 때도 있는 것은 슬픔을 절제하는 것이다(〈단궁 상(檀弓 上)〉: 303).

"예는 애통하는 정을 쇠미하게 만드는 것이 있고, 일부러 최질(衰絰) 같은 것을 만들어 슬픈 마음을 흥기시키는 것이 있다. 만약 자기의 심정이 내키는 대로 곧바로 경솔하게 행하는 자가 있다면 그것은 오랑캐의 도(道)이다……. 그러므로 이를 조절하는 것을 예(禮)라고 한다"(〈단궁 상(檀弓 上)〉: 322).

위의 글 중에서, 첫 번째 글에서는 예의 기본적인 기능은 "중정(中正)," 즉 중용을 이루는 데 있음을 강조하고 있다. 즉 행동이 이루어지는 상황에 비추어 어느 한 극단으로 치우치지 않고 균형이 이루어진 행동을 가능케 한다는 데 예의 기능이 있다는 것이다. 두 번째, 세 번째 글에서는 보다 구체적인 예를 제시하면서 그와 같은 예의 기능을 설명하고 있다. 즉 "가슴을 치고 뛰는" 것은 애통함을 드러내는 것이기는 하지만 그와 동시에 일정한 횟수를 예로서 규정한 것은 그 슬픔이 장례를 진행하는 데 지장을 주지 않을 정도로 절제가 되어야 하기 때문이라는 사실이 지적되고 있다. 또한 장례에는 참여자들이 그 행사에 알맞은 감정의 상태를 유지함과 동시에 그것을 어느 한도에서 절제함으로써 균형을 유지하는 것이 필요한데 예법의 한 기능은 곧 그와 같은 감정적 균형의 유지를 가능케 한다는 데 있다는 것이다. 진행된 논의와 관련하여 여기에서 우리는 매우 의미 있는 결론을 내릴 수 있다. 즉 예는 단순히 우리 내면에 존재하는 도덕적 가치라든지 감정을 외부로 표현하는 데 그치는 것은 아니며, 조절된 행동을 통해 개인들에게 균형 잡힌 감정과 내면적 태도를 유지할 수 있도록 하는, 보다 적극적 기능을 행사한다는 것이다. 이는 곧 행동이, 특히 예와 같이 세련되고 절제된 형태의 행동이 균형된 마음이 형성되고 기능하는 데 매우 중요한 영향을 미친다는 것을 시사한다. 그리고 우리의 논의와 관련하여 마음의 형성에 행동 자체가 갖는 적극적 기능은 예의 본질을 이해하려는 노력에 있어서 매우 중요하게 고려되어야 할 사안임을 시사한다.

행동이 단순히 내면적 태도의 표현을 위한 수단이라기보다는 개인의 사회적 품성과 태도가 형성되는 데 적극적으로 기여하고, 따라서 그 자체로서 사회질서의 필수적인 수단이 된다고 보는 견해는 예의 준수와 관련하여 엄격한 형식주의에 보다 기울어져 왔던 유교의 전통적 입장에 무게를 실어준다. 동시에 예의 본질을 규정하는 데 있어서 개인의 내면적 도덕성보다는 외부에 나타나는 행동 그 자체를 보다 중요시하는 입장에 대해 무게를 보태게 된다.

예의 본질과 중요성을 개인들의 내면에 존재하는 도덕적 동기보다는 외형적 행동 규범 그 자체에서 찾고자 하는 이와 같은 입장에 대한 필자의 입장은 자신이 접하고 선호하는 학문적 견해에 비추어 대체로 긍정적인 평가를 내리는 쪽으로 기우는 편이다. 우선 앞에서 제시된 여러 이유들을 차치(且置)하고라도 개인의 행동과 내면적 품성의 관계는 상식적인 관점에서 흔히 이해하고 있듯이 그렇게 단순한 것은 아닌 것으로 판단된다. 우리는 흔히 개인이 어떤 행동을 하면 그 원인을 그 개인이 가지고 있는 내면적 동기 또는 태도에서 찾는다. 반면에 그 내면적 동기가 어떻게 형성되고, 어디에서부터 연유하고 있는지에 대해서는 대체로 막연한 인식을 가지고 있다. 이미 앞의 어느 부분에서 잠간 언급한 적이 있듯이 개인들은 어떤 행동을 하게 되는데 그 선행요인으로 작용하는 내면적 동기라든지 태세를 간직한 채 태어나는 것은 아니다. 그것이 사회화 과정에서 어떤 경로를 통해 학습이 되는 것임은 분명한 것으로 여겨진다. 행동의 학습은 물론이거니와 행동의 동기에 대해 가장 간결하면서도 경험적 연구들에 의해 어느 정도 뒷받침이 되어왔다는 점에서 대체로 많이 거론되는 설명으로서는 행태주의 내지는 행태주의에 기반을 둔 설명을 들 수 있다. 일례로서 미국 실용주의자들에 의해 발전된 사회심리학적 관점, 이른바 사회행태주의적(social behavioristic) 관점에 따르자면,[85] 행동이나 사물에 대한 개인들의 인식은 주어진 행동 또는 사물과 관련하여 그들이 체험한 결과에 의해 결정된다. 예를 들어 내가 어른에게 절을 했을 때 상대방이 나를 칭찬하고 적절한 예로서 또한 나에게 대했다면, 나의 절하는 행동이 갖는 의미는 상대방이 실제로 보였던 칭찬과 같은 반응에 의해 결정된다는 것이다. 다른 말로 표현한다면 개인이 절하는 예에 대해서 갖는 태도는 결국은 그가 그와 같이 행동했을 때 실제로 경험하는 결과를 통해서 형성되게 마련이라는 것이다. 이러한 관점은 곧 우리는 어떤 태도에 따라서 행동한다는 것을 부정하기 어려우나 그 태도 자체는 그에 선행하는 행위 경험을 통해 형성된다는 것을 시사한다. 그리고 이와 같은 시각은 예법에 따른 행동과 우리가 가지고 있는 윤리적 태도 사이의 관계를 이해하는 데 매우 중요한 단서를 제공한다. 즉 예법에 따른 행동을 통해 이루어지는 사회적 상호 작용은 그 자체로서도 유교 사회의 질서를 유지하는 데 중요한 기능을 수행하는 것은 물론이거니와 개인들이 가지고 있는 도덕적 품성과 태도적 성향을 형성시키는 데 있어서도 역시 매우 적극적인 기능을 수행하는 것으로 판단된다는 것이다. 왜 유교적 이상사회를 건설하는 데 있어서 예가 그토록 중요한 전략적 수단으로 인식되고 있었는지는 바로 이와 같은 관점에서 이해될 수

---

85 이와 같은 관점을 발전시킨 가장 대표적인 학자로서는 미드Mead를 꼽을 수 있으며, 사회학에서는 사회적 행태주의라는 원래의 용어 대신에 상징적 상호 작용론이라는 명칭이 보다 일반적으로 사용되고 있다. 이와 관련된 미드의 견해에 대해서는 사후에 제자들에 의해 편집 출판된 그의 주저 『Mind, Self, and Society』(1934)를 참조할 것.

있을 것으로 여겨진다.

바로 위에서 지적한 바와 같은 관점을 보완하는 학문적 성과의 하나로서 필자에게 상기되는 매우 유명한 연구가 있다. 이른바 "강제된 복종"에 관한 연구로서 사회심리학 분야의 고전적 연구사례 가운데 하나로서 자주 거론이 되는 패스팅거Festinger와 칼스미스Carlsmith(1959)의 연구가 그것이다. 이 연구의 요지는 일단 자신의 태도에 반하는 어떤 행동을 강제에 의해서라도 하게 되면 결과적으로 그 행동과 부합되는 방향으로 태도의 변화가 일어나는 현상을 관찰할 수 있었다는 것이다. 이 연구결과를 해석하는 이론적 관점에 관계없이 이 연구는 현재 우리가 논의하고 있는 외적 행동과 내면적 태도의 관계에 있어서 매우 중요한 시사를 던져준다는 점에서 의의를 지니고 있다. 즉 상황에 따른 차이는 있을 것이나 행동은 곧 그와 부합되는 방향으로 태도의 변화를 가져온다는 점이다. 물론 이는 예의 효능을 이해하는 데 그대로 적용될 수 있을 것이다. 즉 예법에 따른 행동은 그 자체로서 개인들 간의 상호 작용을 효율적으로 매개하는 효과를 차치하고라도 개인들의 내면적 태도의 형성과 변화를 가져오기도 하는 매우 적극적인 효능을 갖는다는 것이다. 그리고 결론적으로는 이와 같은 시각은 예의 본원적 요소를 윤리적 심성보다는 예법에 따른 행동 그 자체에서 찾고자 하는 입장에 한결 무게를 더해주는 것으로 여겨진다.

3) 현대 사회와 예

예에 의한 통치는 공자가 끝없는 갈등과 폭력의 악순환으로 점철된 당시의 시대적 상황을 넘어서 새로운 시대질서를 여는 데 가장 핵심적 과제로 내세우고 있다는 점에서 유교의 핵심적 이념을 구성한다(cf. 김상준, 2005). 반면에 유교를 국가의 공식적 이념으로 받아들였던 중국의 역대 왕조 또는 조선왕조과 같은 국가에서 이와 같은 이상이 얼마만큼 현실적으로 구현되었고, 또 신분적 차별이 엄격했던 현실적 질서 속에 예를 통해 구현하고자 했던 인의(仁義)와 같은 윤리적 원칙이 실제로 어느 정도로 관철되고 있었는지를 평가한다는 것은 실로 다루기 어려운 큰 연구주제일 것이다. 보다 간단히 표현해서 예에 의한 통치가 현실적으로 어느 정도로 실현이 되었고, 또 그것이 상당한 수준에서 실현이 되었다고 하더라도 적어도 유교적 관점에서 인간다운 삶이 실제로 얼마만큼 구현된 사회였는지를 평가한다는 것은 어려운 일이라는 것이다. 따라서 예를 통한 통치가 실제로 이룰 수 있는 가능성 또는 한계를 평가할 수 있는 어떤 경험적 실례들이 정립되어 있지 않은 것은 사실이다.

그런데도 한 가지 매우 놀라운 사실은 우리는 예에 의해 지배되는 사회의 청사진을 매우 정밀한 부분까지 세세하게 담은 기록물 『예기』를, 아마 최초에 집대성된 모습 그대로의 형태로, 지금 접하고 있다는 점이다. 이것이 분명히 놀라운 역사적 기록물이라는 사실에는 의문의 여지가 없는 것으로 여겨진다. 그리고 그 안에는 유교 최고 성현으로 간주되어온 공자를 비롯하여 그 당시를 대표하는 유학자들의 목소리들이 담겨 있다는 점에서 유교적 전통 속에서는 부인할 수 없는 권위를 지녀온 기록물이기도 했다. 그러나 이 책에 담긴 내용이 역사 속에 남아 있는 선인들의 사상적 족적을 보여준다는 것 외에 현실적으로 지금의 우리를 위해 중요한 의미를 지닌 사실들을 담고 있을 가능성은 있는 것인가? 다시 말해서 그것 속에 현재를 사는 우리들도 귀를 기울여 들을 만한 가치를 지닌 어떤 발상들이 포함되어 있는 것일까? 있다면 어떤 것들이 있는가? 우선 분명한 한 가지 사실은 그 청사진에 기록된 사회의 모습이 현대 사회에도 그대로 적용 가능하다고 보는 사람은 아무도 없으리라는 것이다. 옛 신분사회의 그 엄격하던 차별적 규범을 받아들일 사람들이 누가 있을 것인가? 누가 군신(君臣), 부자, 사제(師弟), 장유(長幼), 남녀(男女) 사이에 차별적이며 수직적인 지배와 종속의 관계를 유지 강화하기 위한 목적이 분명한 것으로 여겨지는, 과거의 예법들을 그대로 지키는 것을 바람직하다고 생각할 것인가? 장례, 혼례, 제례를 비롯한 각종의 예식에서 치러지는 모든 의례적 행사에 들어가는 시간과 노력과 비용, 그리고 그 배경에 자리 잡은 사고방식과 이념을 합리적인 것이라고 누가 동의할 수 있을 것인가? 과거의 전통들이 아직도 어느 정도는 잔존하고 있는 동양 사회에서도 과거에 지켜지던 많은 예법이나 의례행사가 축소, 단순화, 변형 내지는 사라져가는 과정에 있는 것은 이제 돌이킬 수 없이 진행되고 있는 추세로 자리 잡고 있다. 이는 사회의 근본적인 변화에 따른 당연한 현상일 것이다. 현대 사회는 개인의 실질적 성과를 중시하는 업적주의와 합리적 사고가 지배하는 산업사회로 변화하였다. 또한 수평적인 지위와 권리를 지닌 개인 및 집단들 간의 공정한 경쟁과 타협을 통해 이룩되는 민주적 정치질서를 지향하고 있다. 이와 같이 전혀 달라진 사회 환경 가운데서 이제 예와 그것을 뒷받침하는 사상은 그 적합성을 상실한 채 사라져가는 옛 문화의 잔존물에 불과하다는 평가를 내릴 수밖에 없을 것인가? 현대 동양사회에서 진행되고 있는 변화의 주된 조류를 감안했을 때, 이 질문에 대한 대답은 유감스럽게도 긍정적일 수밖에 없을 것으로 여겨진다. 즉 전통적인 의미에서 예 사상이 들어설 자리는 점점 더 좁아지고 있는 듯이 보인다는 것이다.

그러나 위에서 제기된 의문에 대해 어떤 단정적인 결론을 내리기 전에 우리가 고려해야 할 매우 중요한 사항이 있다. 그것은 어느 문화권이든지 사람들이 긍정적으로 생각하는 행동 규범에는 대체로 두 가지 요소들이 동시에 포함되어 있다는 것이다. 하나는 문화 특수적 요소라고 부를 수 있는 부분으로서, 주어진 문화권에서 발전된 독특한 사고 및 가치 체계에 비추어 바람직하다고 그 문화의 구성원들이 간주하는 요소들이다. 예를 들어 유교의 장례의식은 중국 고대인들이 삶과 죽음 그리고 사후세계에 대해 가지고 있었던 독특한 신념이 반영되어 있다는 점에서 다른 문화권에서는 발견하기 어려운 문화적 특성을 갖는다고 말할 수 있을 것이다. 이러한 요소들은 특정 시대 또는 사회에서 발전된 특수한 요구들 또는 시각에 비추어 바람직한 것으로 간주될 수 있었던 요소들을 지칭한다. 많은 부분에서 이와 같은 요소들은 현대 사회라는 변화된 환경 속에서는 그 타당성 내지는 유용성이 그대로 견지되기 어렵다는 것은 사실일 것이다. 이와 같은 관점에서 그러한 요소들은 문화 특수적인 또는 역사적 제한성을 갖는 것으로 간주될 수 있다. 다른 하나로서는, 아마 실제로 분석에 사용하는 데는 논란의 여지가 많을 수도 있으나 인간의 기본적 생활양식이나 공통적 정서에 비추어 바람직하게 평가될 수 있는, 즉 어떤 면에서 보편적인 가치를 지니고 있기 때문에 문화적 장벽을 넘어 바람직하게 여겨지는 부분도 존재할 것이다. 예를 들어 유교의 장례의식은 죽은 자를 애도하는 가운데 그 시체를 처리하고 다시 일상생활로 복귀하는 과정이라는 점에서 바로 이와 같은 측면에서는 다른 어느 문화권의 장례식과 마찬가지의 특성과 기능을 지니고 있다. 이와 같은 관점에서 보았을 때 유교의 장례의식은 산자들이 처리해야 할 잡다한 작업이 애도의 감정의 표현과 함께 매우 체계적이며 정교하게 균형을 이루어 진행되는 과정이라는 점에서 긍정적인 의의와 기능을 갖는 것으로 평가된다. 이와 같은 장례의 기능은 아마 대부분의 문화권에서 장례의식이 갖는 보편적 기능이며, 현대 사회에 들어와서 그 과정이 다소 단순화되었다고 하더라도 의식의 성격 그 자체에 어떤 근본적 변화가 일어난 것은 아니다. 이런 의미에서 유교의 장례의식은 예전에도 그러했거니와 현대 한국 사회에 들어와서도 비록 다소 간소화된 형태로나마 여전히 원래의 기능과 함께 명맥을 유지할 것으로 기대된다.

그렇다면 위에서 말한 바와 같은 관점을 염두에 두고서 유교의 예법 또는 의례, 그리고 그것들의 바탕에 깔려 있는 정신이 지금 사회에서도 어떤 가능성과 긍정적 의의를 지닐 수 있다고 본다면 그것들은 어디에서 찾을 수 있을 것인가? 필자는 우선 첫 번째로, 현대 사회에서의 예의 가능한 의의와 기능을 그것의 바탕이 되는 정신으로 흔히 지적되어온 경(敬)의 개념과 연관 지어 검토해보려고 한다. 이 책의 한 곳에서 이미 인용된 바 있거니와, 『예기』의 서두는 "곡례(曲禮)에 이르기를 공경하지 않은 것이 없다"(〈곡례 상(曲禮 上)〉: 37)라는 구절로부터 시작된다. 이 구절이 갖는 의미에 대해서 송(宋)나라의 범조우(范祖禹)는 "경례삼백(經禮三百), 세례삼천(細禮三千), 대소 예의 전부를 일괄한 마음가짐은 무불경 세 자(三字)밖에 없다"[86]라고 매우 간결한 해설을 제시한 바 있다. 즉 크든 작든 모든 예의 바탕에 흐르는 정신은 경(敬), 즉 공경하는 마음이라는 것이다. 이러한 견해에 대해『예기』읽기를 마친 뒤 필자의 평가는 전적인 공감이나 반대의 그것이라기보다는 다소 유보적 태도로 기우는 편이었다. 주지하다시피 고대 중국인의 세계관의 가장 중요한 특징은 위계적 질서관으로 특징지어질 수 있다. 그것이 사회 질서이든 자연의 질서이든 질서는 그 본질에 있어서는 상하(上下) 질서이며, 그러한 수직적 질서가 훼손되지 않을 때 비로소 주어진 질서는 정상의 상태를 유지한다고 보았다. 설령 남녀, 천지(天地)와 같이 상호보완성을 가진 음양(陰陽) 간의 질서일지라도 그것들 간에 차별과 상하의 관계가 유지될 때 비로소 정상적인 질서를 이룰 수 있다고 보았던 것이다. 이런 점에서 사회 구성원들 간에 상호보완성보다는 수직적이며 차별적인 질서가 우선시 되었다. 이에 따라 예법이 갖는 가장 기본적인 기능 역시 사회적 신분 집단들 간에 그와 같은 차별성을 유지하고 강화하는 데 있었다는 데는 의심

---

[86] 經禮三百, 曲禮三千, 一言以蔽之, 曰毋不敬(〈곡례 상(曲禮 上)〉: 39에 소재된 역자의 해설에서 재인용).

의 여지가 없다. 바로 이와 같은 점에서, 사람들 간의 공경을 강조한다고 하더라도 아랫사람이 윗사람에 대해 보이는 존경과 충성은 도덕적으로 당연한 의무이자 다분히 강제성을 띤 사회적 규범으로 간주되었다. 반면에 아랫사람에 대한 존경 또는 배려는 윗사람이 그의 인격에 따라 자발적으로 표현되는 시혜(施惠) 또는 선의(善意)처럼 인식이 되었던 데는 바로 이와 같은 사회문화적 배경이 작용하고 있었던 것이다.

유교 윤리학의 학문적 전통 가운데서 경(敬)이 의미하는 바는 바로 이와 같은 고대 중국에서 형성된 특수한 자연관과 사회관을 배경에 놓고 이해되는 것이 우선 가장 적절하리라는 것이 필자의 해석이었다. 이러한 해석은 『예기』 전체에 담긴 기록들 가운데 가장 압도적 비중을 점하고 있는 것으로 판단되는 내용들에 근거를 두고 있다. 우선 『예기』 자체에 제한된 맥락에서 '경'이 갖는 의미를 파악하기 위해 서두에 나오는 "경이 아닌 것이 없다"라는 말과 함께 다음에 이어지는 구절들에서 진술된 내용을 살펴보자. 다음은 『예기』의 서장 〈곡례 상(曲禮 上)〉의 서두에 나오는 구절이다.

〈곡례〉편에 이렇게 되어 있다. '공경하지 않은 것이 없어서, 단정하고 엄숙하기를 무언가 생각하는 것같이 하며, 말을 안정되게 한다면 백성을 편안하게 할 수 있을 것이다.' 거만한 마음을 자라게 해서는 안 되며, 욕심을 방종하게 해서는 안 되며, 뜻을 가득 차게 해서는 안 되며, 즐거움을 극도로 누려서는 안 된다.[87]

위의 내용으로 보아 한 가지 분명한 사실은 〈곡례〉편의 저자는 예의

---

[87] 曲禮曰 毋不敬 儼若思 安定辭 安民哉, 敖不可長 欲不可從 志不可滿 樂不可極(37).

바탕이 되는 정신을 존경, 겸손, 신중, 절제와 같은 덕목에서 찾고 있다는 것이다. 즉 예라는 것은 인간 공동체의 구성원들이 같은 인간으로서 다른 사람을 대할 때 마땅히 지켜야 할 존경의 태도라든지 겸손, 신중한 처신, 절제와 같은 가치를 함축하고 있는 행위 규범 또는 제도를 지칭하고 있는 것으로 이해될 수 있다. 그러나 여기에는 나타난 내용을 〈예운(禮運)〉이나 〈예기(禮器)〉편 등, 『예기』의 가장 핵심적인 부분에 기록된 여러 내용들을 비교해보았을 때, 예의 본질을 구성하는 경이 현실적으로 의미하는 바에 대해서는 신중한 해석을 요한다. 그것을 단순히 동등한 인격체로서 사람들 상호간에 교환되는 공경의 의미로 해석하는 것은 다소 상급하거나 무리한 일반화일 수 있다는 것이다. 왜냐하면 전체적으로 보아, 예법 또는 예제의 가장 핵심적 기능이 개인들을 하여금 서로 간에 존경하고 겸손하게 대하도록 만드는 데 있다고 판단하기에는 어려움이 있기 때문이다. 유가에서는 예를 유학자들이 바람직하다고 보는 질서를 사회 속에서 실현하는 데 필수적 수단으로서 인식하고 있었고, 그 사회적 질서라는 것이 다른 무엇보다도 경(敬)이라든지 인의(仁義)와 같은 도덕적 원리에 의해 통제되는 것이 바람직하다고 보았던 것은 사실이다. 그러나 유교에서 종국적으로 지향하는 목적은 어디까지나 수직적이고 차별화된 신분질서의 유지를 통해 중국 왕조의 정치−사회적 안정을 확보하는 데 있었음은 분명하며, 바람직한 질서는 신분 집단들 간의 차별성에 토대를 둔 질서라는 믿음은 유교 사상의 근저에 깔려 있는 핵심적 전제가 되고 있었던 것이다. 『예기』에 기록된 모든 예법과 제도의 체계는 거의 모두가 신분과 지위를 달리하는 사람들에게 차별적으로 부과되는 규범으로 이루어지고 있다는 점이 이를 증언한다. 아마 이를 요즘의 학술적인 용어로 표현한다면, 경이라든지 인의와 같은 덕목은 결국은 차별적 신분질서라는 큰 괄호 속에 넣어 해석했을 때에 비로소 그 정확한 의미가 도출될 수 있다고 말할 수 있을 것이다. 이를 이해하기 위해서 두 개인이 똑같은 행동을 했다고 하더라도 그 행동이 도의적 원칙에 부합하는지, 즉 옳고 그른지에 대한 평가는 당사자들의 사회적 지위 또는 신분의 차이에 따라 달라질 수밖에 없었다는 점을 상기해보는 것이 도움이 될 것이다. 이런 의미에서 공경이라는 덕목 역시 사람들 간의 차별적 지위를 고려하지 않은 상태에서 그 구체적 의미를 운위한다는 것은 의미가 없는 일로서 여겨진다. 이와 같은 관점에서 보았을 때 경의 의미 역시 아무래도 『예기』에 실린 모든 예법이나 제도들에서 가장 특징적으로 부각된 신분적 차별성과 연관된 맥락에서 해석될 수밖에 없을 것이다. 즉 구체화된 예법이나 제도의 맥락에서 경은 동등한 인격체로서 사람과 사람 사이에 당연히 있어야 할 상호존중의 태도라기보다는 아랫지위에 있는 사람이 윗사람에게 보이는 존경(尊敬)의 의미에 보다 무게가 실린, 대체로 비평형적이며 비상호적 개념이라는 것이 필자의 해석이다. 아울러 『예기』의 전체 내용에 비추어 그것이 성립된 당시에 경의 개념은 예의 핵심적 토대를 이루는 사상이 되고 있다고 보기에는 아직 이론적으로 충분히 성숙된 개념으로 발전하기 이전의 상태에 머물고 있었다는 것이 정확한 평가일 것이다.

전통 사회에 통용되었던 예 규범이 현대 사회에서도 적용될 수 있는 가능성에 대한 평가는 적어도 위에서 지적된 측면을 주로 고려해보자면 매우 부정적일 수밖에 없을 것이다. 실제로도 우리나라에서 윗사람에 대한 존경의 예는 아직도 강조되는 것이 사실이기는 하나, 그 당위성은 점차 설득력을 상실해가고 있는 것이 현재 나타나고 있는 추세임은 분명하다. 인간 평등에 대한 이념 앞에서 신분 차별의 관습들이 점차 사라져가는 추세와 함께 사람들은 전통 사회로부터 이어져온 모든 차별적 규범을 일단은 회의적인 시선으로 바라보게 마련이다. 이에 따른 결과로서 우리는 과거의 많은 예법들이 그에 수반된 차별화된 언사관습(言辭慣習)과 함께 사라져가는 과정을 실제로 경험하고 있다. 이와 같은 현상이 예 사상이 지닌 현대적 의의와 관련하여 시사하는 의미에 대해 우리는 아마 다음과 같은 결론을 내릴 수밖에 없을 것이다. 예의 바탕에 존재하는 공경의 정신이 봉건사회의 차별적 사회구조의 틀 속에서 배태되고 유지되어온 신분 윤리의 중핵을 이루는 비평형적 가치였다고 본다면, 이러한 의미에서 예의 근본적 본질은 소위 개인들의 동등한 권리와 가치에 토대를 둔 형평과 인권과 같은 현대적 가치와 정면으로 배치된 것일 수밖에 없다는 것이다.

이와 같은 시각에서 과거 전통사회의 차별적 신분 질서를 도외시한 상태에서 경이라든지, 중용, 인의와 같은 유교 윤리들이 갖는 정확한 의미를 도출해내기 힘들다는 사실은 분명한 것으로 여겨진다. 유교 윤리와 관련된 이와 같은 특성은 곧 많은 윤리적 가치가 지닌 문화적 특수성을 실례로서 보여준다. 여기에서 말한 '특수성'이란 예의 바탕에 깔린 윤리적 가치와 같은 문화적 요소에 대해 다음과 같은 두 측면을 강조하기 위해 사용된 말이다. 첫째는, 경이라든지 인의와 같은 윤리적 가치의 정확한 이해는 그와 같은 가치가 역사적으로 형성되고 운영되어온 사회 및 문화의 전체 구조와 연관성 속에서 이해되어야 한다는 것이다. 예를 들어 이미 지적한 바와 같이, '공경'이 갖는 참된 의미는 고대 중국의 엄격한 신분적 사회의 차별적 구조 속에서 사람들에게 그것이 실제로 의미했던 바에 의해 해석되어야 한다는 것이다. 두 번째로, 바로 위에 지적된 바와 같은 이유에 의해 많은 전통적 가치를 다시 우리 생활 속에서 살려낸다고 하더라도 나름대로 특수성을 지닌 현대 사회의 문제점을 극복하는 데 그다지 바람직한 효과를 거두기는 어려우리라는 것이다. 이는 『예기』에 대부분의 예법들이나 제도들을 보고 필자가 느꼈던 바이기도 했다. 즉 공자를 비롯한 유학자들이 그때에는 그토록 바람직하다고 생각했던 예법이나 제도 대부분은 지금의 상황 하에서 현대인들이 받아들이기에는 적절하지 않은 성격의 것들로 여겨졌다. 이는 전통적인 예법을 그대로 지키는 사람들을 더 이상 찾아보기 힘든, 현재 우리 사회의 추세 속에 실제로 반영이 되고 있다.

바로 앞에서 지적되었듯이 『예기』에 적힌 대부분의 예법이나 제도가 현대 사회에서 그대로 재현될 수 있는 가능성에 대한 필자의 평가는 부정적일 수밖에 없었다. 그런데도 불구하고, 공자 당시의 사회와 문화가 갖는 특성과 시대적 상황을 주어진 조건으로서 일단 감안한 상태에서, 『예기』를 읽는 동안 내내 필자의 주목을 끄는 매우 인상적인 사실이 있었다. 그것은 어떤 예법이든 행위가 이루어지는 상황이 갖는 의의라든지 그 상황 속에서 수행되어야 할 가장 적정(適正)한 행위에 대한 실로 깊은 사려를 반영하고 있는 것으로 느껴졌다는 것이다. 〈교특생(郊特牲)〉편에 나오는 다음의 예를 살펴보자.

천자의 사제(蜡祭)에 있어서는 팔신(八神)을 제사한다……. 즉 매년 12월에 만물의 혼령을 불러모아서 향응(饗應)하는 것이다. 이 제사에서는 농업의 조신(祖神)을 비롯하여 고래(古來)의 농업 지도자들을 제사하고, 또 백곡의 정령(精靈)을 제사하여 농경에서 받은 은혜에 보답한다. 또한 그밖에도 여러 농업의 신이나 밭 가운데에 있는 오두막집의 신이나 밭길의 신[농경에 관계가 깊은] 짐승에 이르기까지 많은 신과 정령을 향응한다. 이것은 군주가 인의(仁義)를 다 하여 신을 받들고 사람이나 만물의 공에 보답하는 길인 것이다. 옛날의 천자는 일을 시키면 반드시 보답을 하였던 것이다. 이 제사에 고양이 신을 부르는 것은 고양이가 밭의 쥐를 잡기 때문이고, 호랑이의 신을 부르는 것은 호랑이가 밭을 망치는 멧돼지를 잡기 때문이다. 또 제방이나 도랑의 신을 제사하는 것도 각각 농사에 공이 있기 때문이다. 사제 때 기원하는 말에 이렇게 말한다. "흙은 원래의 땅으로 돌아가라. 물은 본래의 계곡으로 돌아가라. 해충은 생기지 마라. 초목은 본래의 택지(澤地)로 돌아가라." 그런데 사제(蜡祭)에 천자는 흰 가죽 모자에 흰 비단 옷차림으로 제사를 지내지만, 흰 옷은 [상복이기도 하고] 종말을 마치게 된 물(物)들을 보내는 예이며, 칡띠와 개암나무 상장(喪杖) 차림을 하는 것은 상례(喪禮)를 가벼이 한 형태이다. 이와 같이 사제는 어짊이 지극함이고, 의(義)의 극진한 것이다(716-717).

이 인용문에 이어 나오는 구절에서는, 이 제의행사의 기능이 농사가 완전히 끝나 농민들이 완전한 휴식에 들어가기 전에 수확에서 얻은 재물을 다소 소비하여 즐기도록 하는 데 있으며, 따라서 수확이 순조롭지 못한 지방에서는 이 행사가 허용되지 않는다고 적고 있다(〈교특생(郊特牲)〉: 719-720). 전체적으로 보아 사제(蜡祭)는 농부들을 위시하여 과거, 현재에 농업에 기여한 모든 사람과, 백곡의 신, 농사에 해가 되는 쥐나 멧돼지를 잡는 호랑이 신과 고양이 신, 제방이나 도랑의 신 등, 농업에 관련된 모든 존재를 '찾아'[88] 보답하기 위한 감사제의 성격을 지닌 행사임을 알 수 있다. 또 이 행사는 다음 해의 농사가 순조롭기를 바라는 기원제(祈願祭)로서의 역할과 함께 겨울을 맞아 수명을 다한 생명체에 대해 애도의 뜻을 표현하는 간략화된('降殺'된) 형태의 상례(喪禮)를 겸한, 복합적인 기능을 가진 의식임을 알 수 있다. 필자가 평가하기에 이 제사는 그들의 삶을 전적으로 농업생산에 의존하는 사람들이 농업과 관련된 하나하나의 모든 존재를 향해 지니고 있었던 깊은 관심과 애착심을 반영하는 행사로서, 아마 그것들로부터 받은 혜택에 대해 마음 깊게 생각하고 느끼는 바가 없었다면 그 발상 자체가 가능하지 않았을 것으로 여겨진다. 이 행사의 성격과 이와 같은 행사가 착상된 배경에 작용한 것으로 믿어지는 깊은 사려와 감수성을 이해하기 위한 하나의 방법으로서 다음과 같

---

88 '사(蜡)'는 '색(色)' 즉 '찾는다'는 뜻으로, 사제는 곧 농업에 공이 있는 모든 존재들을 '찾아' 향응을 베푸는 행사였다(『예기』〈교특생(郊特牲)〉: 716).

은 가상의 경우를 상상해볼 수 있을 것이다. 가령 지금 시대의 어떤 기업체 최고경영자가 연말 결산을 마친 뒤에 그 기업체를 위해 일한 모든 근로자, 생산에 사용된 건물이라든지 기계, 도로 등의 모든 시설과 자원, 기타 생산에 관여된 모든 사람과 기관, 그리고 하나님 또는 부처님과 같은 신앙의 대상을 향한 감사의 행사를 벌이고, 앞으로도 사업이 잘 이루어질 것을 염원하는 기원제와 함께 그동안 산업재해로 사망했거나 신체적 손상을 입은 사람과 생산 과정에서 또한 희생을 치른 다른 생명체를 위무하는 어떤 종류의 의전 행사를 벌인다면, 아마 위에서 언급한 사제(蠟祭)와 유사한 성격을 지닌 행사가 될 것이다. 이러한 비유를 통해 필자가 강조하고자 하는 바는, 만약 어떤 사람이 지금 실제로 그와 같은 행사를 열었더라면 우리는 아마 그와 같은 행사를 착안한 사람이 주변에서 벌어지는 많은 일과 사물들에 대해 매우 깊은 관심과 사려 그리고 도덕적 감수성을 지니고 있었을 것으로 짐작할 수 있으리라는 것이다. 중요한 사실은 이 사제의 예에서 볼 수 있듯이, 『예기』에 기록된 대부분의 예법은 그것이 아무리 간단한 것이라 하더라도 사람과 사람과의 관계, 주변에 존재하는 상황과 사물에 대한 깊은 관심과 세심한 사려를 반영하고 있다는 것이다. 주어진 행위들이 반드시 아주 심오한 뜻을 담고 있다거나 어떤 복잡한 목적이나 기능을 염두에 둔 것들일 필요는 없다. 즉 아주 단순하게 이해될 수 있는 의도를 반영하고 있는 것들도 많다. 그러할 경우에도 행동의 배경에 존재하는 단순한 의도 역시 어느 누구 또는 사물에 대한 어떤 행동도 함부로 할 수 없다는, 진지한 태도와 성찰이 반영된 결과라는 데는 의심의 여지가 없는 것으로 여겨진다. 몇 가지 예를 들어보자.

또 천자의 궁원(宮園)에는 과화(瓜華)만 심을 뿐이므로 이들은 그 열매는 저장하여 이익을 취할 수 없는 것이다(『예기』〈교특생(郊特牲)〉: 719).

제례나 참조할 때 타는 부거는 제후에게는 일곱 대(臺), 상대부(上大夫)에게는 다섯 대, 하대부에게는 세 대이다. 또 이들 부거를 가진 신분의 사람에 대해서는 말의 노소(老少)나 수레의 신구(新舊) 등 품격(品格)을 논하지 않고, 그 사람의 의복이나 패검(佩劍)이나 말 등을 보고 값을 평하지 않는다(『예기』〈소의(少儀)〉: 930).

지금의 교육에서는 교사는 오로지 눈앞의 교과서를 읽고 문자나 글귀의 질문으로 학생을 책(責)하고 설명이 산만하며, 학습 범위를 넓히기에만 급급하여 천천히 연구하도록 가르지 않고, 사람들이 본심에서 학문이 좋아지도록 인도하지 않으며, 또 사람을 가르치는 데에 그 재능을 다하도록 노력하지 않으며, 가르치는 방법도 잘못되어 있으며, 학생이 배우는 방법도 바르지 못하다(『예기』〈학기(學記)〉: 953).

위에 인용된 글들 가운데 첫 번째 글에서는 천자의 정원에서는 당장 먹을 수 있는 채소류의 과일 외에는 기르지 않는다고 적고 있다. 그 이유는 저장할 수 있는 식품을 기르는 것은 그것들을 길러 판매하는 농민의 이익을 침해하는 것에 되기 때문이라는 설명이다. 두 번째는, 비유적으로 이야기해서 타인의 승용차나 의복, 시계나 가방 등이 어떤 브랜드이고, 가격이 얼마이며, 새 것인지 낡은 것인지를 평하는 것은 예가 아니라는 것이다. 세 번째의 인용문에서는 이것저것 암기를 많이 시키는 교육은 바람직한 교육이 아니며, 늦더라고 스스로 연구하고 그에 따라 공부를 좋아하도록 만드는 것이 진정으로 바람직한 교육이라는 점을 강조하고 있다. 이와 같은 예(例)들을 통해 우리가 이해할 수 있는 사실은 예법이 예부터 전해 내려오는 단순한 행동 관행을 서술하고 있기보다는, 그 하나하나가 지금의 우리에게도 나름대로 공감을 얻을 수 있는 동기 내지는 이유를 배경에 두고 있다는 것이다. 아마 그렇기 때문에, 『예기』〈예운(禮運)〉편을 쓴 저자는 인간사회를 다스리는 데 필요한 모든 것을 성찰한 성왕(聖王)들에 의해 예법은 제정되었으며, 또한 그들이 그러한 규범을 운영함으로써 성공적인 통치가 가능했다고 보았던 것으로 여겨진다. 물론 실제로 예법이 실제로 누구에 의해 만들어지고 어떤 경위를 통해 전승이 되었는지는 모를 일이다. 그러나 분명한 사실은 그것들이 『예기』에 소재되기에 적합한 규범으로 포함된 데에는 유교적 윤리관이나 세계관에 비추어 납득될 수 있는 명분과 이유가 있었고, 따라서 그에 대한 신중한 판단을 거쳐 비로소 '예'라는 명칭이 부여되었을 것으로 짐작된다. 『예기』에 사람이든, 다른 생명체이든, 생명이 없는 사물이든, 눈에 보이지 않은 저 세상의 존재이든지 간에 함부로 대하거나 어떤 일이건 함부로 처리하는 예법을 찾아보기 어렵다는 것은 아마 여기에 기인하는 것으로 여겨진다. 이와 유사한 맥락에서 공자는 "예(禮)란 무엇인가? 그것은 사물에 따라 일을 다스리는 것이다"[89]라는 말로써 예의 기능에 관해 극히 간결한 정의를 내린 바 있다. 이러한 공자의 정의 역시 예의 본질로서 설명되는 경(敬)의 개념과 연장선상에서 이해될 수 있는 견해로 판단된다. 즉 사물이나 상황의 성격에 비추어 우리가 마땅히 해야 할 최선의 행동을 규정한 규범이라는 것이다. 공자를 비롯한 고대의 유학자에게 예법이란 주어진 상황 하에서, 적어도 그들이 보기에, 사람들로 하여금 최선의 행동을 하도록 인도하는, 즉 인사(人事)에 있어서 가능한 최선의 '준칙(準則)'이었던 것이다. 예가 곧 "하늘의 이치('天理')"를 반영하고 있다고 본 것도 그것이 인간에게 선택 가능한 최선의 규범이라고 생각했기 때문일 것이다.

그렇다면 예 전체를 관통하는 어떤 일관된 정신이 존재한다면, 그것은 어떻게 표현될 수 있을 것인가? 유교 사상에서 예 사상이 점유하는

89　子曰, 禮者何也, 即事之治也(『예기』〈중니연거(仲尼燕居)〉: 1279).

위치를 고려하건대, 이러한 의문은 결국 유교 사상 전체를 관통하는 어떤 일반적 원리가 존재하는지를 묻는 것과 마찬가지의 의의를 지닌 것으로 여겨진다. 아마 이와 같은 의문과 함께, 후대의 유학자들은 유교 사상의 여러 조각을 하나의 원리 속에 포괄할 수 있는 보다 보편적 개념을 정립하는 데 관심을 기울였고, 여기에서 거두었던 성과는 예 사상을 체계화하는 데 있어서도 매우 중요한 기여를 하게 되었던 것으로 평가된다. 『예기』의 서두에 나오는 경(敬)의 개념과 그것이 예의 본질을 규정하는 하나의 가치로서 갖는 한계와 의의에 관해서는 이미 언급된 바 있다. 여기에서 필자가 주목하고자 하는 중요한 사실은, 중국의 송대(宋代)에 들어와서 소위 신유학의 발전을 선도했던 두 대표적 유학자인 정이천(程伊川)이나 주자(朱子) 그리고 이들 이후로 조선의 이퇴계에 의해 (敬)의 개념은 새롭게 조명이 되고 발전적으로 해석이 됨으로써 유교 사상에 있어서 중심적 위치를 점하게 되었다는 것이다(高橋 進, 1986: 241-254). 이들의 사상 가운데서 경은 이제 존경이라든지 겸양과 같은 제한된 윤리적 가치를 지칭하는 의미를 넘어서 여러 윤리적 동기들을 상황의 성격에 따라 적절히 가동시키는 보다 일반적인 기능을 지닌 심리적 기제로서 새로운 의미가 부여되며, 이로써 유학 사상에 있어서 중추적 역할을 부여받게 된다. 신유학에서 경을 유학 사상을 집약하는 핵심적인 개념으로 간주하고 있었다는 사실은 "儒學에는 특별한 요점이 없다. 철두철미 오로지 '敬'이라는 字가 있을 뿐이다"[90]라는 주자의 언급을 통해 단적으로 드러난다. 이러한 시각은 북송(北宋)의 정이천과 동시대 사람이었던 범조우가 "『예기』에 실려 있는 모든 대소 예절의 바탕에 깔린 원리는 경이다"라고 주장한 데서도 또한 단적으로 반영되고 있다. 그렇다면 신유학

---

90 是知聖門之學 別無要妙 徹頭徹尾 只簡易簡敬字而己(『주자문집(朱子文集)』 권 41)(高橋 進, 1986: 244 및 254로부터 재인용).

자들의 실천 유학에서 새롭게 조명을 받아 송대 유학 중흥기의 키워드 (keyword)로 떠오른 '경'은 어떤 의미를 지닌 개념인가? 그리고 이렇게 새롭게 해석된 의미에서 경의 개념이 예 사상을 이해하는 데 어떤 의의를 지니고 있는가?

아주 간단히 표현해서 신유학에서 경의 개념은 어떤 제한된 윤리적 덕목을 지칭하기보다는 사람들이 인생을 살아가는 과정에서 윤리적으로 완성된 최선의 삶을 성취하기 위해 필요한 마음의 태세를 의미하게 된다. 보다 구체적으로 사람이나 사물을 대할 때 "마음을 모두어 흐트러짐이 없도록(主一無適)"⁹¹ 하는 것을 "경(敬)의 상태를 유지한다(居敬)," 또는 "경(敬)을 가지는 상태(持敬)"라고 표현한다. 앞에서 잠깐 언급되었듯이 이와 같이 해석된 의미에서 경은 이제 당면하는 모든 상황 하에서 바른 생각과 최선의 행동을 인발(引發)시키는 집중된 상태의 심리적 기제로서 이해되고 있다. 바꾸어 이야기하자면 사람이나 일 또는 사물을 대할 때 "마음을 모두어 흐트러짐이 없는" 정신으로 마땅히 해야 할 바를 바르게 인식하고 행함으로써 보다 완성된 삶은 가능해진다고 보고 있다는 것이다.

이제 이렇게 발전된 경의 개념을 다시 되돌려 『예기』를 해석하는 데 적용한다면 우리는 이제 그것이 '공경'을 의미한다고 보는 것보다는 훨씬 열려진 시각에서 예법과 예제의 바탕에 깔린 기본적 원리에 접근할 수 있게 된다. 경에 대한 이와 같은 새로운 이해는 예법을 관통하는 기본적인 정신을 이해하고자 했던 필자의 노력에 있어서도 매우 유용한 디

---

91 주자의 "사개조설"에 따르면, '경'"란 1) 주일무적(主一無適), 2) 기심수렴 불용일물(其心收斂 不容一物), 3) 상성성(常惺惺), 4) 정제엄숙(整齊嚴肅)의 네 개조로서 표현되는 마음의 상태를 지칭한다. 그러나 뒤에 나오는 세 항목의 뜻이 대체로 맨 앞에 나오는 "주일무적(主一無適)"의 뜻 안에 포괄된다는 점에서 일반적으로 경은 첫 번째의 나오는 "주일무적(主一無適)"의 뜻을 지닌 개념으로 설명되곤 하는 것이 보다 일반적인 것으로 여겨진다(신귀현, 1996: 44-45에서 재인용).

딤돌을 제공했던 것이 사실이다. 즉 필자가『예기』를 읽으면서 인상적으로 느꼈던 점들의 기저에 깔려 있는 것으로 여겨지는 정신을 보다 분명히 잡아내는 데 매우 유용한 실마리를 제공했다는 것이다. 여기에서 필자가 제시하고자 하는 논지를 이해하기 위해서 독자들은 우선『예기』의 전체 내용에 대해서 잠깐 상기할 필요가 있다. 이 책의 두 번째 장에서 살펴보았듯이『예기』에는 상하간의 사회적 관계를 포함하여 친우라든지 주객(主客), 국가들 간에 이루어지는 수평적 관계, 산 후손과 죽은 조상 사이에 또는 초월적 세계의 영적 존재와 인간 간의 관계를 이상적으로 조절하고 원활히 하고자 하는 목적으로 거향되는 각종의 제례 행사는 물론이거니와 기물을 만들고 관리하는 일상적 작업과, 기타 자연과 여타의 생명체를 대상으로 한 인간의 활동에 이르기까지 실로 헤아릴 수 없이 넓은 범위의 행동에 적용되는 예법이 소재되어 있다. 송대의 성리학자들에게 경은 모든 인간 활동이 바람직하게 이루어지기 위해 행위자들에게 요구되는 태도적 지향 내지는 행위적 태세를 의미하는 것으로 해석되었다. 경이 갖는 이와 같은 의미를 염두에 두었을 때 모든 예법에는 경의 정신이 바탕을 이루고 있다는 주장은 곧 사람이 살아가는 가운데 요구되는 다양한 종류의 행동을 하는 데 있어서 "마음을 모두어 흩어짐이 없도록" 한다는 정신이 그것들이 제정되는 데 있어서 가장 중요한 동기이자 이유로서 작용하고 있음을 강조하고 있다. 다시 말해 주어진 일을 하는 데 있어서 일의 성격에 비추어 마땅히 요구되는 최선의 행동을 규정한 규범임을 강조하고 있다는 것이다. 물론 앞에도 몇 군데서 반복해서 지적되고 있었거니와 사회적 관계의 맥락에서 공경의 정신은 특히 윗사람을 대하는 아랫사람의 태도적 지향에 훨씬 비중이 실려 있는 개념이다. 이러한 의미에서, 특히 유교 문화권의 경우에, 공경은 현실적으로 상하 간에 다른 의미를 갖는 비평형적인 개념이라는 말로 특징을 지을 수 있다. 그러나 새로운 사상은 옛 사상을 새로운 시각에서 해석할 수 있는 가능성을 열어주며, 때로는 그 옛 사상에 대해 당시에는 인식하지 못했던 새롭고 보다 발전적인 의의를 부여하기도 한다. 이것이 곧 사상의 발전이 기여하는 중요한 기능 가운데 하나일 것이다. 이러한 관점에서 송대 정이천이나 주자 그리고 조선조의 퇴계로 이어지는 유학의 발전과 그러한 발전에서 핵심적 요소가 되고 있는 경 사상은 특히 이 책의 관심사가 되는 예의 해석과 관련하여 매우 유의미한 시각의 전환을 가져오는 계기를 마련해주는 것으로 여겨진다. 그리고 바로 이러한 점에서 특별한 의의를 지닌다는 것이 필자의 시각이다. "경이 대소 예 전부를 일괄한 마음가짐"이라는 범조위의 언급과 함께 주자의 경의 개념에 대한 해석은 예의 기본적 정신을 해석하는 데 있어서도 매우 획기적 전기를 마련해준다는 것이다. 그리고 이와 같이 해석된 의미에서 예의 기본적인 정신은 우리 현대인들에 대해서도 훨씬 큰 의미와 소구력을 지닌다고 보는 것이 필자의 판단이다.

물론 당시에 유학자들이 최선이라고 생각했던 일련의 규범 가운데는 전혀 다른 가치와 신념체계 그리고 사회적 환경 속에 사는 지금의 우리에게는 해당될 리가 없거나 적절치 않게 여겨지는 예법이 많음은 당연한 일일 것이다. 가령 예를 들어 여성과 남성의 신분적 차별성에 토대를 둔 많은 예법에 대해 많은 사람이 그 정당성에 의문과 이의를 제기해왔고, 따라서 현대 사회에 들어와서는 보다 평등한 관계를 강조하는 방향으로 변화가 진행되고 있다. 그러나 필자는 인간들 사이에 또는 자연과 인간 사이에 존재하는 관계의 특성이라든지 인간들이 보편적으로 지니고 있는 도덕적 감성 또는 판단 능력을 근거로 하여 인간 행동을 윤리적으로 통제하기 위한 '최선'의 규범을 놓고 『예기』를 쓴 유학자들과 현대인 사이에 상당한 정도의 공감대를 도출해낼 수 있는 여지는 충분히 열려 있다고 보고 있다. 다시 말해 사람들이 여러 활동 영역에서 어떤 가치나 규범에 따라 행동하는 것이 그들 자신과 집단적 삶을 위해 보다 '최선'

에 가까운지에 관하여 『예기』를 쓴 유학자들과 현대인이 서로 의사를 소통하고 공감할 수 있는 여지도 많다고 본다는 것이다. 그러면 다음의 몇 가지 예를 들어 이에 관해 보다 구체적으로 논의해보자. 우선 다소 길기는 하나 다음에 인용된 『예기』의 한 구절을 살펴보자.

……지금의 교육에서는 교사는 오로지 눈앞의 교과서를 읽고 문자나 글귀의 질문으로 학생을 책(責)하고 설명이 산만하며, 학습 범위를 넓히기에만 급급하여 천천히 연구하도록 가르치지 않고, 사람들이 본심에서 학문이 좋아지도록 인도하지 않으며, 또 사람을 가르치는 데에 그 재능이 다하도록 노력하지 않고, 가르치는 방법도 잘못되어 있으며, 학생이 배우는 방법도 바르지 못하다. 그러므로 학생은 학문이 좋아지지 않고 교사와 친하지 못하며, 학습의 곤란에 괴로움을 느낄 뿐 그 이익을 모르게 되는 것이다……. 학생의 과오가 발생하고 나서 이를 책망하여 금지시키면 상대방은 이에 저항하여 감당하기 어렵다. 또 수수(授受)에 알맞은 때를 잃으면 학습하기가 힘들어 성공하기가 어렵다. 이것저것 잡다(雜多)하게 가르쳐서 무리를 하면 학습이 혼란하여 순서를 잃는다. 또 학생을 고독하게 버려두어 붕우(朋友)와 교제하도록 지도하지 않으면 학생은 완고하여 편협(偏狹)해진다. 또 지나치게 놀기만 하는 친구와 교제하면 스승의 교훈을 지키지 못하며 노는 버릇이 생겨 학문은 버림을 받고 만다……. 그러므로 군자가 학생을 교육하려면, 지도하지만 견인(牽引)하지 않으며, 강제적이지만 억압하지 않으며 개발(開發)하지만 [즉시는] 통달시키지 않는다. 즉 견인하지 않으므로 저항하지 않고, 억압하지 않으므로 [학생의] 마음이 편안하고, 통달케 하지 않으므로 스스로가 잘 사고(思考)하는 것이다. 이와 같이 저항하지 않고 편안한 기분으로 잘 사고하도록 지도해야 훌륭한 교육이라 할 수 있을 것이다(〈학기(學記)〉: 953-955).

위의 인용문에서 우리는 두 가지 사실을 짐작할 수 있다. 하나는, 위의 기록이 작성된 당시에도 교육 현장의 현실은 그다지 바람직스럽지 않았던 것으로 비춰지고 있었다는 것이다. 즉 오늘날에도 흔히 문제가 되고 있듯이, 사전 예방에 힘쓰지 않고 문제 학생이 생긴 다음에 사후 처방에 힘쓰는 교육, 지엽적 사항들의 암기와 과다한 학습량, 억압적이고 타율적 학습 방법으로 인해 학생들과 멀어진 스승, 일방적으로 강요되는 공부로 인해 발생하는 학업에 대한 소외감과 염증, 교우 관계의 부재로 인하여 발생하는 인성 발달의 장애 등등이 문제로서 지적되고 있다. 두 번째로 보다 나은 대안으로 제시되는 교육 방법은 오늘날 흔히 논의되는 그것과 크게 상이한 것은 아닌 듯 여겨진다. 즉 잡다한 사항들을 많이 공부시키기보다는 제한된 범위의 주제를 중심으로 깊게 파고들도록 하는 것이 보다 바람직하며, 공부하는 방향을 제시해주는 것은 바람직하지만 억지로 끌고 가는 방식은 바람직하지 않으며, 엄격한 규율에 따른 교육은 바람직하지만 사람을 억압하는 분위기 속에서 이루어지는 교육은 바람직하지 않으며, '통달' 즉 만점을 추구하는 교육보다는 스스로 잘 사고할 수 있는 능력을 개발하는 데 초점을 두는 것이 바람직하다는 것이다. 또한 나태를 방지하고 원만한 성품의 개발을 위해 특히 교우관계에 관심을 가지고 지도하는 것이 바람직함을 강조하고 있다. 이와 같은 교육의 지침들이 실제로 '최선'의 것인지 판단 내리기는 어려운 일일 것이다. 그러나 그 글을 기록한 사람이 당시의 지배적인 견해라든지 자신의 경험이나 식견에 비추어 '최선'의 교육 방법을, 다른 말로 표현하자면 가르치는 예법을 이야기하고 있는 것은 사실인 것으로 여겨진다. 그리고 이와 같은 진단과 제안들이 당면한 교육의 문제점과 그에 대한 대안을 모색하고자 노력하는 우리들과도 공감을 나눌 수 있는 내용의 것들이라는 점에서 이미 지나간 시대의 옛 이야기만은 아닌 것으로 여겨진다.

다음에 제시되는 예들은 다른 생명체 또는 생태환경에 관련된 기록들이다.

……사냥하는 데 예(禮)로써 하지 않은 것을 하늘이 낸 생명을 학대한다고 한다. ……수달(獺)이 물고기를 제사 지낸다는 절기인 10월이 된 후에야 우인(虞人)이 못에 통발을 설치한다. 승냥이가 짐승을 제사 지낸다는 절기인 9월 말에서 10월 초에 이른 후에야 사냥한다. 비둘기가 매로 변한다는 절기인 8월이 된 후에야 위라(罻羅)를 설치하여 새를 잡으며, 초목의 잎이 시들어 떨어진 후에야 산림에 들어간다. 곤충이 아직 칩복(蟄伏)하지 않았으면 불을 놓아 사냥하지 않으며, 짐승의 어린 새끼들을 잡지 않으며, 알을 앗아오지 않으며, 새끼 밴 것을 죽이지 않으며, 갓난 것을 죽이지 않으며, 소굴을 뒤집어엎어서 전멸시키지 않는다(〈왕제(王制)〉: 406-407).

위의 글에서는 다른 생명체를 다루는 예에 대해 이야기하고 있다. 내용은 짐승을 사냥하더라도 그들이 자신들의 먹을 것을 마련하기 위해 가장 왕성하게 활동하는 계절을 피해 사냥을 함으로써 그들의 먹이를 빼앗는 일을 하지 말아야 하며, 초목의 성장이 왕성한 시절에는 산에 들어가 그들의 성장을 저해하는 일을 하지 말아야 한다고 쓰고 있다. 또한 사냥을 위해 산야에 불을 놓는다 하더라도 곤충들의 생명에 되도록 손상이 없도록 그들이 겨울을 나기 위해 땅속에 숨어 들어가는 시기를 택하는 것이 좋고, 짐승의 알이나 새끼, 새끼를 밴 짐승 그리고 소굴에 있는 짐승들을 떼로 사냥하는 일은 삼가야 한다고 적고 있다. 요컨대 생명체들은 하늘이 낸 소중한 존재이기 때문에 함부로 대하거나 살육하지 않는 것이 예라는 것이다. 자연에 대한 이와 같은 태도는 인간 역시 자연의 일부분으로서 윤리적이며 책임 있는 행동을 해야 하며, 따라서 자연을 인간의 탐욕을 채우기 위한 수단으로서 함부로 대하고 훼손하는 것은 잘

못된 행위라는 인식을 반영하고 있다. 그리고 이와 같은 인식은 인간의 무지와 탐욕으로 인해 파괴되고 있는 자연 환경이 가져오는 피해를 이제 실감하기 시작한 현대인들 사이에서 역시 그 공감의 폭이 넓어가는 견해라는 점에서 보다 최선의 그것에 접근하고 있는 것으로 평가될 수 있을 것이다.

마지막으로 들고자 하는 예(例)는 예법의 일반적 원리와 관련된 것이다. 어떤 규범이든지 어떤 단일한 기능을 충족하는 데 그 목적이 국한될 수는 없을 것이다. 가령 예를 들어 길을 걸어가는데 우리가 준수해야 할 규범은 단지 우리가 가기를 원하는 목적지에 빨리 다다를 수 있도록 되도록 활발하게 움직여야 한다는 요구만을 반영하는 것은 아닐 것이다. 거기에는 같은 도로를 통행하는 다른 사람을 방해하지 말아야 한다는 사회적 요구도 반영되어 있을 것이며, 걸음걸이는 걷는 사람의 사람됨을 현시(顯示)하는 상징성을 갖는다는 점에서 문화적 요구를 반영하기도 한다. 이와 관련하여 사회적 규범은 그것이 예로서 간주되기 위해 충족되어야 할 중요한 조건이 있음을 고대의 유학자들은 잘 인식하고 있었던 것으로 여겨진다. 그것은 '중용(中庸)'이었다. 이와 관련하여 먼저 다음의 예를 살펴보자.

가슴을 치고 뛰는 것은 애통함이 지극하기 때문이다. 가슴 치고 뛰는 횟수를 계산하는 것은 애통을 절제하기 위한 절문(節文)이다(『예기』〈단궁 하(檀弓 下)〉: 303).

음악은 사람들[의 마음]을 화합(和合)시키고 예의는 사람들[의 신분]의 차별을 분명하게 한다. 화합하면 서로 친해지고 서로 차별을 분별하면 존경할 줄 안다. 그러나 음악의 감화(感化)가 지나치게 강하면 화합이 무질서해지고 예의의 효과가 너무 강하면 사람들의 마음이 이반(離反)한다. 그러므로 적의(適宜)하게 사용해서 인정(人情)을 상통(相通)시켜 예법을 익히게 하는 것이 예악(禮樂)의 효용이다(『예기』〈악기(樂記)〉: 975).

위의 인용문의 윗글이 시사하는 바는 상례(喪禮)란 결국 크게 보아 두 가지의 상반된 기능을 적절하게 조화시키려는 의도가 바탕에 깔려 있는 일련의 예법으로 이루어지고 있다는 것이다. 하나는 죽은 이에 대한 산 자의 슬픔을 표현하기 위한 것이며, 다른 하나는 앞으로 살아가는 일이 남아 있는 유족들에게 장례란 동시에 슬픔을 극복하고 살아가는 일에 다시 복귀하기 위해 필요한 준비를 하는 과정이기도 하다는 것이다. 위의 글은 최선의 상례는 결국 이 상반되는 두 가지 기능을 그 예법 가운데서 적절하게 조화시키는 것임을 강조하고 있다. 위의 인용문 가운데서 두 번째 글은 공동체 내 사람들 간의 관계는 차별과 통합의 요구가 적절하게 조화되어야 함을 강조하고 있다. 신분적 지위를 달리하는 사람들 간의 분별이 사회질서의 요체를 이룬다고 유학자들이 보았던 것은 사실이다. 그러나 지나치게 그것만이 강조될 경우에 서로 다른 신분에 속하는 사람들 간에 갈등이 발생함으로써 결국 사회적 통합에 장애가 발생하게 될 것이다. 따라서 차별의 예법은 그들을 정서적으로 통합시키는 감화력이 작용하는 요소, 즉 음악과 적절하게 조화를 이루어야 한다고 보고 있다. '예'를 흔히 '악(樂)'을 수반한다고 하여 합해서 '예악(禮樂)'이라고 칭하는 것은 바로 이와 같은 사유 때문이다. 물론 예에서 조화를 강조하는 것은 음악과의 관계에 국한해서 하는 말은 아니다. 예를 들어 임금에 의해 지내지는 제사는 국가가 운영되는 원칙을 상징적으로 표현하는 의식들이 포함된다. 『예기』는 그 한 가지 원칙으로서 "귀천(貴賤)의 차등," 즉 차별성을 지적하고 있다[92] 그러나 『예기』는 제례의 예법에는 귀천 차

---

[92] 尸飮五, 君洗玉爵獻卿, 尸飮七, 以瑤爵獻大夫, 尸飮九, 以散爵獻士及羣有司, 皆以齒, 明尊卑之等也(『예기』〈제통(祭統)〉: 1235).

등의 원칙이 반영되고 있다는 사실과 함께 혜여(惠與)의, 즉 나눔의 정치를 상징하는 의식이 행해진다는 사실을 동시에 강조하고 있다. 즉 제사에서 남은 음식은 가장 윗사람으로부터 가장 비천한 직위에 있는 사람까지 빠짐없이 나누어지게 되는데, 『예기』는 이를 "상하(上下)의 올바른 교제"라 칭하고 "이것이 곧 제례를 통해서 지시되는 것이다"라고 지적하고 있다.[93] 물론 현대인들의 관점에서 신분 또는 직책을 달리하는 사람들 간의 차등의 원칙은 이미 지나간 사회의 가치로서 사람들의 권리와 의무에 있어서 평등의 원칙이 지배하는 지금 사회와는 상치되는 원리일 것이다. 그러나 현대 사회에서 사회적 계층 간에 실제로 존재하는 차별성은 매우 엄연한 현실이며, 그 간격이 사회의 안정을 위협할 정도로 날로 벌어지고 있는 것은 사실이다. 공자를 비롯한 유학자들이 지금의 사회 현실을 보고 있다면 어떻게 평가할 것인가? 그들이 남긴 기록으로 보아 필자의 추측은, 자본주의 사회에서 창출되는 실로 거대한 부(富)가 소수에만 혜택이 돌아가는 사회, 그리고 구성원들 간에 지위 또는 능력에 따른 차별적 보상이 가져오는 기능적 효율성만을 강조하는 가운데 통합을 위한 배려가 결여된 사회는 예(禮)에 어긋난다고 보았으리라는 것이다. 아마 이와 같은 면에서 조화와 통합을 도외시한 채 경쟁과 효율성만을 지향하는 사회가 과연 안정적이며 행복한 사회일 수 있는지에 관해 의문을 제기했을 것으로 여겨진다. 한 가지 분명한 사실은 『예기』를 기록한 유학자들이 추구했던 그와 같은 조화와 통합의 정신은 그들 역시 너무 지나치게 한 곳으로 치우친 생활을 추구하는 과정에서 나타나는 문제점을 경험한 연후에 비로소 얻게 된 깨달음의 결과였으리라는 것이다. 필자가 보기에, 이는 곧 그 사이 현대 산업사회가 발전해오는 과정에서 산출

---

93 尸又至尊, 以至尊旣祭之末, 而不忘至賤, 而以其餘畀之, 是故明君在上, 則境內之民, 無凍餒者矣, 此之謂上下之際(『예기』〈제통(祭統)〉: 1240).

된 많은 문제점을 경험하면서 현대인들 사이에 점차 확산되고 있는 인식과도 유사하다는 점에서 주목할 만한 현상이다. 즉 소수에 의한 부의 축적이 결국은 분배로 연결된다는 믿음이 붕괴되면서 경제현상 역시 윤리적인 가치에 의한 개입과 조정이 없이는 그 사회적 결과가 결코 바람직한 것만일 수는 없다는 인식이 사람들 사이에 점차 폭넓은 공감을 얻고 있는 것이 사실이다. 이를 공자 시대의 유학자들이 그들 자신의 용어를 가지고 다르게 표현했다면, 경제활동을 하는 데에도 예가 있어야 한다고 주장했으리라는 추측이 지나친 짐작은 아니라고 여겨진다. 바로 이와 같은 점에서, 그것이 추구하는 근본 원리에 있어서 예는 현대 사회에서도 그 적절성을 놓고 심각한 고려 내지는 논의를 요하는 내용을 함축하고 있다는 것이 필자의 평가이다.

이제 이 책을 마치는 순간에 즈음하여 필자의 머리에는 『예기』로부터 예의 본질과 기능을 가장 적절하고도 간략하게 표현하고 있다고 생각되는 한 구절이 떠오른다: "윤리 도덕은 예(禮) 없이 실현되지 않는다(道德仁義非禮不成)"(〈곡례 상(曲禮 上)〉: 46-47). 필자의 관점에서 보았을 때, 이는 너무 당연하면서도 실제 현실 속에서는 흔히 간과되어 왔던 진실로서 여겨진다. 우리 사회에서 '사랑'이라든지 '나눔'이라든지 '질서,' 자녀들을 위한 '좋은 교육,' 또는 '좋은 정치,' '공정성,' '통합' 등과 같은 목적을 강조하고 추구하는 데 대해 이견을 제시하는 사람은 아마 드물 것이다. 즉 우리 사회 구성원들이 관념적으로 공유하는 '도덕인애'에 대해 부정적인 견해를 가지고 있는 사람들은 많지 않다는 것이다. 그러나 문제가 되는 사실은 우리가 관념적 수준에서 가지고 있는 어떤 도덕적 가치이든지 간에 그 가치의 실현을 가능케 하는 구체적 행동 규범이 존재하지 않거나 또는 실제로 그러한 규범이 사람들에 의해 준수되지 않는 경우에는 그것들은 실현될 수 없다는 것이다. 윤리에 대한 서구 학자들의 관심은 대체로 옳거나 선한 것을 판단하는 일반적 기준을 정립하려는 데 있었던 것으로 여겨진다. 예를 들어 어떤 기준에 의해 우리는 어떤 행위를 '정의(正義, justice)'롭다고 판단하는가? 또는 그것을 판단하는 어떤 일반적 기준이 존재하는가? 와 같은 문제가 서구 윤리학에 있어서 핵심적 관심사의 하나였다는 것이다. 이는 곧 서구의 윤리학이 대체로 윤리적 판단에 관한 추상적이며 일반적인 지식의 추구에 목적을 두고 있음을 의미한다. 이와는 대조적으로 유학자들의 윤리적 지식에 대한 관심사는 매우 구체적이며 사례 중심적인 윤리적 문제의 해결에 집중되어 있다는 데 특징을 갖는다. 예를 들어 부모의 장례는 어떤 방식으로 치르는 것이 가장 적절한 것인가? 다른 곳에 재가하여 죽은 생모(生母)의 제사를 치르는 것이 예에 맞는 일인지? 손님을 맞는 예절은 어떠해야 하는가? 흉년이 들어 백성들이 굶주릴 때 임금은 어떻게 처신을 해야 하나? 등과 같이 일상생활에서 당면하는 구체적 상황 속에서 이행이 요구되는 최선의 행위규범에 대한 의문이 유학자들에 의해 중요한 관심사로서 다루어져 왔다는 것이다. 유학자들에게는 효라든지 인과 같은 윤리적 가치를 구체적인 행동 상황과 그 속에서 실제로 작동하는 예법으로부터 분리시켜 추상적 차원에서 다룬다는 것은 생각할 수 없는 일이었던 것이다. 아마 무용한 일이라고 생각하고 있었을지도 모른다. 즉 구체적인 행동 상황과 거기에 적용될 구체적인 예법에 대한 고려가 없이 효라든지 인의 개념을 추상적인 수준에서 논의한다는 것은 우리 실제 생활에는 쓸모없는 논리적 사유의 놀음에 불과하다고 보았을지도 모른다는 것이다.

필자의 주관적인 시각에서 보았을 때, "윤리도덕은 예 없이 실현되지 않는다"는 주장은 현대 사회에 있어서, 특히 우리 한국 사회에 있어서 윤리 문제를 진단하고 그 해답을 모색하는 데 매우 중요한 단서를 던져준다. 어느 시대이든 사람들이 제기하는 가장 중요한 문제의 하나는 아마 어떻게 해서 현재보다 더 나은 사회를 만들어낼 수 있느냐 하는 의문일 것이다. 유학자들이 제시했던 예 사상은 새로운 시대를 여는 엄청나

게 창의적인 발상이라기보다는 너무 상식적인 것처럼 여겨지고, 그래서
오히려 상상하기조차 어려웠을 만큼 지극히 평범한 해결책을 제시하고
있다는 것이 필자의 평가이다. 그 해결책의 요체는 방을 청소하는 일로
부터 시작하여 사람을 만나는 일, 부부 생활, 상(喪)을 치르는 일, 자녀들
을 교육시키는 일, 농사를 짓는 일 등등을 포함하여 크게는 국가를 관리
하는 일에 이르기까지 모든 일에는 예법, 즉 사람들이 추구하는 윤리적
가치에 부합하는 최선의 규범이 존재하고 있고, 따라서 모든 개인들이
그에 따라 행동함으로써 도덕적으로 보다 완성된 삶은 가능하다는 것이
다. 평범한 일상 속에서 도덕적 완성[94]을 추구하는 이와 같은 해결책이
플라톤이라든지 마르크스, 또는 루소와 같은 서구의 유토피아 사상가들
에게는 유토피아적이기보다는 지나치게 평범하고 반유토피아적인 것으
로 비춰질 수 있을 것이다. 이와 같은 비판적 평가에 대해 다음과 같은
언급은 공자의 입장에서 있음직한 응답이었을 것이다: "도(道)가 멀리 있
는가? 내가 도에 이르고자 한다면, 당장 도에 이르는 것이다."[95] 즉, 도
덕적으로 완성된 사회 또는 개인적 삶의 성취는 불교에서 강조하는 그것
처럼 현실을 뛰어넘는 어떤 형태의 초월적 상태에 이르거나 혁명적 이행
을 통해 지금과는 전혀 다른 새로운 사회를 건설하는 데 있다기보다는
이미 과거로부터 우리에게 알려진 최선의 규범을 일상생활 가운데서 개
인들이 학습하고 또 몸소 실천함으로써 이루어질 수 있다는 것이다. 즉

---

94 이와 같은 관점에서 핑가렛Fingarette(1972)이 공자의 예 사상을 다룬 그의 저서의 제목을
Confucius— The Secular as Sacred로 명명한 것은 매우 절절한 것으로 여겨진다. 즉 그와 같
은 제목에 반영된 의도가 공자가 추구했던 이상이 곧 "세속적 생활을 통해서 이루어지는 도덕적
완성"이었음을 강조하기 위한 것이라는 점에서 여기에서 이야기하는 필자의 논점과도 부합되고
있는 것으로 판단된다.

95 이 구절은 『논어』〈술이(述而)〉편에 나오는 공자의 언급 "仁이 멀리 있는가? 내가 仁을 하고자
하면 인이 당장 이르는 것이다(仁遠乎哉, 我欲仁, 斯仁至矣)"(211)를 현재 논의의 내용에 맞
추어 필자가 바꾸어 표현한 것이다.

"멀리 있는 것이 아니라 이르고자 하면 당장" 이루어질 수 있다는 것이다. 이로써 예를 토대로 이루어지는 일상생활 속에서의 도덕적 정화가 인간 삶에 미치는 결과와 의의에 대해 공자는 매우 낙관적인 견해를 가지고 있었던 것은 사실인 것으로 여겨진다.

그러나 현대 산업사회를 바라보았을 때 공자의 느낌을 어떠했을 것인가? 문명의 위기에 대한 해답은 어떤 혁명적인 변화보다는 여전히 일상생활 속에서의 "극기복례(克己復禮)"에 있다고 보았을 것인지? 앞의 첫 번째 의문과 관련하여, 공자의 반응은 아마 그가 이(利)에 대해 가지고 있는 부정적 태도에 비추어 그다지 긍정적인 것은 아니었을 것으로 짐작된다. 즉 이익의 교환을 목적으로 형성된 인간관계가 지배적인 유형의 사회적 관계로 대두되고, 그와 함께 타산적 가치들이 개인과 사회를 지배하는 현상에 대해 그가 긍정적인 평가를 내렸을 것으로 짐작되지는 않는다는 것이다. 흥미로운 질문은, 그렇다면 공자가 공산혁명이라든지 어떤 방향이든 사회의 전반적 구조를 혁명적으로 바꾸는 변화를 지지했을 것인가 하는 것이다. 이에 대해서는 오직 주관적인 관점에 따른 추측만이 가능할 따름이다. 필자가 판단건대 어떤 형태의 혁명적 해결책을 지지하든 관계없이 그의 입장은 한 가지 점에서 일관성을 유지할 것으로 보는 것이 가장 그럴듯하다고 여겨진다. 즉 어떤 형태의 사회에서든 가장 좋은 질서는 개인들이 일상적인 삶 속에서 요구되는 일의 성격과 윤리적 원칙에 비추어 자신이 할 바를 다하는, 즉 예를 준수함으로써만이 이루질 수 있다는 것이다. 다시 말해서 일상생활 가운데서, 공자 자신이 표현하고 있듯이, "사물에 따라 일을 다스림"[96]으로써 보다 완성된 개인과 사회가 이루질 수 있으리라는 것이다. 그와 같은 사회에 가장 적합한

96　子曰, 禮者何也, 卽事之治也(『예기』〈중니연거(仲尼燕居)〉: 1279).

인간을 길러내는 교육을 사회의 핵심적인 사업으로 인식하고 있었고,
모든 일상생활 속에서 타인에 대해 윤리적 책임 의식을 가지고 행동하는
인간을 길러내는 일이야말로 다른 어떤 과제보다도 좋은 사회의 선결 과
제임을 공자는 인식하고 있었다는 것은 분명한 것으로 여겨진다. 이와
같은 관점에서 보았을 때, 우리 사회에서 현재 이루어지고 있는 지식 중
심 또는 오히려 그것을 넘어 지식 일변도의 교육은 이와는 전혀 다른 방
향으로 가고 있는 것은 사실일 것이다. 그리고 이것이 우리 사회가 안고
있는 모든 문제의 근원은 아니라 할지라도 중요한 요인 중의 하나이며
동시에 징후라는 점에서 공자의 예 사상은 현대 사회를 진단하고 평가하
는데 중요한 하나의 시각을 제공하고 있다고 판단된다.

금장태, 2006, 『인과 예』, 서울: 서울대학교출판부.

金相來, 2007, 「仁과 禮에 대한 연구 –『論語』를 중심으로」, 『溫知論叢』 15: 328-
　　　358.

김상준, 2005, 「예의 기원과 유교적 안티노미」, 『사회와 이론』 7(2), 서울: 이학사.

김선민, 2009, 「『禮記』「禮運」 편에 나타난 禮와 天의 관계」, 『中國古中世史硏究』
　　　21, 71-104.

김학주 역주, 2006, 『중용』 서울: 서울대학교출판부.

김학주, 2006a, 「머리말」, 『중용(中庸)』(김학주 역주), 2006, 서울: 서울대학교출판부,
　　　v-vi.

김학주, 2006b, 「『중용』이란 어떤 책인가?」, 『중용(中庸)』(김학주 역주), 2006, 서울:
　　　서울대학교출판부, 1-14.

高橋 進(다카하시 스스무), 1986, 『李退溪와 敬의 哲學』(安炳周 · 李基東 역), 서
　　　울: 신구문화사.

박원재, 2002, 「공/사의 우선성 문제에 대한 유가와 법가의 논쟁: '가(家)-국(國)' 체
　　　제의 규범론적 토대에 대한 검토」, 『철학연구』 66집, 66-218.

成百曉 역주, 1990, 『論語集註』, 서울: 전통문화연구소.

成百曉 역주, 2010, 『맹자집주(孟子集註)』, 서울: 전통문화연구회.

송항룡, 1981, 「공자와 노자의 상봉」, 『동양철학연구』 2.

신귀현, 1996, 「퇴계의 거경궁리의 성리학과 후설의 본질관적 현상학에 관한 비교고
　　　찰」, 『철학과 현상학 연구』 9: 11-84.

윤무학, 2007, 「莊子의 寓話에 반영된 儒家」, 『동양철학연구』 55.

이경무, 2007, 「예와 공자 인학」, 『동서철학연구』 45: 24-43.

李基東 역해, 1997, 『주역강설(周易講說)』, 서울: 성균관대학교출판부.

이운구 옮김, 2006, 『순자(2)』, 서울: 한길사.

李相玉, 2003, 『禮記(上, 中, 下)』, 서울: 明文堂.

李相殷. 1976, 『유학과 동양문화』, 서울: 명문당.

이승환, 2003, 「사회규범의 공공성에 관한 법가의 인식(1): 한비자(韓非子)의 "인,
　　　의"(仁, 義) 비판을 중심으로」 『시대와 철학』 14:1.

전세영, 1991, 「孔子의 政治的 理想鄉에 關한 硏究: 大同·小康을 中心으로」, 『한국정치학회보』 25:2. 학국정치학회, 565-586.

정창수, 1984, 「조선조의 지리지에 나타는 사회설명의 원리: 동국여지승람을 중심으로 본 조선조 지식층의 인식체계의 특질」, 『한국사회와 사상』, 한국정신문화연구원, pp. 59-104.

정창수, 1990, 「사회심리학적 관점에서 본 사칠논변(四七論辯)의 의의와 문제점」, 『한국사회학』 24: 여름호.

정창수, 1996. 『사회과학방법론』, 서울: 대영문화사.

진희권, 2004, 「순자의 예치와 한비자의 법치」, 『법학연구』 7:2.

최진석, 1999, 「사회적 맥락에서 본 노자의 철학」, 『철학연구』 44.

馮友蘭, 1977, 『中國哲學史(鄭二在 역)』, 서울: 형설출판사.

Aiken, Charles, F. 2006(online edition). "Confucianism," *Catholic Encylopedia*. Web services provided by Trinity Consulting. http://www.newadvant. org/cathe/04223b/04223b.htm〉.

Alston, William P. 1964. *Philosophy of Language. Foundations of Philosophy Series*(eds. Elizabeth and Monroe Beardsley). Englewood Cliffs(N.J.): Prentice-Hall.

Bell, Catherine. 1992. *Ritual Theory: Ritual Practice*. New York: Oxford University Press.

Bodde, Derk. 1957. *China's Cultural Tradition: What and Whither*. Hinsdale (Ill.): Dryden Press, 37-9.

Bourdieu, Pierre & Jean-Claude Passeron. 1970. *Reproduction In Education, Society and Culture*. London and Beverly Hills: Sage Publications.

Company, Robert F. 1992. "Xunzi and Durkheim as Theories of Ritual Pratice," in *Discourse and Practice*. SUNY Series, Toward a Comparative Philosophy of Religions (eds. by Frank Reynolds and David Tracy). Albany(N.Y.): SUNY Press, 197-231.

Cua, Antonio S. 2005. "Dimensions of Li(Propriety)," in *Human Nature, Ritual, and History: Studies in Xunzi and Chinese Philosophy*. Washington, D.C.: Catholic University of America Press.

Durkheim, Emile. 1964. *The Rules of Sociological Methods* (ed. by Caltin, George E. G. and trans. by Solovay, Sarah A. & Muller, John H.). New

York: Free Press.

Festinger, Leon, & James M. Carlsmith. 1959. "Cognitive Consequences of Forced Compliance." *Journal of Abnormal and Social Psychology*, 58, 203–210.

Fingarett, Herbert. 1972. *Confucius - the Secular as Sacred*. New York: Harper Torchbooks.

Friend, Celeste. 2004. "Social Contract Theory." *Internet Encyclopedia of Philosophy*. ⟨http://www.iep.utm.edu/soc-cont/⟩.

Gerring, John and Joshua Yesnowitz. 2006. "A Normative Turn in Political Science?" *Polity* 36(1).

Hagen, Kurtis. 2010. "The propriety of Confucius: A Sense-of-Ritual." *Asian Philosophy* 20:1(March): 1–25.

Hall, David and Roger Ames. 1987. *Thinking Through Confucius*. Albany(NY): SUNY Press.

Horton, Paul B. & Hunt, Chester L. 1980. *Sociology* (5th ed.). Tokyo: McGraw-Hill Kogakusha, 61.

Hsu, Hsei-Yung. 2000. "Confucius and Act-centered Morality." *Journal of Chinese Philosophy* 27:3, 331–344.

Kalberg, Stephen. 1980. "Max Weber's Types of Rationality: Cornerstones for the Analysis of Rationalization Processes in History." *American Journal of Sociology* 85:5, 1145–1179.

Kidron, Arye G. 1977. "The Effectiveness of Experiential Methods in Training and Education: The Case of Role Playing." *The Academy of Management Review* 2:3, 490–495.

Kim, Young-Gwan. 2002. "The Confucian-Christian Context in Korean Christianity." *B. C. Asian Review* 13 (Spring): 70–91.

Lai, Karyn. 2006. "Li in the Analects: Training in Moral Competence and the Question of Flexibility." *Philosophy East & West* 56:1: 69–83.

Legge, James. 1885. *Li Chi: Book of Rites: An Encyclopedia of Ancient Ceremonial Usages, Religious Creeds, and Social Institutions* (Part I) (Kessinger Publishing's Rare Mystical Reprints Edition: www.kessinger. net). Originally published by Oxford University Press in 1885.

Liska, Allen E., Richard B. Felson, Mitchell Chamlin, William Baccalini. 1984. "Estimating Attitude—Behavior Reciprocal Effects Within a Theoretical Specification." *Social Psychology Quarterly* 47:1, 15—23.

Mead, George Herbert. 1934. *Mind, Self, and Society* (edited and with an Introduction by Charles W. Morris). Chicago and London: University of Chicago Press.

Mills, C. Wright. 1967. "The Language and Ideas of Ancient China," in Horowitz, Irving Louis (ed.), *Power, Politics & People: The Collected Essays of C. Wright Mills*. Oxford University Press, 469—520.

Nostro, Rit. 2006. "Confucianism and Christianity." ⟨http://www.hyperhistory. net/apwh/essays/com/cw20neoConfucProtestant32010220.htm⟩.

Pang, Fu. 2009. "The Doctrine of the Mean (Zhongyong) and Division into Three." *Contemporary Chinese Thought* 40:4, 10—23.

Parsons, Talcott & N. Smelser. 1956. *Economy and Society*. Glencoe(Ill.): Free Press.

Parsons, Talcott, Robert F. Bales, and Edward Shils. 1953. *Working Papers in the Theory of Action*. Glencoe(Ill.): Free Press.

Quine, W.V.O. 1993. "The Nature of Natural Knowledge," in Fetzer, James H. (ed.), *Foundations of Philosophy of Science*. New York: Paragon House, 439—450.

Redcliff—Brown, A. R. 1935. "On the Concept of Function in Social Science." *American Anthropologist* 37.

Redcliff—Brwon, A. R. 1952. "Religion and Society," in *Structure and Function in Primitive Ssociety: Essays and Addresses*. Glencoe(Ill.): Free Press, 157ff.

Sarbin, Thedore R. & Vernon L. Allen. 1964. "Role Enactment, Audience Feedback, and Attitude Change." *Sociometry* 27:2. 183—193.

Sheffield, D. Z. 1886. "The Ethics of Christianity and of Confucianism compared," New Englander and Yale Review 45(May):417—433.

Skinner, B. F. 1965. "Contingencies of Reinforcement in the Design of a Culture." Lecture given at the Walter Reed Army Medical Center under the auspices of the Washington School of Psychiatry, March 26;

Burgess, Robert L. (ed.). 1969. *Behavioral Sociology: The Experimental Analysis of Social Process*. New York: Columbia University Press, 366-378에 전재.

Shun, Kwon-Loi. 2002. "Ren 仁 and Li 禮 in the Analects." In Bryan W. Van Norden (ed.), *Confucius and Analects: New Essays*, Oxford University Press, 53-72.

Schwartz, Benjamin I. 1996. *China and Other Matters*. Harvard University Press.

Tambiah, Stanley, J. 1996. "A Performative Approach to Ritual." In Ronald L. Grimes (ed.), *Readings in Ritual Studies* edited by Upper Saddel River(N.J.): Prentice Hall, 495-507.

Turner, Victor, W. 1996. "Liminality and Communitas." In Grimes, L. Ronald(ed.). *Readings in Ritual Studies*. Upper Saddel River(N.J.): Prentice Hall, 511-519.

Van Norden, Bryan W. 2002. *Confucius and the Analects: New Essays*. Oxford University Press.

Weber, Max. 1968. "The Interpretive Understanding of Social Action." In May Broadbeck (ed.), *Readings in the Philosophy of the Social Sciences*. New York: Macmillan.

찾아보기

A~Z

Allen, Vermon L.   197

Bourdieu, Pierre   219

Company, Robert F.   167

Friend, Celeste   191

Gerring, John   225

Horton, Paul B.   59

Hsu, Hsei-Yung   82, 87

Hunt, Chester L.   59

Kidron, Arye G.   197

Kim, Young-Gwan   17

Legge, James   15

Liska, Allen E.   197

Nostro, Rit   17

Passeron, Jean-Cluade   219

Sarbin, Theodore R.   197

Shefield, D. Z.   17

Smelser, N.   164

Schwartz, Benjamin   251

Van Norden, Bryan W.   17

Yesnowitz, Joshua   225

ㄱ

격식주의   54

격식화된 행동   80

경(敬)   72, 78, 98,   223, 259-262
　　　　268-271

경계영역(liminality)   69

경 사상(敬 思想)   272

군자(君子)   94, 204

고제(古制)   151, 152

공경(恭敬)   72-9, 83,   110, 263, 270-
　　　　1

공동체   250

공동체 구성원   250

공식적 지배구조   177

공자(孔子)   15, 17, 29-30, 37,   51-
　　　　53, 73, 77-8, 80-1, 85,   94,
　　　　97, 100-1, 112, 117, 129,
　　　　132, 144-5, 151-3, 156,
　　　　168-171, 173-5, 180, 183-5,
　　　　190, 201, 203-5, 214-5, 229,
　　　　247-8, 251, 281-3

규범적 사회제도   36

극기복례(克己復禮)   282

금오(黔敖)   74

금장태   82, 121

기능   164
　　순기능   190

기능론적 설명   166

기능적 선행요건   164

기능주의 이론   164

기복(祈福)   166
　　기능   166-178

김상래   77, 82

김상준   255

김학주 95, 102

ㄴ

내면적 품성 253
내용적 합리성 206, 208, 213-4

ㄷ

다산(茶山) 121
高橋 進(다카하시 스스무) 269
대동(大同) 세상 181-2
뒤르켐(Emile Durkheim) 163
도구주의적 해석 81, 83-7
도덕적 가치 204, 239, 245, 251
도덕적 감수성 266
도덕적 논리 203
도덕적 완성 281
도덕적 인과관계 169
도덕적 품(심)성 237, 241, 249
동의어반복의 사슬 243

ㄹ

라이(Lai, Karyn) 94
래드클리프-브라운(Redcliff-Brown, A.
    R.) 163, 167

ㅁ

맹자(孟子) 24, 63, 198, 228-231
문식(文飾) 233
문화
  이상적 59
  현실적 59
문화적 부호 67
문화적 양식 93

문화 통합 216
문화특수성 258, 263
미드(Mead, George H.) 240, 254
민속방법론 234
밀즈(Mills, C. Wright) 218

ㅂ

박원재 232
백어(伯魚) 44
번문욕례(繁文縟禮) 41
범조우(范祖禹) 72, 259, 269
법가(法家) 227, 228
베버(Weber, Max) 206, 237-8
벨(Bell, Catherine) 80, 92, 93
보편적 가치 258
본원적 사실 249
부호(符號) 116
부호적 상징성 115-121, 125
불평등 질서 108
비상호적 개념 262
비평형적 개념 262, 271
빙우란(馮友蘭) 134

ㅅ

사개조설(四個條說) 270
사단(四端) 198
사단칠정설(四端七情說) 198-9
사례-특수적 개념 65
사양지심(辭讓之心) 64
사제(蜡祭) 264-5
사회계약이론 191
사회적 행위 238
사회제도 163

기능 163
사회질서 186, 189, 233, 259, 277
사회통합 109, 188, 189-190, 202,
        205, 215, 229, 233, 277, 278
사회행태주의 254
사회행태주의적 관점 254
사후적 이론 213
상관적 시각 138, 139
상징적 상호 작용론 240, 254
상징적 예행연습 66
음양 간 상호보완성 259
생존을 위한 필수적 조건 163
생활예절 123
선왕(先王) 150-1,
성(誠) 102-3
성(性) 234
성선설(性善說) 231
성악설(性惡說) 232
성왕(聖王) 151, 176, 183, 194, 268
성인(聖人) 234
성인기원설(聖人起源說) 193-4
소강(小康) 세상 183
소인(小人) 204
송항룡 165
수직적 상하질서 187, 259
수행적 발언(performative utterance) 248
수행적 언술이론 248
순자(荀子) 24-5, 24, 141, 167-8,
        170, 232-3, 232
슌(Shun, Kwong-Loi) 58, 77, 81,
        86, 127,128, 130
스키너(Skinner, B. F.) 235
시중(時中) 97, 100, 102

신귀현 270
신분 사회 218
신분 윤리 263
신분적 차별성 103, 106, 108-9, 111,
        186
신분질서 106-8
신유학(자) 270
실용적 가치 159, 203, 205
실용적 합리성 206, 208, 212, 214
실용적 행동 214
실용주의(미국) 240
실재하는 사회제도 36

ㅇ

아첨 171
안연(顔淵) 85
앨스톤(Alston, William P.) 245, 246
양(讓, 辭讓) 72
어법(語法) 215, 219
언어규범 216-7
언어사용 217
에이켄(Aiken, Charles F.) 17, 17
에임스(Ames, Roger) 95
역할놀이 197
연희행위 116
열 가지 윤리 112, 199
예(禮)
    감정조절기능 195-203, 205
    개념 47
    격식성 121-128
    기능 43, 172, 202, 247
    내면적 태도(동기) 80, 91, 196,
        236, 255

문화적 기능 215-219
본질(적 요소, 속성) 32-3, 63, 236-255
보편성 142-154
상대성 142-154
심성적 요소 34-5
실용적 기능 203-215
융통성 132-133
인격형성기능 195-203, 205
정당성 190-1, 194
정신 79-95, 224
정의 130, 223-4
정치-사회적 기능 178-195
차별성 108
행동적 요소 34-5
행위적 외형(형식) 79-95, 196, 236, 241
효용성 166
예론(禮論) 40-46, 227
예법(禮法) 30-35, 215, 251
기원 44
예법질서 177
예속(禮俗) 147, 153, 205
예송논쟁(禮訟論爭) 44
예악(禮樂) 188-9, 277
예양(禮讓) 186, 199
예적(禮的) 감수성 93, 93, 94
예제(禮制) 36-40
기원 44
예치(禮治) 180
오상(五常) 40
오스틴(Austin, J. L.) 247
옥로자(屋虜子) 230

왕손가(王孫賈) 169
요순(堯舜) 시대 227
위(僞) 233-4
위계적 세계관 207-8
위계적 질서관 259
유가의 이중적 태도 131
유교 예론 227-236
유교적 덕목 223
유사-윤리적(類似-倫理的) 분별력 94
유암(幽暗)의 나라 184
유약(有若) 30, 129
유자(有子) 72-3
윤리적 가치 204
윤리적 상징성 111-115
윤리적 심성 33-4, 242
윤리적 동기(의도) 82, 196, 241-34
윤리적 유대 180
윤리적 품성 195, 236
윤무학 165, 227
음사(陰祀) 171, 175-6
음악 109, 276
기능 189, 202
음양(陰陽) 134
음양오행설 133, 212-3
의(義) 204
의미 237-8, 239-240
의사종교적(擬似宗敎的) 논리 195
의식(儀式) 94
의식(儀式)에 대한 감수성 93
의식이론(儀式理論) 80
의식행위의 실행 92
이(利) 154, 172, 203, 282
이경무 77

이기론(理氣論) 198-9

이념적 행동 126, 127

이론적 논리 213

이론적 합리성 206, 208, 213-4

이상옥 207

이상은 207

이상적 문화 59

이성적 자기통제 202

이세상-지향성 173

이승환 165

이승훈 228

이익(利益) 154, 204, 230, 282

이퇴계 269

이행시기(liminal period) 69

인(仁) 81-2, 85-6, 281

인간세계 138

인간 심성 231

인간질서 133-4, 140

인격(성격)형성 198

인애(仁愛) 224

일의어(一義語) 개념 64

일의적 해석 251

ㅈ

자공(子貢) 251

자로(子路) 53, 73, 80, 128, 129,
　　　152, 168

자사(子思) 44, 129, 152

자연세계 138

자연질서 134, 140, 259

자연질서와 상응성 142

자유(子游) 53, 71, 88-9, 99-100,
　　　201

자하(子夏) 179

장례의식 67-9, 71

재생(再生)(문화의) 219

전세영 181

절문(節文) 89, 127, 201, 252, 272

정서적 융합 109

정이천(程伊川) 81, 269, 272

정의적 해석(定義的 解釋) 86-7

정창수 198, 207, 238

정현(鄭玄) 121

제의의식(祭儀儀式) 169, 172

제의행사 177

종교적 태도 171

종법제도(宗法制度) 53

주관적 의미 238

주례(周禮) 37

주자(朱子, 朱熹) 63, 83-4, 96, 141,
　　　168, 179, 198, 269, 270, 272

중용(中庸) 69, 95-103, 251, 276

중정(中正) 252

중화(中和) 96

지시이론(reference theory) 244-5

진희권 165

질서유지 205

증자(曾子) 51, 75, 131, 132, 152

ㅊ

차별성 103-111, 277

차별적 규범 257, 262

차별적 사회구조 219

차별적 (신분)질서 103, 107, 109,
　　　186, 190, 261, 263, 277-8

차별적 예법 277

천인지분(天人之分) 141
천(天) 169
천리(天理) 227, 268
천리설(天理說) 191-2
초혼(招魂) 47, 51, 67
최진석 165, 227
칠정(七情) 198-9

ㅋ

칼버그(Kalberg, Stephen) 206, 208
칼스미스(Karlsmith, James M.) 255
쿠아(Cua, Antonio S.) 64
콰인(Quine, W. V. O.) 240

ㅌ

탐비아(Tambiah, Stanley J.) 52
터너(Turner, Victor W.) 69

ㅍ

파슨즈(Parsons, Talcott) 163-4
패스킹거(Festinger, Leon) 255
푸(Pu, Pang) 97
핑가렛(Fingarett, Herbert) 24-5,
247-251, 281

ㅎ

하은주(夏殷周) 145, 180
한비자(韓非子) 228
해석적 사회학 238
행동 253, 255
행동 중심의 윤리 87
행동학습 원리 197
행위 237-8

행위자 중심의 윤리 87
행태주의 240, 254
행태주의적 설명 246
행형(行刑)(정책) 138
허례(虛禮) 31-2, 78-9, 82, 90, 195,
236, 244
허례허식(虛禮虛飾) 41
헤겐(Hagen, Kurtis) 93, 93
현실적 문화 59
현실지향성 207
형식적 합리성 206
형정(刑政) 138-9
호명(呼名) 219
혼례(婚禮) 66-7, 120
홀(Hall, David) 95